客舱安保法律基础与实务

邱珂 李萌 主编

清华大学出版社
北京

内 容 简 介

本书按照从宏观到微观、从国内到国际、从理论到实践的顺序，系统阐述了航空安保法的一般理论、我国航空客运安保的一般立法、航空安保国际条约以及客舱安保的工作实践和法律应用等知识。本书体例安排遵从读者的一般认知规律和特点，具有较强的系统性，兼顾理论和实务。为便于学习，本书每章都明确了学习目标，在每节首尾均设置了导入案例及评析，同时在每章后附有练习与思考题，以帮助读者加强对理论知识的理解和应用。

本书适用于民航空中安全保卫专业的专业课教学，也可作为空中乘务专业相关课程的教材，还可作为各航空公司在职安全员的培训用书。

本书封面贴有清华大学出版社防伪标签，无标签者不得销售。
版权所有，侵权必究。举报：010-62782989，beiqinquan@tup.tsinghua.edu.cn。

图书在版编目(CIP)数据

客舱安保法律基础与实务/邱珂，李萌主编. —北京：清华大学出版社，2024.2
民航服务专业新形态系列教材
ISBN 978-7-302-65441-4

Ⅰ. ①客… Ⅱ. ①邱… ②李… Ⅲ. ①民用航空－旅客运输－客舱－安全管理－法律－中国－教材 Ⅳ. ①D922.296

中国国家版本馆 CIP 数据核字(2024)第 038455 号

责任编辑：聂军来
封面设计：刘　键
责任校对：李　梅
责任印制：刘海龙

出版发行：清华大学出版社
网　　址：https://www.tup.com.cn，https://www.wqxuetang.com
地　　址：北京清华大学学研大厦 A 座
邮　　编：100084
社　总　机：010-83470000
邮　　购：010-62786544
投稿与读者服务：010-62776969，c-service@tup.tsinghua.edu.cn
质量反馈：010-62772015，zhiliang@tup.tsinghua.edu.cn
课件下载：https://www.tup.com.cn，010-83470410

印 装 者：涿州汇美亿浓印刷有限公司
经　　销：全国新华书店
开　　本：185mm×260mm
印　张：12.75
字　数：305 千字
版　　次：2024 年 3 月第 1 版
印　次：2024 年 3 月第 1 次印刷
定　　价：45.00 元

产品编号：099304-01

前　言

近年来，我国民用航空事业快速发展，迄今为止，我国已经连续七次当选为国际民航组织理事会的一类理事国，运输总周转量长期位居世界第二。预计在不远的将来，我国民航运输规模将跃居世界第一。

在我国实现从单一航空运输强国向多领域民航强国跨越的征程中，维护航空安全是实现这一奋斗目标的重要保障。作为占据航空安全"半壁江山"的空防安全自然不可或缺，航空安保工作也尤为重要。党的二十大报告指出："必须坚定不移贯彻总体国家安全观，把维护国家安全贯穿党和国家工作各方面全过程，确保国家安全和社会稳定。"航空安保工作既是我国反恐工作的重要组成部分，也是维护公共安全的重要手段，对国家安全体系的建设和完善，发挥着重要的作用。

党的二十大报告还指出："坚持依法治国、依法执政、依法行政共同推进，坚持法治国家、法治政府、法治社会一体建设，全面推进科学立法、严格执法、公正司法、全民守法，全面推进国家各方面工作法治化。"航空安保，尤其是客舱安保工作，本质上是机长"治安权"的行使。在我国建设社会主义法治国家的大背景下，客舱安保工作也应该严格依法开展。作为客舱安保工作实施的中坚力量，航空安全员更应该认真学习相关的理论和法律规范，做到依法、公正执勤，并通过自己的执勤工作引导公众主动遵守航空安保相关的法律法规，努力营造繁荣、稳定、和谐、安全的航空运输环境。

本书采用了理论和案例相结合的方式，帮助读者理解和运用相关的法律规范。本书的主要特点包括以下几个方面。

（1）系统性。本书梳理了几乎所有与客舱安保工作相关的法律法规和规章，并将这些内容有序地组织在一起，帮助读者实现对客舱安保工作从宏观到微观的全面认识。

（2）实用性。在学习过程中贯穿了大量的案例解析和练习，帮助读者通过案例的学习和练习更深入地理解相关理论和规定，理解法律的思维和证据的逻辑，并能够灵活地将其运用到自己的执勤工作中。

(3) 全面性。本书不仅包含了航空安保基础理论知识,也包含了客舱安保执勤工作相关法律规范及应用,还包含了人员管理以及证据基础知识的运用,覆盖了客舱安保工作从理论到实践的全过程。

本书共分为八章,邱珂承担了第一章、第二章、第三章、第五章第四节和第五节及第八章的编写工作,李萌承担了第四章、第五章第一节至第三节、第六章和第七章的编写工作。此外,邱珂还承担了全书编写提纲的拟定和统稿工作。在本书编写过程中,春秋航空股份有限公司局方教员刘增辉、金鹏航空股份有限公司局方教员叶根兴,以及多位来自各航空公司的一线航空安全员在本书案例素材的提供、筛选和编写方面给予了大量帮助,就教材内容的讨论也为编者提供了灵感和思路,在此特别予以感谢。

本书内容均以截至 2023 年 6 月有效的法律法规为准。由于近年来,我国民航法律法规和规章处于持续修订中,读者在阅读时需要注意以其最新的版本作为参考。此外需要说明的是,为了方便教师教学和帮助读者学习理解相关知识,本书中除特别标注出处的案例以外,所涉案例均为作者自编或改编的教学案例,并非真实发生事件。

因编者水平所限,书中难免存在不足和疏漏之处,恳请各位读者予以批评指正。

邱 珂　李 萌
2023 年 6 月

本书配套资源

目 录

1　第一章　航空安保法的一般理论
第一节　航空安保法的概念、本质和特征 …………………………… 1
第二节　航空安保法的作用 …………………………………………… 5
第三节　航空安保法的渊源 …………………………………………… 7
第四节　航空安保法的适用范围 ……………………………………… 13

20　第二章　航空客运安保的一般立法
第一节　公共航空运输企业和运输机场安保的一般规定 …… 20
第二节　公共航空运输企业运行安保措施 ………………………… 25
第三节　民用航空运输机场运行安保措施 ………………………… 29

40　第三章　航空安保国际条约
第一节　条约法律制度基础知识 …………………………………… 40
第二节　《东京公约》的签订及内容 ………………………………… 45
第三节　《海牙公约》的签订及内容 ………………………………… 51
第四节　《蒙特利尔公约》及《蒙特利尔公约补充议定书》
　　　　的签订及内容 ……………………………………………… 54
第五节　《北京公约》和《北京议定书》的签订及内容 ………… 58
第六节　《蒙特利尔议定书》的签订及内容 ………………………… 63
第七节　《国际民用航空公约》附件 17 …………………………… 67

74　第四章　航空安全员的管理
第一节　航空安全员的任职管理制度 ……………………………… 74
第二节　航空安全员执照管理制度 ………………………………… 83
第三节　航空安全员培训管理制度 ………………………………… 85

第五章　客舱安保工作的相关理论和立法　88

第一节　《中华人民共和国反恐怖主义法》和《中华人民共和国安全生产法》……　88
第二节　《中华人民共和国刑法》…………………………………………………　95
第三节　《中华人民共和国治安管理处罚法》……………………………………　108
第四节　《公共航空旅客运输飞行中安全保卫工作规则》………………………　111
第五节　客舱安保工作中的法律关系………………………………………………　118

第六章　客舱安保工作中的违法行为及其法律责任　125

第一节　法律责任概述………………………………………………………………　125
第二节　客舱扰乱与非法干扰行为及其法律责任…………………………………　128
第三节　公共航空运输企业的违法行为及其法律责任……………………………　139
第四节　航空安全员和其他机组成员的违法行为及其法律责任…………………　144

第七章　证据基础知识　147

第一节　证据概述……………………………………………………………………　147
第二节　我国诉讼法有关证据的规定………………………………………………　156
第三节　客舱安保执勤证据材料的收集和保存……………………………………　160

第八章　以案为鉴——客舱安保典型案例解析　165

第一节　非法干扰行为典型案例分析………………………………………………　165
　　案例一　非法劫持航空器…………………………………………………………　165
　　案例二　机上纵火…………………………………………………………………　167
　　案例三　在航空器上扣押人质……………………………………………………　168
　　案例四　强行打开应急舱门………………………………………………………　169
　　案例五　客舱内强占座位　无故殴打他人………………………………………　171
　　案例六　散播危害飞行中的航空器内的旅客、机组、地面人员或大众安全的
　　　　　　虚假信息……………………………………………………………………　173
第二节　扰乱行为典型案例分析　174
　　案例一　强占座位、行李架………………………………………………………　174
　　案例二　打架斗殴…………………………………………………………………　175
　　案例三　涉外打架斗殴……………………………………………………………　177
　　案例四　妨碍机组成员履行职责　寻衅滋事……………………………………　178
　　案例五　违规使用手机……………………………………………………………　179
　　案例六　盗窃、擅自移动和使用救生衣…………………………………………　181
　　案例七　强行打开应急舱门………………………………………………………　182

案例八　停机坪拦截飞机 …………………………………………… 185
案例九　机上吸烟 ……………………………………………………… 186
案例十　客舱猥亵 ……………………………………………………… 187
案例十一　非法携带管制器具进入公共场所 ………………………… 188
案例十二　客舱内传播非法印刷物 …………………………………… 189
案例十三　机上盗窃 …………………………………………………… 190

192　附录　案例思考参考解析

193　参考文献

第一章 航空安保法的一般理论

本章学习目标：通过本章的学习，使学生理解航空安保法的概念、本质和特征，了解航空安保法的作用，理解航空安保法的渊源的含义，掌握航空安保法的立法体系，了解航空安保法的适用范围，掌握各种国家管辖权原则的含义和应用，为后续内容学习奠定基础。

航空安全员承担了航空器在飞行中的安保工作，在航空安保整体工作中发挥着重要的作用，因此，调整客舱安保工作的法律自然也是航空安保法体系中的重要组成部分。虽然航空安全员主要承担的是飞行中客舱安保的工作，但为了让大家更好地理解客舱安保的立法，帮助航空安全员更好地履行岗位职责，我们有必要基于我国法律的一般理论，对航空安保法做一个总体性的介绍。

第一节　航空安保法的概念、本质和特征

案例导入

小张同学在学习《中华人民共和国民用航空安全保卫条例》时，看着看着不禁笑出声来，说："为什么会有在机场控制区内禁止狩猎、放牧、晾晒谷物和教练驾驶车辆这种奇怪的规定啊？还有为什么在办理承运手续时，不核对乘机人和行李的直接责任人员，对他们这么严重的违法违规行为，处罚仅仅是警告和五百元以下罚款？"老师向小张解释，这是二三十年前的立法。小张立马迫不及待地问道："为什么不赶紧出台一部新的法规呢？"

请问：我们该如何解答小张同学的疑问呢？

一般而言，对于"法律"可以从广义和狭义两个角度去理解。广义的法律是指一切国家机关依照法定权限和程序制定的规范性法律文件，是整体意义和抽象意义上的法律，包括宪法、法律、行政法规、地方性法规和规章等。狭义的法律，就我国目前的立法体系而言，指的是国家最高立法机关，即全国人民代表大会和全国人民代表大会常务委员会制定的规范性文件。航空安保法中法的规范主要是以法律、行政法规和民航规章的形式出现。因此，本书所称的航空安保法是从广义上加以理解的。

一、航空安保法的概念

基于法的一般概念,航空安保法指的是国家有关立法机关制定或认可的,由国家强制力保障实施的,体现为法律、行政法规、规章和国际条约等多种形式的,主要关于航空安保工作实施过程中相关各方主体的权力和职责、权利和义务的国际、国内法律规范的总和。

二、航空安保法的本质

法的本质是决定法的存在和具有各种表现形式的根据。从法的一般概念可以看出,法的本质集中体现在以下几个方面。第一,法的正式性,又称法的官方性、国家性,是指法是由国家制定或认可的并由国家强制力保证实施的正式的、官方确定的行为规范。第二,法的阶级性,是指在阶级对立的社会,法所体现的国家意志实际上是统治阶级的意志。第三,法的物质制约性,是指法的内容受社会存在这个因素的制约,其最终也是由一定社会物质生活条件决定的。

从整体性角度出发,作为整个法律体系的其中一个细小分支的航空安保法在本质上也具有同一性。航空安保法的本质具体表现以下三个方面。

第一,航空安保法的正式性体现在无论就其形成方式、实施方式,还是表现形式来看,航空安保法都是正式的国家制度的组成部分。首先,航空安保法的正式性体现在其总是由有关立法机关按照一定的权限和程序制定或认可的,立法机关主要包括全国人民代表大会及其常务委员会、国务院和交通运输部等。其次,航空安保法的正式性还体现在其总是依靠正式的权力机制保证实施,例如,对于扰乱机场和客舱秩序的行为人,公安机关可以依法给予其行政处罚,对于实施非法干扰行为者,可以给予刑事处罚。最后,航空安保法的正式性也体现在其总是借助于正式的表现形式予以公布。人类早期社会曾经历过一定的神秘法时期,之后在法的发展历史上,法一般都以官方文件的方式加以公布。近代以来,法的表现形式趋于规范化,包括法律文件的格式、名称、术语、结构都有一定的规格和要求。例如,《中华人民共和国立法法》《行政法规制定程序条例》《规章制定程序条例》和《民航规章立法技术规范》等法律、法规和规范性文件就对立法形式进行了明确的规定。航空安保法的正式性表明了其与国家权力存在着密切的联系,直接形成于国家权力,是国家意志的体现。

第二,航空安保法的阶级性体现在其总是上升为国家意志的统治阶级意志的反映。《中华人民共和国宪法》第一条即规定:"中华人民共和国是工人阶级领导的、以工农联盟为基础的人民民主专政的社会主义国家。"这一条有关国体的规定充分表明我国的统治阶级是广大无产阶级。因此,航空安保法反映的是广大无产阶级的意志,是打击极少数敌视和破坏社会主义制度的敌对势力、敌对分子的有力法律武器。当然,从航空安保工作的实际来看,并非所有对民用航空活动实施扰乱行为或是非法干扰行为的人员都可以被划归到敌对势力或敌对分子中。实施这些行为,尤其是扰乱行为的人员其实很大一部分可能仍然属于广大无产阶级中的一员,那航空安保法为什么要将其作为规范对象呢?原因主要在于,法所体现的国家意志从表面上看,具有一定的公共性、中立性。这种意志由于形成于与社会相脱离的国家,因而具有统摄全体社会成员的"公共性"优势。然而,由于国家形成于阶级矛盾不可调和的历史时期,因此,法必然反映阶级对立时期的阶级关系。法所体现的国家意志实际上只能是统治阶级意志,国家意志就是法律化的统治阶级意志。统治阶级为什么"自愿"接受法律的约束呢?由于国家具有公共权力和普遍权力的形式,因此,通过国家意志表现出来的统治

第一章 航空安保法的一般理论

阶级意志也就具有高度的统一性和极大的权威性。鉴于此,统治阶级总是把自己的共同意志和根本利益通过法律加以确认。要求所有社会主体对法律的一体化遵守,维护和保持良好的社会安全和秩序,恰恰也是对本阶级最大利益的维护。

第三,航空安保法的物质制约性主要体现在其内容是由统治阶级的物质生活条件决定的。法律是社会的组成部分,也是社会关系的反映;社会关系的核心是经济关系,经济关系的中心是生产关系;生产关系是由生产力决定的,而生产力则是不断发展的;生产力的发展最终导致包括法律在内的整个社会的发展变化。我国航空安保法体系的建立过程正体现了这一点。相较于发达国家,我国的民航事业具有底子比较薄、起步相对晚、初期发展速度较慢等特点。基于这样的发展状况,我国的民航法体系发展尚存不足。我国虽然在20世纪70年代末80年代初就加入了《东京公约》《海牙公约》和《蒙特利尔公约》,但直到1996年,我国才制定和颁布了《中华人民共和国民用航空法》,这是我国国内法中第一部民航法。然而,自此以后,我国直到现在仍然没有形成一个专门的、独立的民航法律部门,而在当前我国由民航大国努力发展为民航强国的背景下,《中华人民共和国民用航空法》也亟待修订。作为民航法律体系的一个分支,航空安保法在立法上自然也显得滞后。然而,进入21世纪以后,随着中国民航事业的发展,民航的立法也正在迅速进行规范和完善。这些历程充分反映了法的发展离不开社会的物质生活条件,法作为上层建筑,不得不受到特定经济基础的制约。

三、航空安保法的特征

航空安保法除了具有一般国家立法都有的强制性、规范性等特征外,还主要具有以下三个特征。

(一) 国际性和国内法的统一

民用航空器的诞生使人们的活动半径不断增大。飞机的发明,使国家和地区间的交往变得快速而便利。因此,飞机迅速成为国家和地区间重要的交通工具。与其他交通方式不同,飞机在很多时候需要突破国家的界限,需要利用人类共同的空气空间。在共同利用和相互交往的过程中,要求国家和地区之间对民用航空器飞行的规则等方方面面进行协调和统一,直接促成了《国际民用航空公约》(即《芝加哥公约》)的签订。

然而,飞机在给人们带来便利的同时,也为航空犯罪提供了极具诱惑的场所。民用航空器由于天然存在的弱点,同时对民用航空的犯罪行为又容易形成较大的国际影响,使得极少数对社会不满的人和恐怖势力越来越倾向于针对民航实施非法干扰行为。发生在航空器的犯罪行为不同于在一国境内的犯罪,最主要的差异在于发生在航空器上的犯罪,特别是发生在国际航线上的犯罪行为可能涉及国家管辖权的问题,而司法管辖又关乎一个国家的主权。因此,国际社会有必要对航空犯罪行为的管辖等一系列问题形成统一的规则。同时,20世纪六七十年代至今,航空犯罪活动日益猖獗,而且国际航空犯罪往往涉及多个国家和地区。为了更好地打击犯罪,加强各国和地区间的合作显得非常重要。在国际民航组织(ICAO)和各国政府的努力下,迄今为止,国际社会就航空安保方面已经签订了不少公约,除了《东京公约》《海牙公约》和《蒙特利尔公约》及《蒙特利尔公约补充议定书》,还包括对这三个公约的修订——《蒙特利尔议定书》《北京议定书》和《北京公约》等。此外,《国际民用航空公约》以附件的形式,专门规定了针对航空安保的标准和建议措施。这些公约的签订以及国际社会在打击航空犯罪和扰乱行为方面合作的不断深入,也明确体现了航空安保法的国际性。

虽然航空安保法具有显著的国际性,但其也具有国内法的一般特征。原因包括两个方面。一方面,并非所有的非法行为都发生在国际航班上,这些行为在国内航线上同样会出现,由于此时一般不存在涉外因素,因此完全可以根据国内法进行处理。而且即便此时存在涉外因素,例如犯罪行为人为外国人或无国籍人,或者受害人是外国人或无国籍人,按属地管辖的原则,我国同样有管辖权,可以适用我国的国内法。另一方面,我国航空安保法在调整范围上具有特殊性,上述国际公约主要是针对航空犯罪行为,虽然在共同打击扰乱秩序的行为方面,国际社会也做出了一定的努力,但效果始终难以尽如人意。我国航空安保法的调整范围却不仅限于此,除了犯罪行为外,还主要包括一些违反民航运输规定的扰乱行为,这些行为可能尚达不到犯罪的严重程度。

(二) 实体法和程序法的统一

从法规定的具体内容来看,法可以分为实体法与程序法。实体法是具体规定人们在各个社会活动领域中的主要权利和义务(或职权和职责)的法,如民法、刑法、行政法等。程序法是指为保障权利的实现和义务的落实而规定的有关程序或手续的法,如民事诉讼法、刑事诉讼法等。

从这个角度出发,法律规范自然也可以分为实体法规范和程序法规范。

在与航空安保工作相关的法中,《中华人民共和国刑法》和《中华人民共和国民用航空安全保卫条例》等主要规定的是具体的权利和义务,是实体法。而扰乱行为处置中经常适用的《中华人民共和国治安管理处罚法》中除了实体的权利和义务,还有专章规定了处罚程序,《航空安全员合格审定规则》中也有很多有关管理程序的规定,再加上航空犯罪后续审判工作要适用的典型程序法——《中华人民共和国刑事诉讼法》等,足以证明航空安保法还具有程序法的内容。因此,航空安保法在内容上是实体法和程序法的统一。

(三) 航空安保法是公法

公法与私法的划分,最早是由古罗马法学家乌尔比安提出来的:"公法是关于罗马国家的法律,私法是关于个人利益的法律。"依照此标准,私法遵循当事人意思自治原则,确立财产所有权,保障自身利益的追求,如民法、商法。公法是利用国家权力,宏观调整社会财富分配,调整国家与公民的关系,维护国家利益的法律,如行政法、刑法、诉讼法。

航空安保法针对的是航空犯罪等非法干扰行为和违反民航运输规定的扰乱行为,目的是维护民航运输秩序,保护人民生命财产的安全。因此,在制定和适用法律过程中,航空安保法主要涉及的都是行政法、行政诉讼法、刑法和刑事诉讼法等公法。

在航空安全员执勤的过程中,还有人认为航空安全员作为航空公司职员与机上旅客之间发生的联系应为合同关系(即私法关系),但航空安全员的执勤是基于国际公约和国内法确认的机长的治安权,在机长授权下航空安全员的客舱安保执勤工作本质上具有行政执法性质。我国曾有观点认为:"机长是作为承运人航空公司的代理人,机长行使的权力显然不是公权,而是私权,所谓私权就是指公民、法人和其他组织依法享有的私人权益,它是市场经济的权利和目的。"[①]然而,一方面,治安本来就应该属于公权力调整的范畴,而从性质和行使

---

① 参见车彤:《浅论机长治安权与空警执法权的关系》,载于《四川政法管理干部学院学报》2007年第3期。

的目的上看,机长治安权维护的是人民生命财产安全甚至是国家安全这样的公共利益和国家利益,相比生命健康权和国家、公共利益,保护公共运输企业的财产只是治安权行使目的中相对小的一部分。另一方面,机长治安权行使的主要依据是行政法规和规章。因此,从执法主体性质上看,似乎机长和航空安全员行使的是私权,但就权力的本质和保护的利益,以及权力行使的法律依据而言,机长治安权应该是属于公权力的一部分。因此,航空安保法应该归属于公法的范畴。

导入案例评析

通过本节的学习,我们知道了航空安保法和所有的法一样,具有物质制约性,其立法技术、制定的内容等一定和当时的立法水平、行业发展的实际情况及当时的社会经济发展水平紧密相连,我们很难在特定时空条件下制定出一部超越时代的法。在制定《中华人民共和国民用航空安全保卫条例》的20世纪90年代,我国经济还不够发达,群众生活水平还有待提高,民航业的发展也尚处于蓄势待发的阶段,故针对当时实际发生的危害航空安全的事例,在禁止的行为中作了一些现在看来似乎有些不可思议的列举,同时对一些违法行为,罚款的数额也相对较低。法的这种滞后性之所以不能迅速得到改善,一方面是法具有相对稳定性;另一方面其制定和认可的过程需要经过有权机关特定的、严格的立法程序,具有正式性。值得欣慰的是,我国近年来正在通过修订和新的立法,不断完善航空安保法的体系,在立法上保障航空安保工作的顺利开展。

第二节 航空安保法的作用

案例导入

国内某航班,平飞阶段,位于35C和35B的旅客孙某和李某因为座椅扶手的问题发生了争执,经过周围旅客的劝解以及航空安全员的法律宣讲,李某不再说话,但孙某仍然不依不饶,继续辱骂,甚至动手殴打李某,众人纷纷指责孙某。当班航空安全员见劝阻无效,经请示机长后,在旅客的帮助下,对孙某实施了管束措施。航班落地后,孙某被移交给了降落地的机场公安局。机场公安局经过调查,依据《中华人民共和国治安管理处罚法》的相关规定对其进行了行政处罚,事后该事件被当地电视台进行了报道。

请问:该案反映了航空安保法的哪些作用?

法的作用泛指法对社会产生的影响,故航空安保法的作用就是指航空安保法对社会产生的影响。依据法的基础理论,法的作用可以分为规范作用与社会作用,航空安保法也不例外。

一、航空安保法的规范作用

由于法律规则均包括假定条件、行为模式和法律后果三个部分,因此,航空安保法自然也就具有以下五种规范作用:指引、评价、教育、预测和强制。

指引作用是指航空安保法对人的行为具有引导作用。在这里,行为的主体是个人。航空安保法通过规定什么是扰乱行为和非法干扰行为等内容,使个人明确哪些行为是不能做的,哪些行为是可以做的。

评价作用是指航空安保法可以作为一种行为标准,起到评判和衡量他人行为是否具有合法性的作用。这里评价的对象是他人。在利用航空安保法现有法律规范评价他人行为的基础上,也可以促进本人更好地知法和守法。

教育作用是指通过航空安保法的实施对一般人的行为产生直接或间接的示警或示范作用。例如,对劫机行为人的刑事处罚可以教育其他人,尤其是那些潜在的、意欲进行航空犯罪的人员,打消其犯罪念头,消除其犯罪心理。航空安保法的教育作用对于强化公众的航空安保意识,促使公民自觉守法具有重要作用。

预测作用是指凭借航空安保法的存在,人们可以预先估计自己的行为会产生什么样的法律后果,从而对自己的行为做出合理的安排。社会规范的存在就意味着行为预期的存在。而行为的预期是社会秩序的基础,否则公众就会在社会生活中无所适从。

强制作用是指可以通过制裁违反航空安保法的行为来强制人们守法。这里强制作用的对象是违法者的行为。强制的目的在于实现法律的规定,保证公平正义,维护法律的权威和尊严,保障航空运输的有序和安全。

二、航空安保法的社会作用

首先,有利于维护航空运输的正常秩序,保障群众交通出行的便利与安全。航空安保法的切实施行,可以有效地打击有关航空运输的违法和犯罪行为,提高人们自觉守法的意识,从而确保航空运输安全、有效地运行,也能为货物的流转、邮件的运输和人们的出行提供坚强有力的保障。

其次,有利于维护国家安全和社会稳定。2014年4月15日,习近平总书记在主持召开中央国家安全委员会第一次会议时,首次提出并阐述了总体国家安全观。党的二十大报告也明确提出:"推进国家安全体系和能力现代化,坚决维护国家安全和社会稳定"。航空安保法的有效实施是保证空防安全的重要手段,而空防安全既是航空安全的"半壁江山",也是反恐工作的重点,是构成国家总体安全的社会安全的重要组成部分。

最后,有利于经济的安全稳定发展。民航业是国家的重要战略产业,在经济社会的发展中发挥着不可或缺的作用。安全是发展的基础,稳定是强盛的前提,空防安全的维护是航空业发展的基础。空防安全事件可能会带来难以估量的直接和间接损失,因此,航空安保法的有效实施在保障空防安全,防范和制止航空违法犯罪行为的同时,也成为保障总体国民经济安全稳定发展的基石之一。

导入案例评析

通过本节的学习,我们可以知道本案主要体现了航空安保法的规范作用,经过航空安全员的法律宣讲,李某知悉航空安保法的相关规定后,主动放弃了争执甚至殴打的行为,反映了航空安保法对行为人的指引和预测作用。旅客纷纷对孙某的行为进行指责,说明旅客正在依据航空安保法的规定对孙某的行为进行合法性的判断,体现了评价作用。公安机关对孙某的制裁维护了公平和正义,保障了航空运输的正常秩序,也使得孙某接受了应有的处罚,对其将来类似行为的产生起到了抑制作用,因此反映了航空安保法的强制作用。之后新闻媒体对本案的报道为众多电视观众看到,起到了宣传和普法的效果,反映了航空安保法在实施过程中的教育作用。

第三节　航空安保法的渊源

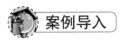

某国内公共航空运输企业在经营过程中违反了相关规定,未按规定执行航空安全员飞行值勤期限制、累积飞行时间、值勤时间限制和休息时间的要求,违规派遣航空安全员刘某参与执勤,而刘某在明知自己的工作安排不符合执勤限制和休息时间要求的情况下,仍然违规接受了派遣。以上行为被民航主管部门查实,遂责令该公共航空运输企业停止违法行为,并处以三万元罚款,同时,对接受违规派遣的航空安全员刘某处以1000元罚款。处罚结果出来以后,有空勤人员认为处罚似乎并不重,甚至可以说很轻。

请问:为什么《中华人民共和国反恐怖主义法》和《中华人民共和国安全生产法》规定的处罚却可以达到数十万元,甚至责令停产停业整顿呢?

一、法的渊源的概念

法的渊源指法的源泉、来源、源头。在历史上,学者们通常将法的渊源分为历史渊源、本质渊源、思想理论渊源、效力渊源、文件渊源、形式渊源等来加以认识。

我国目前所讲的法的渊源一般有实质意义法的渊源和形式意义法的渊源两种不同的解释。在实质意义上,法的渊源指法的内容的来源,如法渊源于经济或经济关系。在形式意义上,法的渊源也就是法的效力渊源,指一定的国家机关依照法定职权和程序制定或认可的具有不同效力和地位的不同表现形式,即根据法的效力来源不同,划分的法的形式,如制定法、判例法、习惯法、法理等。在我国,对法的渊源的理解,一般指效力意义上的渊源,主要是各种制定法。

二、当代中国法的渊源

当代中国法的渊源主要为以宪法为核心的各种制定法,包括宪法、法律、行政法规、地方性法规、民族自治法规、经济特区的规范性文件,规章,特别行政区的法律,国际条约、国际惯例等。

(一) 宪法

宪法是一个民主国家最根本的法的渊源,具有最高的法律效力,一切法律、行政法规、地方性法规、自治条例和单行条例、规章都不得同宪法相抵触,是国家最高权力的象征或标志。宪法的权威直接来源于人民。

《中华人民共和国宪法》于1982年通过并施行,至今共有五个修正案,最近一次修正案是在2018年3月11日第十三届全国人民代表大会第一次会议通过的。

(二) 法律

法律有广义、狭义两种理解。广义上讲,法律泛指我国一切立法机关依照法定程序制定的规范性文件;狭义上讲,法律仅指全国人民代表大会和全国人民代表大会常务委员会制定的规范性文件。这里仅指狭义的法律。在当代中国法的渊源中,法律的地位和效力仅次于宪法,高于行政法规、地方性法规和规章。

全国人民代表大会制定和修改刑事、民事、国家机构和其他基本法律。全国人民代表大会常务委员会制定和修改除应当由全国人民代表大会制定的法律以外的其他法律;在全国人民代表大会闭会期间,对全国人民代表大会制定的法律进行部分补充和修改,但是不得同该法律的基本原则相抵触。全国人民代表大会常务委员会的法律解释同法律具有同等效力。

《中华人民共和国立法法》规定,下列事项只能制定法律:国家主权的事项;各级人民代表大会、人民政府、监察委员会、人民法院和人民检察院的产生、组织和职权;民族区域自治制度、特别行政区制度、基层群众自治制度;犯罪和刑罚;对公民政治权利的剥夺、限制人身自由的强制措施和处罚;税种的设立、税率的确定和税收征收管理等税收基本制度;对非国有财产的征收、征用;民事基本制度;基本经济制度以及财政、海关、金融和外贸的基本制度;诉讼制度和仲裁基本制度及必须由全国人民代表大会及其常务委员会制定法律的其他事项。

全国人民代表大会通过的法律由国家主席签署主席令予以公布。法律应当明确规定施行日期。签署公布法律的主席令载明该法律的制定机关、通过和施行日期。

法律签署公布后,法律文本以及法律草案的说明、审议结果报告等,应当及时在全国人民代表大会常务委员会公报和中国人大网以及在全国范围内发行的报纸上刊载。在常务委员会公报上刊登的法律文本为标准文本。

法律根据内容需要,可以分编、章、节、条、款、项、目。编、章、节、条的序号用中文数字依次表述,款不编序号,项的序号用中文数字加括号依次表述,目的序号用阿拉伯数字依次表述。

(三) 行政法规

行政法规是指国家最高行政机关,即国务院,根据宪法和法律所制定的规范性文件,其法律地位和效力仅次于宪法和法律,高于地方性法规和规章。

行政法规可以就下列事项作出规定:一是为执行法律的规定需要制定行政法规的事项;二是《中华人民共和国宪法》第八十九条规定的国务院行政管理职权的事项。

目前我国行政法规的数量远远超过全国人大和全国人大常委会制定的法律的数量。

行政法规由总理签署国务院令公布。行政法规签署公布后,及时在国务院公报和中国政府法制信息网以及在全国范围内发行的报纸上刊载。在国务院公报上刊登的行政法规文本为标准文本。

依据2001年11月国务院发布,2017年修订的《行政法规制定程序条例》,行政法规的名称一般称"条例",也可以称"规定""办法"等。国务院根据全国人民代表大会及其常务委员会的授权决定制定的行政法规,称"暂行条例"或者"暂行规定"。国务院各部门和地方人民政府制定的规章不得称"条例"。

行政法规根据内容需要,可以分章、节、条、款、项、目。章、节、条的序号用中文数字依次表述,款不编序号,项的序号用中文数字加括号依次表述,目的序号用阿拉伯数字依次表述。

(四) 地方性法规、民族自治法规、经济特区的规范性文件

地方性法规是一定的地方国家权力机关根据本行政区域的具体情况和实际需要,在不

同上位法相抵触的前提下,依法制定的在本行政区域内具有法的效力的规范性文件。

民族区域自治是我国的一项基本政治制度。民族自治地方的人民代表大会有权依照当地民族的政治、经济和文化的特点,制定自治条例和单行条例,但应报全国或省、自治区、直辖市的人民代表大会常委会批准之后才生效。

经济特区是指我国在改革开放中为发展对外经济贸易,特别是利用外资、引进先进技术而实行某些特殊政策的地区。经济特区所在地的省、市的人民代表大会及其常务委员会根据全国人民代表大会的授权决定,制定法规,在经济特区范围内实施。

(五) 规章

规章是行政性法律规范文件,从其制定机关而言可分为两种。

(1) 由国务院各部、委员会、中国人民银行、审计署和具有行政管理职能的直属机构以及法律规定的机构,根据法律和国务院的行政法规、决定、命令,在本部门的权限范围内,制定的规范性文件。部门规章规定的事项应当属于执行法律或者国务院的行政法规、决定、命令的事项。

(2) 省、自治区、直辖市和设区的市、自治州的人民政府,根据法律、行政法规和本省、自治区、直辖市的地方性法规,依照法定程序制定的规范性文件。

部门规章之间、部门规章与地方政府规章之间具有同等效力,在各自的权限范围内施行。部门规章应当经部务会议或者委员会会议决定。地方政府规章应当经政府常务会议或者全体会议决定。

部门规章由部门首长签署命令予以公布。地方政府规章由省长、自治区主席、市长或者自治州州长签署命令予以公布。

部门规章签署公布后,及时在国务院公报或者部门公报和中国政府法制信息网以及在全国范围内发行的报纸上刊载。地方政府规章签署公布后,及时在本级人民政府公报和中国政府法制信息网以及在本行政区域范围内发行的报纸上刊载。

在国务院公报或者部门公报和地方人民政府公报上刊登的规章文本为标准文本。

依据2001年制定,2017年修订的《规章制定程序条例》的规定,规章的名称一般称"规定""办法",但不得称"条例"。规章用语应当准确、简洁,条文内容应当明确、具体,具有可操作性。法律、法规已经明确规定的内容,规章原则上不作重复规定。除内容复杂的外,规章一般不分章、节。

(六) 特别行政区的法律

《中华人民共和国宪法》第三十一条规定:"国家在必要时得设立特别行政区,在特别行政区内实行的制度按照具体情况由全国人民代表大会以法律规定。"这是"一个国家、两种制度"的构想在宪法上的体现。特别行政区实行不同于全国其他地区的经济、政治、法律制度,在立法权限和法律形式上具有特殊性,特别行政区的法律、法规在当代中国法的渊源中成为单独的一类。

全国人民代表大会已于1990年4月和1993年3月先后通过了《中华人民共和国香港特别行政区基本法》和《中华人民共和国澳门特别行政区基本法》,并分别于1997年7月1日和1999年12月20日开始施行。

(七) 国际条约、国际惯例

国际条约是指我国作为国际法主体同外国缔结的双边、多边协议和其他具有条约、协定性质的文件。条约生效后,根据"条约必须遵守"的国际惯例,对缔约国的国家机关、团体和公民具有法律上的约束力,因而国际条约也是当代中国法的渊源之一。

国际惯例是指以国际法院等各种国际裁决机构的判例所体现或确认的国际法规则和国际交往中形成的共同遵守的不成文的习惯。国际惯例是国际条约的补充。

三、中国航空安保法的渊源

由于民航行业和航空安保工作的特点,我国航空安保法的渊源主要集中在以下方面。

(一) 法律

我国几乎没有直接就航空安保工作作出规定的法律,其中仅《中华人民共和国民用航空法》中存在部分和航空安保的条款。《中华人民共和国反恐怖主义法》和《中华人民共和国安全生产法》经常作为航空安保规章的制定依据,《中华人民共和国刑法》和《中华人民共和国治安管理处罚法》等则是航空安保工作中违法犯罪行为的定性和违法犯罪行为人法律责任承担的依据。

(二) 行政法规

与航空安保工作直接有关的行政法规只有一部,即《中华人民共和国民用航空安全保卫条例》,其中对运输机场、公共航空运输企业和民航安全检查等工作进行了总体和原则上的规定。

(三) 规章

航空安保规章涉及全行业的安保工作规范,主要是部门规章,具体包括《公共航空运输企业航空安全保卫规则》《民用航空运输机场航空安全保卫规则》《公共航空旅客运输飞行中安全保卫工作规则》《航空安全员合格审定规则》和《民用航空安全检查规则》等。

《民航规章立法技术规范》(MD-LR-2013-01)重申了规章基本体例为"规定"与"办法",不得为"条例",规章名称应该与其体例相一致。同时,该文件也明确,实践中还有"实施细则""规则""决定""规范"等。我国航空安保规章大多以"规则"[①]形式出现。

(四) 国际条约

航空安保国际条约体现了国际社会在航空安保工作协同与合作方面的努力,是各国共同打击危害航空安全与秩序等行为的重要保障。

迄今为止,我国已经批准或加入的涉及国际航空安保工作的条约主要有《关于在航空器内的犯罪和犯有某些其他行为的公约》(即《东京公约》)、《制止非法劫持航空器的公约》(即《海牙公约》)、《制止危害民用航空安全的非法行为的公约》(即《蒙特利尔公约》)以及对《蒙特利尔公约》起补充作用的《制止在用于国际民用航空的机场发生非法暴力行为以补充1971年9月23日订于蒙特利尔的〈制止危害民用航空安全的非法行为公约〉的议定书》(即《蒙特利尔公约补充议定书》)、《制止与国际民用航空有关的非法行为的公约》(即《北京公

[①] 相比较"规定"与"办法","规则"更侧重于技术性与操作性,用于对某些技术性、操作性较强的工作的规定。

第一章　航空安保法的一般理论

约》)和《制止非法劫持航空器公约的补充议定书》(即《北京议定书》)。此外,我国尚未批准加入的航空安保条约还有《关于修订〈关于在航空器内的犯罪和犯有某些其他行为的公约〉的议定书》(即《蒙特利尔议定书》)等。

我国航空安保法渊源的具体表现如表 1-1 所示。

表 1-1　我国航空安保法渊源的具体表现

国际条约	《国际民用航空公约》及其附件 17、《东京公约》《海牙公约》《蒙特利尔公约》及《蒙特利尔公约补充议定书》《北京公约》《北京议定书》
法律	《中华人民共和国反恐怖主义法》《中华人民共和国安全生产法》《中华人民共和国民用航空法》《中华人民共和国治安管理处罚法》等
行政法规	《中华人民共和国民用航空安全保卫条例》
规章	《民用航空运输机场航空安全保卫规则》《民用航空安全检查规则》《民用机场航空器活动区道路交通安全管理规则》《公共航空运输企业航空安全保卫规则》《航空安全员合格审定规则》《公共航空旅客运输飞行中安全保卫工作规则》和《外国航空运输企业航空安全保卫规定》等

导入案例评析

《公共航空旅客运输飞行中安全保卫工作规则》第三十一条规定:"公共航空运输企业不得派遣航空安全员在超出本规定的值勤期限制、飞行时间限制或不符合休息期要求的情况下执勤。航空安全员不得接受超出规定范围的执勤派遣。"在该规章的法律责任部分,也规定了对这两类违规行为的处罚,因此,对该企业和航空安全员的处罚是于法有据的。

通过本节的学习,我们知道法的不同渊源各自的位阶和效力等级不一样,其立法权限也不一样。例如:《中华人民共和国立法法》规定,对于限制人身自由的强制措施和处罚,只能通过制定法律来规定。因此,不同层级的立法,其可以规定的行政处罚措施也是不同的。

《中华人民共和国行政处罚法》第十三条规定:"国务院部门规章可以在法律、行政法规规定的给予行政处罚的行为、种类和幅度的范围内作出具体规定。尚未制定法律、行政法规的,国务院部门规章对违反行政管理秩序的行为,可以设定警告、通报批评或者一定数额罚款的行政处罚。罚款的限额由国务院规定。"

1996 年《国务院关于贯彻实施〈中华人民共和国行政处罚法〉的通知》中就部门规章的罚款设定限额作出规定:"国务院各部门制定的规章对非经营活动中的违法行为设定罚款不得超过 1000 元;对经营活动中的违法行为,有违法所得的,设定罚款不得超过违法所得的 3 倍,但是最高不得超过 30000 元,没有违法所得的,设定罚款不得超过 10000 元;超过上述限额的,应当报国务院批准。地方政府规章设定罚款的限额,由省、自治区、直辖市人大常委会规定,可以不受上述规定的限制。"

我国民航规章在制定时均遵循了以上法律规定和国务院的通知要求,但随着我国经济水平的不断发展,上述处罚限额已经不能满足工作实践的需要,无法对违法行为起到一定的震慑作用。

2021 年《中华人民共和国行政处罚法》修订后,国务院印发了《关于进一步贯彻实施〈中华人民共和国行政处罚法〉的通知》(国发〔2021〕26 号)(以下简称《通知》)。该《通知》要求,部门规章设定罚款,要坚持过罚相当,罚款数额要与违法行为的事实、性质、情节以及社会危害程度相当,该严的要严,该轻的要轻。《通知》还提出,之后修改部门规章时,要结合实际研究调整罚款数额的必要性,该降低的要降低,确需提高的要严格依照法定程序在限额范围内提高。

依据《通知》,部门规章的罚款处罚设定限额得到了大幅提高,最高可至10万元甚至20万元。具体规定如下。

法律、行政法规对违法行为已经作出罚款规定的,部门规章必须在法律、行政法规规定的给予行政处罚的行为、种类和幅度的范围内规定。

尚未制定法律、行政法规,因行政管理迫切需要依法先以部门规章设定罚款的,设定的罚款数额最高不得超过10万元,且不得超过法律、行政法规对相似违法行为的罚款数额,涉及公民生命健康安全、金融安全且有危害后果的,设定的罚款数额最高不得超过20万元;超过上述限额的,要报国务院批准。上述情况下,部门规章实施一定时间后,需要继续实施其所设定的罚款且需要上升为法律、行政法规的,有关部门要及时报请国务院提请全国人大及其常委会制定法律,或者提请国务院制定行政法规。

综上,规章目前可以规定的处罚数额已大幅提升。此外,虽然目前航空安保规章规定的罚款数额并不高,但通过守法信用信息记录和旅客"黑名单"等制度,也可以有效地提高违法成本,有效地预防违法违规行为的发生。

知识拓展

非法律渊源的民航规范性文件

虽然规范性文件并不是航空安保法的法律渊源,但由于在民航工作中,有不少政策、程序和要求等内容是通过规范性文件的形式予以发布,因此,为了便于在工作中更好地理解,以下对民航规范性文件的表现形式做简要介绍。

(一)民航规范性文件的种类

1. 管理程序

管理程序(Aviation Procedure,AP)是民航局各职能部门下发的有关民用航空规章的实施办法或具体管理程序,是民航行政机关工作人员从事管理工作和法人、其他经济组织或者个人从事民用航空活动应当遵守的行为规则。

2. 咨询通告

咨询通告(Advisory Circular,AC)是民航局各职能部门下发的对民用航空规章条文所作的具体阐述。

3. 管理文件

管理文件(Management Document,MD)是民航局各职能部门下发的就民用航空管理工作的重要事项作出的通知、决定或政策说明。

4. 工作手册

工作手册(Working Manual,WM)是民航局各职能部门下发的规范和指导民航行政机关工作人员具体行为的文件。

5. 信息通告

信息通告(Information Bulletin, IB)是民航局各职能部门下发的反映民用航空活动中出现的新情况以及国内外有关民航技术上存在的问题进行通报的文件。

(二) 民航规范性文件的编号

AP、AC 的编号通常由文件种类英文简称、所属规章编号、职能部门英文代码、年份、顺序编号以及修订序号等依次排列组成。例如：AP-140-CA-2023-01。

MD、WM、IB 的编号通常由文件种类英文简称、职能部门英文代码、年份、顺序编号依次排列组成。例如：MD-SB-2016-002。

(三) 民航局各职能部门名称代码

民航局各职能部门的名称及代码如表1-2所示。

表 1-2 民航局各职能部门的名称及代码

名 称	英 文 全 称	代码
办公厅	General Office	GO
航空安全办公室	Office of Aviation Safety	AS
政策法规司	Department of Policies, Laws and Regulations	LR
规划发展司	Department of Planning	PL
财务司	Department of Finance	FI
人事科教司	Department of Personnel, Science, Technology and Education	PE
国际合作司	Department of International Affairs and Cooperation	IA
运输司	Department of Air Transportation	TR
飞行标准司	Department of Flight Standard	FS
航空器适航审定司	Department of Aircraft Airworthiness Certification	AA
机场司	Department of Airport	CA
公安局	Aviation Security Bureau	SB
空中交通管理局	Air Traffic Management Bureau	TM

第四节　航空安保法的适用范围

案例导入

假定某航空器从其登记国 A 国起飞，途经 B 国和 C 国，降落地为 D 国。在飞行过程中，航空器内 E 国的甲某和 F 国的乙某发生了冲突，双方先是互相辱骂对方，随后升级到互相推搡并扭打在一起。双方推搡时正好在 B 国领空，此时甲某狠狠地推了一把乙某，乙某跟跟跄跄向后倒去，终于控制不住脚步摔了下去，头部重重地撞在了座椅的扶手上，在摔倒时飞机已经进入了 C 国的领空。之后两人被众人拉开，乘务人员询问乙某是否有事，乙某表示没有问题,于是飞机继续飞向D国,孰料在飞机快要离开C国进入D国境内时,机组成员发现乙某已经死亡,飞机后在D国降落。

请问:从理论上说,有哪些国家可以宣称其对该案件的管辖?

从本章第三节可知,航空安保法的法律渊源主要是国际条约、法律、行政法规和部门规章。因此,所谓航空安保法的适用范围就是指所有航空安保法规范的适用范围,具体而言,就是指航空安保法的效力范围,即航空安保法适用的地方、适用的对象和生效的时间以及是否具有溯及力的问题。由于航空安保法适用的问题,实际就是对危害民用航空安全行为的管辖的问题,涉及国家的主权和尊严,因此,明确航空安保法的适用范围是有必要而且意义重大的。

航空安保法的适用范围可以分为空间适用范围和时间适用范围。

一、航空安保法的空间适用范围

航空安保法的空间适用范围就是指航空安保法适用于什么地方和什么人的问题。由于法律适用的敏感性,世界各国都对法律的空间适用范围比较重视,从而对于国家管辖权的原则以及空间划分形成了一些较为普遍的认识。

(一) 国家管辖权的原则

国家的管辖权是国家对特定的人、物和事件进行管理和处置的权利。它以国家主权为根据,又是国家主权的最直接体现。

管辖权是一国主权的具体行使。一般而言,世界各国总是在与其利益有关的人、物、事件方面,主张行使管辖的权利以保护自身利益。由于国家间各个层面的交往和联系,国家间的利益存在日益广泛的关联和重叠。一国为保护其利益而行使管辖权时,往往涉及他国的利益及他国由此主张的管辖权,因此管辖权问题成为国际法关注的重要问题。

国际社会实践中,管辖权问题主要涉及国家根据自己的法律,对人、物、事件设定及主张其管理处置的权利和方法。

在管辖权方面,国际法尚未形成有关管辖权的详尽明确的法律。一般认为,国内法规定国家实际行使管辖权的形式和范围;而根据相互尊重主权的原则,国际法设定国家管辖权的可允许限度和彼此接受的相互协调。在国际法研究中,一般将国家实践中的管辖权原则或管辖权类型作如下划分。

1. 属地管辖权

属地管辖权又称属地优越权,是指国家对于其领土及其领土内的一切人、物和事件,都有进行管辖的权利,除非国际法另有规定。

以领土为范围的管辖权,在涉及与管辖权有关的行为或事实的发生地时,各国观点并不一致,主要分为两种。一是行为发生地说,或称主观属地管辖权,指某种行为在一国领土内发生即作为领土内行为,成为属地管辖权的对象。它以行为发生地作为行使管辖权的依据。二是结果发生地,或称客观属地管辖权,指凡是某种行为的结果发生在一国领土内,或该行为的后果及于一国的领土,则该行为即视为领土内行为,适用属地管辖原则。它以行为后果发生地作为管辖权的依据。实践中,较多国家程度不同地兼采两者。

属地管辖权是现代国家行使管辖权的普遍形式和首要依据,除非另有国际法规定,属地管辖权相对于其他管辖权类型被认为具有优越权。同时,属地管辖权的行使受国际法及国家承担的相关国际义务的限制,如属地管辖权不适用于领域内依法享有特权与豁免的外国人或外国财产。例如,《中华人民共和国刑法》第十一条规定:"享有外交特权和豁免权的外国人的刑事责任,通过外交途径解决。"

2. 属人管辖权

属人管辖权又称国籍管辖权,是指国家对于具有其国籍的人,具有管辖的权利,而无论是在其领土范围内还是领土范围外。除自然人外,国家行使属人管辖权的对象在不同程度上还包括具有该国国籍的法人,以及船舶、航空器或航天器等获得国籍的特定物。

对具有国籍的人的管辖是属人管辖的最基本和主要的方面。在属人管辖的依据方面,通常又分主动属人管辖和被动属人管辖两类:前者也称为加害人国籍管辖,它主张由加害行为实施者的国籍国进行管辖;后者也称为受害人国籍管辖,它是指由加害行为受害者的国籍国进行管辖。

3. 保护性管辖权

保护性管辖权是指国家对于在其领土范围以外从事严重侵害该国或其公民重大利益行为的外国人进行管辖的权利。例如,侵害该国利益的伪造货币和侵害该国公民的谋杀等罪行。

从国际实践看,这种管辖权的行使一般基于两个条件:外国人在领土外的行为所侵害的是该国或其公民的重大利益,构成该国刑法、规定之罪行或按规定应处一定刑罚的罪行;该行为根据行为地的法律同样构成应处刑罚的罪行。

由于保护性管辖权不能在他国领土上实施,一般可以通过两种方式实现:一是上述行为人进入该受害国境内被依法拘捕和管辖;二是通过国家间对行为人的引渡来实现受害国的管辖权。

4. 普遍性管辖权

普遍性管辖权是指根据国际法的规定,对于危害国际安全与和平及全人类利益的某些国际犯罪行为,不论行为人国籍及行为发生地,各国都有进行管辖的权利。普遍管辖的犯罪主要涉及两类,一类是各国公认适用普遍管辖原则的犯罪,包括战争罪、破坏和平罪、违反人道罪、海盗罪等。另一类是为有关国际条约确定为缔约国联合惩治的罪行,基本也可视作普遍管辖原则的适用,包括种族灭绝、贩卖毒品、贩卖人口、种族隔离、实施酷刑、航空器劫持等行为。

除相关国家间有特别协议或国内法有特殊规定以外,国家的普遍管辖权只能在本国管辖范围内或不属于任何国家管辖的区域行使。实践中,许多国家将普遍管辖权引入国内法中,成为国家行使管辖权的一项原则和重要依据。

对国家管辖权的上述分类主要基于研究的考虑。在实践中,各国基于以上一般的管辖原则可能会对某个案件争相表达管辖的意愿,但也可能存在对某个案件各国均无意愿或无法管辖的情况,前者可称为管辖的积极冲突,后者则可称为管辖的消极冲突。

(二)国际法中领土的概念

国家领土是指国家主权支配和管辖下的地球的特定部分及附属的特定上空,它由领陆、领水、领空和底土四部分组成。领陆指国家主权管辖下的地球表面的陆地部分。领陆是国家领土最基本的部分,是领土其他部分的依附。世界上不存在没有领陆的国家。领水是家主权管辖下的全部水域,包括领海和内水两部分。领空是指一国领陆和领水上方一定高度的空间。领空作为国家领土的一部分处于国家主权之下,已被现代国际法所确认,每一个国家对其领空享有完全的和排他的主权。

底土是领陆和领水下面的部分,理论上一直延伸到地心。国家对于底土及其中的资源拥有完全主权。

(三)航空安保法的地域适用范围

航空安保法的地域适用范围解决的是航空安保法在什么地方适用的问题。对此,航空安保法体系的各部规范都有明确规定。

《中华人民共和国刑法》第六条规定:"凡在中华人民共和国领域内犯罪的,除法律有特别规定的以外,都适用本法。凡在中华人民共和国船舶或者航空器内犯罪的,也适用本法。犯罪的行为或者结果有一项发生在中华人民共和国领域内的,就认为是在中华人民共和国领域内犯罪。"

《中华人民共和国治安管理处罚法》第四条规定:"在中华人民共和国领域内发生的违反治安管理行为,除法律有特别规定的外,适用本法。在中华人民共和国船舶和航空器内发生的违反治安管理行为,除法律有特别规定的外,适用本法。"

《中华人民共和国民用航空安全保卫条例》第二条规定:"本条例适用于在中华人民共和国领域内的一切民用航空活动以及与民用航空活动有关的单位和个人。在中华人民共和国领域外从事民用航空活动的具有中华人民共和国国籍的民用航空器适用本条例;但是,中华人民共和国缔结或者参加的国际条约另有规定的除外。"

《公共航空旅客运输飞行中安全保卫工作规则》第二条规定:"本规则适用于中华人民共和国境内设立的公共航空运输企业从事公共航空旅客运输的航空器飞行中驾驶舱和客舱的安全保卫工作。前款规定的公共航空运输企业及其工作人员和旅客应当遵守本规则。"

以上规定表明,航空安保法的地域适用范围包括中华人民共和国领域内和在中华人民共和国的船舶和航空器内。此处的领域指的就是国际法上的领土概念,包括领陆、领空、领水和底土。而所谓适用于中华人民共和国的船舶和航空器内,就是指依据国际条约和国际惯例,适用于航行或飞行于公海及其上空,或者停泊于外国港口、机场的悬挂我国国旗的船舶和飞机。

以上适用于领域外船舶和航空器的做法有不同的理论基础。有学者认为,一国领域外的船舶和航空器是该国的"拟制领土",或称"流动领土",因此可以适用属地管辖的原则。然而,也有国际法学者认为,一国领域外的船舶和航空器并非该国的领土,因此,船旗国对船舶内部事务、航空器登记国对航空器内部事务的管辖只能称为"类比属地管辖",而非真正意义上的属地管辖,本质是一种区别于传统管辖的自成一体的管辖。

依据《中华人民共和国刑法》第六条的规定,犯罪的行为或结果只要有一项发生在我国领域内,就认为是在我国领域内犯罪。因此,在我国国内航班上发生的扰乱行为和非法干扰行为毫无疑问应该适用我国的航空安保法,在我国登记的航空器运营的国际航班上发生的扰乱行为和非法干扰行为,依照前述原则,同样应该适用我国的航空安保法。

(四)航空安保法对人的适用范围

纵观我国民航安保法的几个主要法律、法规和规章,只有《中华人民共和国刑法》比较明确地规定了对在我国领域外违反《中华人民共和国刑法》的人的适用范围,其他均没有明确作出规定。《中华人民共和国刑法》中具体的相关规定如下。

第七条规定:"中华人民共和国公民在中华人民共和国领域外犯本法规定之罪的,适用本法,但是按本法规定的最高刑为三年以下有期徒刑的,可以不予追究。中华人民共和国国家工作人员和军人在中华人民共和国领域外犯本法规定之罪的,适用本法。"

第八条规定:"外国人在中华人民共和国领域外对中华人民共和国国家或者公民犯罪,而按本法规定的最低刑为三年以上有期徒刑的,可以适用本法,但是按照犯罪地的法律不受处罚的除外。"这一条实际上也是保护性管辖权的体现。之所以没有规定外国人在我国领域内犯罪的管辖,是因为按照属地管辖原则,在我国领域内发生的犯罪自然要适用我国刑法。对外国人的规定应该同样适用于无国籍人。

(五)航空安保法中的普遍管辖

普遍管辖权如果仅仅规定在一国国内法中,就可能由于不能获得他国的承认而导致冲突。因此,普遍管辖权主要来源于一些国际公约的规定。国际社会往往会就危害国际安全与和平及全人类利益的某些国际犯罪行为约定各国都具有普遍管辖权。例如,《禁止或限制使用某些可被认为具有过分伤害力或滥杀伤作用的常规武器公约》《海牙公约》《蒙特利尔公约》和《反对劫持人质国际条约》等。

航空安保法中对于普遍管辖的规定,最早见于1970年12月16日签订的《海牙公约》,其中第四条规定:

"一、在下列情况下,各缔约国应采取必要措施,对罪行和对被指称的罪犯对旅客或机组所犯的同该罪行有关的任何其他暴力行为,实施管辖权:

(甲)罪行是在该国登记的航空器内发生的;

(乙)在其内发生罪行的航空器在该国降落时被指称的罪犯仍在该航空器内;

(丙)罪行是在租来时不带机组的航空器内发生的,而承租人的主要营业地,或如承租人没有这种营业地,则其永久居所,是在该国。

二、当被指称的罪犯在缔约国领土内,而该国未按第八条的规定将此人引渡给本条第一款所指的任一国家时,该缔约国应同样采取必要措施,对这种罪行实施管辖权。

三、本公约不排斥根据本国法行使任何刑事管辖权。"

1971年9月23日签订的《蒙特利尔公约》的第五条也有类似的规定。

我国已于1980年加入了以上两个公约。

我国在国内法上首次确立普遍管辖是在1987年6月23日全国人大常委会通过的《关于对中华人民共和国缔结或者参加的国际条约所规定的罪行行使刑事管辖权的决定》。其后在1997年《中华人民共和国刑法》中对此作了肯定。我国现行《中华人民共和国刑法》第九条规定:"对于中华人民共和国缔结或者参加的国际条约所规定的罪行,中华人民共和国在所承担条约义务的范围内行使刑事管辖权的,适用本法。"这也是目前航空安保法在国内法上对普遍管辖的规定。

二、航空安保法的时间适用范围

航空安保法的时间适用范围,又称"航空安保法"的时间效力,是指航空安保法生效、失效以及是否具有溯及力的效力。

（一）航空安保法的生效时间

航空安保法只有在生效以后，才可能具有强制力，才可能得以实施。航空安保法的生效时间通常有以下两种情况：一是规定通过或公布之日起生效。例如，《中华人民共和国民用航空安全保卫条例》便是自发布之日起生效；二是公布一段时间后再生效；例如，《中华人民共和国刑法》是 1997 年 3 月 14 日通过，公布后到 1997 年 10 月 1 日才生效；《中华人民共和国民用航空法》是 1995 年 10 月 30 日通过，公布后到 1996 年 3 月 1 日才开始实施。

（二）航空安保法的失效时间

航空安保法失效的时间，主要也有两种情况：一是立法机关明确规定原有法律废止或失效的时间。例如，《中华人民共和国治安管理处罚法》第一百一十九条明确规定："本法自 2006 年 3 月 1 日起施行。1986 年 9 月 5 日公布、1994 年 5 月 12 日修订公布的《中华人民共和国治安管理处罚条例》同时废止。" 1997 年《中华人民共和国刑法》实施后，在附件一里明确废止了《关于惩治劫持航空器犯罪分子的决定》。二是新法实施后，原有法律自然失效。

（三）航空安保法的溯及力

法的溯及力，即法溯及既往的效力，是指法对其生效以前的事件和行为是否适用。如果适用，就具有溯及力；如果不适用，就没有溯及力。

法是否具有溯及力，不同法律规范之间的情况是不同的。就有关侵权、违约的法律和刑事法律而言，一般以法律不溯及既往为原则。这是由于法律应当具有普遍性和可预测性，人们根据法律从事一定的行为，并为自己的行为承担责任。如果法律溯及既往，就是以今天的规则要求昨天的行为，就等于要求某人承担自己从未期望过的义务。败诉者将不是因为其违反了已有的义务，而是因为他违反了一项事件后才创造出来的新法律所规定的义务而受到惩罚。这是不公正的。但是，法律不溯及既往并非绝对。目前各国采用的通例是"有利原则"或称"从旧兼从轻"的原则，即新法原则上不溯及既往，但是新法不认为犯罪或者处刑较轻的，适用新法。

我国航空安保法体系中的刑法在溯及力方面适用的就是"从旧兼从轻"的原则。就航空安保法整体而言，原则上新法不溯及既往，但法律另有规定的除外。

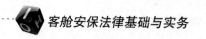

导入案例评析

这是一个典型的教学案例，通过本节的学习，我们知道该案中涉及多个国家管辖权的因素。从理论上来说，ABCDEF 六国均可以主张管辖权。A 国是航空器登记国，因此其可以主张其作为登记国的管辖权。B 是行为发生地国，C 结果发生地国，因此两国都可以基于属地管辖原则主张管辖。E 国是加害人国籍国，F 国是被害人国籍国，因此 E 和 F 两国可以主张主动属人管辖和被动属人管辖。D 国是降落地国，按有关国际公约，其也可以主张降落地国的管辖权。

当然，以上分析均只是基于理论。在国际法的实践中，管辖权不可能同时归属于所有有权管辖的国家，其行使最终必然要落实到某个具体的国家。此外，也不见得每个国家都想行使其管辖权。在这些国家之间，既可能发生管辖权的积极冲突，也可能发生管辖权的消极冲

第一章 航空安保法的一般理论

突。国际社会也一直在努力调和这些冲突。例如,1963年《东京公约》缔结的目的之一就包括确定航空器上发生的犯罪和其他某些行为的管辖权,确立出行之有效的管辖规则。

 练习与思考

一、名词解释
1. 航空安保法
2. 行政法规
3. 属地管辖权

二、简答题
1. 航空安保法的作用是什么?
2. 航空安保法具有哪些特征?
3. 航空安保法的规范作用包括哪些方面?
4. 我国航空安保法的渊源包括哪些?
5. 领土的范围包括哪些?请进行列举并分别予以简要说明。

三、案例思考

【案例1】

一国内航班起飞后的平飞阶段,坐在43C的旅客王某将膝盖顶在前排旅客座椅的靠背上,并不断抖动,使得42C旅客李某感到极度不适。后李某将此情况反映给客舱乘务员,乘务员对王某进行了劝解,但并未使其停止自己的行为,反而激怒了王某,随后其在客舱内破口大骂。安全员于是介入处置,但王某仍然不听劝阻,指着安全员说:"你算老几?你不就是公司一个小职员吗?你有什么资格管我?"后安全员迫于无奈,经请示机长后对其采取了管束措施,并于航班降落后将其移交给了机场公安。

请问:你如何看待旅客王某的观点?

【案例2】

在我国某个航班飞行过程中,机长和航班上的空中警察在处置一起扰乱行为事件时,意见出现了分歧,机长坚持应该将扰乱行为人移交机场公安,而空警则认为在当时的情况下,没有必要将其移交。

请问:对于飞行中机长和空警的关系,我们应该如何理解和分析呢?

【案例3】

外国公民甲某在搭乘飞机经过安检时,无意中将其携带的宣扬恐怖主义、极端主义的图书掉落在地,安检人员发现后将其移交机场公安。经过警方调查,发现甲某对自己持有的这些图书的内容和性质非常清楚,其出于好奇收集并持有大量此类图书和宣传音视频资料,后全部被没收并销毁。甲某被发现持有行为时是在2015年9月20日,其时《中华人民共和国刑法修正案(九)》已经通过,但该修正案是在2015年11月1日才开始施行。该修正案增补的刑法第一百二十条之六规定:"明知是宣扬恐怖主义、极端主义的图书、音频视频资料或者其他物品而非法持有,情节严重的,处三年以下有期徒刑、拘役或者管制,并处或者单处罚金。"

请问:若甲某构成非法持有宣扬恐怖主义、极端主义物品罪,我国能否行使管辖权?对于甲某非法持有这些图书、音视频资料的行为是否应当追究其刑事责任?为什么?

第二章 航空客运安保的一般立法

本章学习目标：通过对本章的学习，使学生能够从整体上了解有关航空客运安保工作要求和措施的主要立法，了解公共航空运输企业和民用航空运输机场安保工作职责的一般规定，掌握公共航空运输企业和运输机场运行的安保工作措施，理解、掌握客运安保的相关定义和具体的工作要求，并能将相关的知识运用到工作实践和安保业务的深入学习中。

公共航空运输企业和运输机场是我国航空客运安保工作的主要承担者。相关的立法规定主要集中于以下规章：《公共航空运输企业航空安全保卫规则》《公共航空旅客运输飞行中安全保卫工作规则》《民用航空运输机场航空安全保卫规则》和《民用航空安全检查规则》。此外，另有少部分相关内容规定在《中华人民共和国民用航空法》《中华人民共和国民用航空安全保卫条例》和《大型飞机公共航空运输承运人运行合格审定规则》中。

基于岗位工作性质，航空安全员需要对航空客运的一般安保措施和要求有所了解。本章将对民用航空运输机场和公共航空运输企业共同、普遍的安保规定和各自的安保运行措施进行介绍。需要说明的是，由于《公共航空旅客运输飞行中安全保卫工作规则》主要涉及具体的飞行中安保工作措施，因此，该规章部分内容将在本书第五章进行介绍。

第一节 公共航空运输企业和运输机场安保的一般规定

某民航运输机场按规定制定本企业的航空安保方案后，为了确保航空安保方案能得到有效的执行，机场管理机构将该安保方案下发给了安保部门所有员工，并组织了集中学习。同时，考虑到机场航空安保工作涉及面很广，涉及的单位众多，为了更好地实现安保工作的协同，该安保方案还分发给了机场安保委员会的各个单位。

请问：该机场的做法是否适当？为什么？

第二章 航空客运安保的一般立法

我国现行的《公共航空运输企业航空安全保卫规则》和《民用航空运输机场航空安全保卫规则》两部规章的体例架构几乎完全一样,民航主管部门对以上两个单位的安保工作要求在某些方面也具有一致性。因此,本节将对以上两个单位共同的安保工作要求进行综述。

一、航空安保工作的监管

(一) 监管主体和方式

对公共航空运输企业和运输机场航空安保工作的监管主体是民航局和民航地区管理局。

民航局、民航地区管理局在对公共航空运输企业和运输机场进行监督检查的过程中,发现其违反本规则有关规定的,可以先行召集其有关部门负责人进行警示谈话,或者行政约见其主要负责人或上级主管部门负责人。

在检查中发现存在事故隐患的,依照《中华人民共和国安全生产法》规定执行。

此外,社会监督也是促进公共航空运输企业航空安保工作的一种方式,任何单位或者个人发现公共航空运输企业未按照规定执行航空安保措施的,均有权向民航局、民航地区管理局报告或者举报。

(二) 配合监管的义务

公共航空运输企业和运输机场应当对民航局、民航地区管理局执法人员的监督检查给予积极配合,不得向执法人员隐瞒情况或者提供虚假情况。

二、航空安保工作的组织和管理

(一) 机构设置和人员配备

为了保障航空安保工作的实施,公共航空运输企业和运输机场应该依据"专人专责、专岗专责"的原则落实组织和管理工作。

公共航空运输企业和运输机场应当设置专门的或相应的航空安保机构,并指定一名分管航空安保工作的负责人。除此之外,二者均应根据需要设置满足航空安保工作所需的岗位并配备足够的人员。

由于运输机场有不少驻场单位,例如,公共航空运输企业、油料、空管、配餐和联检单位等。各驻场单位也应当设置航空安保机构或配备航空安保人员。

(二) 机场安保委员会

由于机场航空安保工作涉及面很广,涉及的单位众多,因此,机场应当成立机场航空安保委员会并应定期召开会议,也可以视安保形势需要临时召开会议。

机场安保委员会是各方讨论影响机场及其用户的航空安保问题的平台,也是民航地区管理局和与机场航空安保工作直接相关人员有效沟通的途径。

机场航空安保委员会成员应当包括机场管理机构、公共航空运输企业、民航地区管理局或监管局、机场公安机关、空管部门、油料企业、联检单位、驻场武警等机构的代表。其负责人应当由机场管理机构的负责人担任。

(三) 人员培训和经费保障

为了保证人员符合安保工作要求,公共航空运输企业和运输机场承担航空安保职责的人员应当经过相应的安保培训,经培训合格,方能开展相关的安保工作。

公共航空运输企业和运输机场应当建立航空安保经费投入和保障制度。经费保障应当满足航空安保运行、演练、培训以及维护设施设备等方面的需要。

三、航空安保管理体系

航空安保管理体系(Security Management System, SeMS)是系统地管理航空安保的保证,包括必要的组织结构、问责方法、政策和程序,是根据安保政策和目标对安保管理的各要素进行策划,建立组织结构,以信息为驱动,以威胁评估和风险管理为基础,分析并建立保安过程并配置相应资源,实现从事后到事前,从个人到组织,从局部到系统的安保闭环管理。

我国于2009年下发了《航空保安管理体系(SeMS)建设指南》(AC-SB-2009-1),以推动将SeMS纳入我国民航安全管理体系(Safety Management System, SMS)建设中。鉴于此,安保规章要求公共航空运输企业和运输机场应当建立、运行和维护符合民航局要求的航空安保管理体系并根据需要适时进行调整,其内容应当包括目标管理体系、组织保障体系、风险管理体系和质量控制体系。

四、航空安保质量控制

航空安保质量控制是维持并提高安保水平的重要手段,其主要通过政府监管和企、事业单位航空安保的内部控制活动来实施,主要方法包括安保检查、安保审计和安保测试等。

公共航空运输企业和运输机场应当按照国家的质量控制方案制定、维护和执行本单位的航空安保质量控制方案,并在航空安保方案中列明。此外,规章还规定了企业在质量控制方面所需要承担的职责,主要内容如下。

(1) 按照民航局背景调查规定制定相关人员背景调查的程序和措施。

(2) 按要求制定、维护和执行本单位的安保培训方案。

(3) 组织航空安保管理人员和新招录航空安保人员进行岗前培训,并定期进行岗位培训。

(4) 保证从事航空安保培训的部门或委托的机构、教员和课程符合航空安保工作的要求。

五、航空安保方案

按照《国家民用航空安全保卫方案》的要求,为了落实航空安保工作,公共航空运输企业和运输机场应当制定符合要求的航空安全保卫方案。安保规章对航空安保方案保存和分发、方案的修订等方面进行了规定。

(一) 航空安保方案的保存和分发

由于航空安保方案是实现安保目标的依据,但其中可能又包含涉密或敏感信息,因此,规章对方案的保存和分发做出了相应的规定。

1. 航空安保方案的保存

公共航空运输企业和运输机场应将航空安保方案文本保存在便于安保工作人员查阅的地方,并对其进行编号,做好登记。

2. 航空安保方案的分发

航空安保方案的分发、查阅人员必须受到限制,只限于履行职责需要此种信息的应知人员。

航空安保方案的相关内容应分发给本单位的相关部门以及其他安保相关单位,也包括承担安保外包业务的航空安保服务机构。

(二)航空安保方案的修订

1. 一般修订情形

为了确保航空安保方案的持续有效,在发生诸如负责安保工作的组织机构或其职责发生重大变更等情况时,应当对航空安保方案进行修订。

2. 紧急修订情形

出于保护国家安全和公共利益的需要,民航局可以要求公共航空运输企业和运输机场对其航空安保方案作出紧急修订。

六、航空安保协议

公共航空运输企业和运输机场均应当和与其安保业务相关的单位签订航空安保协议,以便安保工作的协调和质量控制,同时明确各方责任,保证本单位航空安保方案中列明的措施和程序得到有效执行。

公共航空运输企业和运输机场将安保业务外包的,也应当签订航空安保协议,以明确责任,保证外包安保业务服务机构能按要求将安保的措施和程序等落实到位。

七、航空安保应急处置

(一)航空安保应急处置预案和程序

公共航空运输企业和运输机场应当制定安保应急处置预案,并确保预案中包含的所有信息及时更新,还应当对预案实施定期演练。此外,为了保障预案的实施,还应该在设备、人员和资金等方面提供支持。

安保应急处置预案应设置不同的等级,并制定和实施相应级别的航空安保措施。

(二)非法干扰的应对

航空器受到非法干扰威胁时,公共航空运输企业和运输机场应分别采取不同的措施。

1. 公共航空运输企业应对措施

(1)立即将威胁信息、对威胁的初步评估以及将要采取的措施通知给民航局和民航地区管理局、相关机场管理机构和相关航班机长。

(2)要求机长将威胁信息、对威胁的评估以及将要采取的措施通知所有机组成员。

(3)航空器降落后,立即通知机场管理机构组织对航空器实施安保搜查。

在有效应对非法干扰威胁的同时,公共航空运输企业还应当采取适当措施,确保受到非法干扰的航空器上的旅客和机组的安全,直到其能够继续旅行。

2. 运输机场应对措施

机场管理机构接到航空器受到炸弹威胁或劫机威胁的消息时,应当采取以下措施:

(1) 立即通知民航地区管理局、公共航空运输企业等单位关于威胁的情况、对威胁的初步评估以及将采取的措施。

(2) 引导航空器在隔离停放区停放。

(3) 按照安保应急处置预案,采取相应航空安保措施。

(三) 安保指令、信息通告和特别工作措施

1. 发布

民航局根据威胁评估结果或针对民用航空的具体威胁,有权发布安保指令和信息通告,规定应对措施。发现有危及航空运输安全、需要立即采取行动的紧急情况,民航局可以发布特别工作措施。

2. 执行

公共航空运输企业和运输机场应当遵守并制定措施以执行民航局发布的安保指令和信息通告。若其没有能力执行安保指令中的措施的,应当在安保指令规定的时间内向民航地区管理局提交替代措施。

3. 修改意见

公共航空运输企业和运输机场可以向民航局提交相关证明材料,对安保指令提出修改意见,但是提交的意见并不改变安保指令的生效。

4. 信息保密

公共航空运输企业、运输机场和收到安保指令或信息通告的人员应当对安保指令或信息通告中所含限制性信息采取保密措施,未经民航局书面同意,不得把安保指令、信息通告中所含信息透露给无关人员。为此,企业应当制定传递非法干扰行为机密信息的程序,不得擅自泄露信息。

导入案例评析

按照国家民用航空安全保卫方案和规章的要求,民用航空运输机场应当根据国家航空安全保卫法律、法规、规章等,制定本机场的航空安全保卫方案,按规定报民航地区管理局审查备案,并确保方案的适当和有效。

由于航空安保方案除涉及本单位的安保组织和管理等工作外,还涉及具体的安保制度、程序和措施,其内容具有敏感性,因此,对于本单位航空安保方案的管理必须制定严格的保存和分发的制度。

通过本节的学习,我们知道,航空安保方案的分发、查阅人员范围必须受到限制,只限于履行职责需要此种信息的应知人员。此外,即便是有必要将安保方案分发给机场安保工作相关的单位或安保服务机构,机场也只能根据需要,将航空安保方案的相关部分内容提供给对方。因此,本案例中,机场将涉及安保敏感信息的本单位的航空安保方案分发给安保部门所有员工以及将安保方案整本分发给相关单位的行为已经违法。民航行政机关应对该行为及时予以纠正,必要时给予行政处罚,若造成严重后果,直接负责的主管人员和其他直接责任人员还可能涉及相应的刑事责任。

第二章 航空客运安保的一般立法

第二节 公共航空运输企业运行安保措施

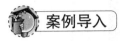

某公共航空运输企业一航班舱门关闭之后正等待推出,此时,机上旅客章某突然接到电话,称其家人突然遭遇车祸身受重伤,生命垂危,其瞬间情绪崩溃,冲向前舱要求开门下飞机,经过请示之后,机组按规定执行了重新开门的程序让其下机赶赴家中。

请问:在出现这种情况时,公共航空运输企业应该采取什么后续安保措施呢?

运行安保措施是公共航空运输企业航空安保工作最为重要的部分,也是国家和企业航空安保方案得以落实的最有力的抓手。本规章对公共航空运输企业在运行过程中各个阶段、环节和任务的安保工作措施都做出了基本和原则性的规定。

一、客运销售环节

航班服务系统(PSS)是全球分销系统(GDS)的一部分,而旅客订座和离港信息系统又是航班服务系统最重要的部分之一,这些信息的安全与否和航空安保工作密切相关。近年来,旅客信息屡遭泄露,我国民航主管部门一直高度重视信息安全工作。

依规章规定,公共航空运输企业应当采取措施,确保旅客订座和离港信息受到有效的保护,具体措施如下。

(1) 将使用的旅客订座和离港信息系统的类型、供应商信息向民航地区管理局备案。

(2) 确保旅客订座和离港信息受到保护,并不得随意对外提供。

(3) 采取相应安保措施,防止旅客信息被窃取或非法泄露。

(4) 旅客订座系统应当按规定设置获取旅客身份证件信息的程序。

二、办票值机环节

公共航空运输企业应采取措施,确保对所有乘机人员的身份核验,具体要求如下。

(1) 旅客办理乘机手续时,公共航空运输企业及其代理人应当采取措施核对乘机人的身份证件和行李,并告知其相关安保规定。

(2) 应当制定程序,核对加入机组人员的身份证件、工作证件和乘机证明文件,确保人证相符。

三、旅客及其行李

旅客及其行李的安保控制是民航客运安保工作的重要组成部分,也是地面安保工作的关键环节。依系统安全理论,对于人和物的控制,也是对于人的不安全行为和物的不安全状态的控制,是避免航空安保事故发生的根本。

(一) 旅客及其手提行李的安保控制

1. 确保安检

公共航空运输企业应当确保旅客及其手提行李在登机前经过安全检查,不得运输拒绝

25

接受安全检查的旅客,也不得违反航空安保法规标准运输未经安全检查的行李。

2. 核对人数

旅客登机时,应当查验登机凭证,核对旅客人数。

3. 避免相混

已经安全检查和未经安全检查的人员不得相混或接触。如发生相混或接触,公共航空运输企业应当要求机场管理机构采取以下措施。

(1) 对相应隔离区进行清场和检查。

(2) 对相应旅客及其手提行李再次进行安全检查。

(3) 如果旅客已进入航空器,应当对该航空器客舱实施安保搜查。

4. 防止遗留

公共航空运输企业应当采取措施,防止旅客下机时将物品遗留在航空器上。

(二) 托运行李的安保控制

(1) 只接收确定来源的托运行李,对象包括旅客本人以及公共航空运输企业代理人或授权代表接收的托运行李。

(2) 对托运行李采取安检措施,并在托运后至装机和后续交付的全过程中采取相应的安保措施,防止未经授权的人员接触。同时,在地面储运过程中做好监管,并确保行李分拣、存放、装卸区仅允许授权人员持证进入,在装机前应当核对行李标签及数量,防止非本航班承运的行李装上航空器。此外,对转机的托运行李也应采取安保控制措施。

(3) 特殊情况下托运行李的安保措施如下。

① 错运和无人认领行李。行李存放场所应当采取安保控制措施,直到行李被运走、认领或者处理完毕。对国际航班到达的错运行李和无人认领行李在存放和装机前,应当进行安全检查。

② 人、物分离的托运行李。对已经办理乘机手续而未登机旅客的行李,不得装入或者留在航空器上。因安保原因或因拒绝接受安全检查而不准登机的旅客,其托运行李应当从航空器上卸下。旅客在航空器飞行中途中止旅行时,必须将其行李卸下。非旅客本人原因产生的无人陪伴行李经过安全检查后,承运人可以运输。

③ 托运枪支弹药。公共航空运输企业运输托运的枪支弹药时应履行以下职责:查验枪支弹药准运凭证;确认枪支和弹药分离;确认枪支弹药放置在安全可靠的封闭包装中,并保持锁闭;弹药运输应当符合危险品运输条件。

此外,托运的枪支弹药在装卸期间实行专人全程安保监控,在运输途中应当存放在旅客接触不到的区域。

四、特殊执勤任务的安保控制

(一) 押解和遣返人员

1. 押解

机场公安机关应当提前将押解计划通知公共航空运输企业航空安保部门。

公共航空运输企业应当制定程序,确保:在接到押解计划后及时将该信息通报机长;被押解人员在其他旅客登机前登机,在其他旅客下机后下机;被押解人员的座位应当安排在客舱后部,位于押解人员之间,且不得靠近过道、紧急出口等位置;在航空器内不向被押解人员提供金属餐具和含酒精饮料;未经押解人员允许,不向被押解人员提供食品、饮料。

2. 遣返

运送遣返人员,应当在运输24小时前通知公共航空运输企业。

公共航空运输企业应当对遣返非法入境人员的运输申请进行安保评估,决定是否运输或是否在运输中采取额外的航空安保措施。

对不准入境人员的遣返运输,应当采取必要的航空安保措施。

(二) 携带武器乘机

1. 携带武器乘机的条件

只有同时满足以下条件,相关人员才得以携带武器乘机。

(1) 经国家警卫部门确定的警卫对象的警卫人员。

(2) 持有工作证、持枪证、持枪证明信。

2. 企业安保措施

在接到警卫人员乘坐航空器的通知后,公共航空运输企业应当做好下列工作。

(1) 在登机前告知警卫人员必须随时保管好其武器,不得将武器放在行李箱内,并遵守携带武器乘机的相关规定。

(2) 通知机长航空器上警卫人员的数量及每个警卫人员的位置。

(3) 不得向警卫人员提供含酒精饮料。

外方警卫人员在没有中方人员陪同下乘坐境内公共航空运输企业航班的,应当遵守携带武器乘机的相关规定。

五、过站和转机

航空器过站和转机的安保控制措施主要包括两个方面:一是防止过站和转机旅客将物品遗留在航空器上;二是防止过站和转机的人员与未经安全检查的其他人员接触。如果发生接触,则相关人员重新登机前必须再次进行安全检查。

此外,乘坐国际、地区航线班机在境内机场过站和转机的人员及其行李,应当进行安全检查。但与中国签订互认航空安保标准条款的除外。

六、航空器地面的安保措施

(一) 工作内容和措施

有关航空器的地面安保工作主要包括航空器监护、航空器守护和航空器安保检查,公共航空运输企业应当为此采取相应的措施。

航空器的监护是指对执行进、出港航空器在机坪短暂停留工作期间实行安保管制,仅允许经授权的人员、物品和车辆进入相应的安保管制区域,确保执行航班飞行任务的航空器得到有效保护。

航空器的守护是指对于在机场过夜,或处于未执行航班飞行任务停放期间的航空器,采取必要的安保管制措施,防止无关人员、物品及车辆接触航空器,确保航空器得到有效的保护。对于未使用而长期停场的航空器,应当将所有进出口关闭,将舱口梯或者旅客登机桥撤走,防止未经授权人员接触航空器。

航空器安保检查的定义来自于《国际民用航空公约》附件17,是指对旅客可能已经进入过的航空器内部的检查和对货舱的检查,目的在于发现可疑物品、武器、炸药或其他危险装置、物品和物质。对象是每日始发和每航段的航空器。

(二)航空器地面安保工作交接制度

公共航空运输企业应当与航空器监护部门、机务维修部门、武警守卫部队等单位之间建立航空器监护和守护交接制度,并在其航空安保方案中列明。

七、航空器清洁工作的安保措施

公共航空运输企业航空器清洁部门应当制定航空安保措施,其内容主要包括以下内容。
(1) 对工作人员的安保培训。
(2) 对清洁用品的安保措施。
(3) 明确重点部位及检查程序。
(4) 对旅客遗留物品的检查程序。
(5) 发现可疑情况时的报告程序。

航空器清洁工作外包的,外包协议中应当包含上述安保要求,并存档备查。

八、航空配餐和机上供应品

航空配餐和机上供应品由于需要运入客舱,进而可能影响航空运输安全,因此,在装机之前应当接受相应的安保控制措施。

航空配餐企业航空安保措施的主要内容包括以下内容。
(1) 对配餐工作区域实行分区封闭管理和通行管制,并实施有效监控,对进入人员、物品应当进行安全检查。
(2) 对成餐和送餐库实施安保控制。
(3) 提供航空配餐的企业应当对其采购的原材料和供应品进行安全检查。
(4) 机上餐车应当加签封,封条应当有编号;运输餐食、供应品的车辆在运输过程中应当全程锁闭加签封,并由专人押运。
(5) 地处机场控制区外的航空配餐企业应当采取航空安保措施,确保配餐供应品在制作、存储、运往机场途中受到保护。

机组人员应按照公共航空运输企业制定的程序仔细核对航空配餐和机上供应品。

九、国际航线安保评估

国际航线安保评估分为开航前安保评估和持续安保评估,评估方式主要有文件审查、问卷调查、人员访谈和现场观察等。

此外,驻外运营机构应当密切关注通航机场安保情况,并及时上报其所属的公共航空运输企业。

十、信息报告制度

及时高效的重要信息报告制度是保证航空安保工作贯彻落实、提升整体安保水平的重要手段。

公共航空运输企业的信息报告制度主要包括特殊情况报告和定期报告两个方面。

(一) 特殊情况报告

发生以下情况之一,公共航空运输企业应当立即报告民航地区管理局。非法干扰事件;因安保原因造成的安全事故;重要威胁信息;重大空防安全隐患;其他紧急事件。

上述情况处理完毕后,公共航空运输企业应当在15个工作日内按照相关规定书面报告民航地区管理局。

公共航空运输企业在运行中发现机场、空管等单位不符合安保标准或要求,或者安保设施达不到标准时,应当及时通报机场管理机构、空管部门并报告其所在地民航地区管理局。

(二) 定期报告

公共航空运输企业应当每月向民航地区管理局报告以下情况:安保运行情况;非法干扰行为、扰乱行为以及其他违规行为情况;航空安保方案的执行和修订状况;其他应当报告的内容。

导入案例评析

通过对本节的学习,我们了解到公共航空运输企业应当采取一系列覆盖其运行各方面和各环节的安保程序和措施。依据《公共航空运输企业航空安全保卫规则》,对已经办理乘机手续而未登机旅客的行李,不得装入或者留在航空器上。旅客在航空器飞行中途中止旅行时,必须将其行李卸下。

本案中,章某在飞机舱门关闭后推出前离开飞机的情形,属于规章所称的中途中止旅行,除按相关工作要求做好其离机的客舱安保措施外,公共航空运输企业还应查明其是否有托运行李,如有,则必须将其行李卸下。

民航部门确立该规则的主要目的在于避免不法行为人通过在托运行李中放置爆炸品等危险装置,而自己并不上飞机的手段危及航空安全。1988年发生的"洛克比空难"就是典型的例证,惨剧的发生就是缘于货舱中一件无人陪伴行李中的定时爆炸装置。当然,对非旅客本人原因产生的无人陪伴行李,经过安全检查后,承运人还是可以运输的。

民航很多规则都是基于惨痛的经历而建立起来的,因此,作为航空安保人员,我们一定要牢记"敬畏生命、敬畏规章、敬畏职责"的当代民航精神,树立起风险责任意识,主动遵守规则,切实履行职责,努力保障航空运输安全和秩序,共同维护一片安全、纯净的蓝天。

第三节 民用航空运输机场运行安保措施

案例导入

某日,某机场安检员邱某接到登机口的通报,称发现有两名旅客的登机牌未加盖安检验讫章,邱某于是迅速赶到该登机口。经过调查,发现旅客杨某和周某是某航空公司在机场的工作人员,两人均持有有效的机场控制区长期通行证。当天两人是相约出去旅行,并非工作,但两人在经过安检通道时,均是出示其通行证进入候机隔离区,并未展示其登机牌。了解清楚情况后,安检员邱某对二人进行了严肃的批评和教育。

请问:该事例反映了民用航空运输机场哪些安保控制措施?

虽然航空安全员是公共航空运输企业的员工,其也只是承担飞行中的航空器的安保执勤工作,但运输机场的安保工作措施和质量却也直接或间接对飞行中的安保工作产生影响。落实航空安保措施是对机场安保工作的具体执行。

一、机场开放使用的安保要求

一般说来,民用航空运输机场在规划、设计、施工时就应将符合安保要求的安全保卫设施的建设考虑进去,为机场正式运营后的安保工作的开展做好准备。

开放使用的机场应当根据年旅客吞吐量以及受威胁程度划分安保等级,实行分级管理。机场的开放使用,应当满足下列安保条件。

(1) 设有机场控制区以及符合标准的防护围栏、巡逻通道,并配备专门的值守人员。
(2) 派驻有机场公安机构并配备与机场运输量相适应的人员和装备。
(3) 设有安全检查机构并配备与机场运输量相适应的人员和设备。
(4) 设有专职消防组织并按照机场消防等级配备人员和设备。
(5) 制定有航空安保应急处置预案并配备必要的设施设备。
(6) 具有符合规定的航空安保方案。
(7) 其他应当具备的条件。

二、机场控制区的划设和管理

(一) 机场控制区的划设

为了保障空防安全,机场有些区域对于人员、车辆和物品等的出入需要采取一定的安保控制措施。机场管理机构应当按照规定,会同相关驻场单位划定机场控制区。

机场控制区根据安保需要,可以划分为候机隔离区、行李分拣装卸区、航空器活动区和维修区、货物存放区等。

(二) 机场控制区的管理原则

对于机场控制区,应采取严密的航空安保措施,并实行封闭式分区管理。即便是机场内不同的控制区之间,也应该采取相应的安保措施,例如,从航空器维修区、货物存放区通向其他控制区的道口,应当采取相应的安保控制措施。此外,机场管理机构应当设置受到非法干扰威胁的航空器隔离停放区。

三、机场控制区的安保设施

机场控制区的安保设施设备应当符合相关安保规定的要求。机场管理机构应当保持机场控制区防护围栏处于持续良好状态,并配备相应人员进行巡逻检查,及时发现并消除安全隐患。

进出机场控制区的道口应当具有与防护围栏同等隔离效果的设施保护,且对必须进出

第二章 航空客运安保的一般立法

道口的人员、车辆和物品等实施符合安保标准的安全检查。

四、机场控制区通行证

机场控制区应当实行通行管制,进入机场控制区的工作人员、车辆应当持有机场控制区通行证。机场控制区通行证分为人员通行证和车辆通行证。人员通行证分为长期通行证和临时通行证。

(一)人员长期通行证

1. 通行证所载信息

机场控制区人员长期通行证应当包含以下信息:持证人近期照片;有效起止日期;可进入的控制区区域;持证人姓名;持证人单位;证件编号;发证机构;防伪标识和其他技术要求。

2. 申办条件

申办机场控制区人员长期通行证,应当同时具备下列条件:确需进入机场控制区工作;通过背景调查;由所在单位提出书面申请;申办控制区通行证人员应当通过相关安保培训。

(二)人员临时通行证

对因工作需要一次性进入机场控制区的人员,凭驻场接待单位出具的证明信,经发证机构审查合格后为其办理一次性通行证。

(三)车辆通行证

因工作需要进入机场航空器活动区的车辆,应当办理机场控制区车辆通行证。

车辆通行证应当包含以下信息:车辆类型及牌号;有效起止日期;可进入的控制区区域;准许通行的道口;车辆使用单位;证件编号;发证机构;其他技术要求。

(四)人员、车辆通行证的使用期限

机场控制区人员、车辆通行证使用期限一般不超过3年。

(五)通行证发放的安保管理

发证机构应当按照规定对办证申请进行审核,严格控制证件发放范围和数量,防止无关人员、车辆进入机场控制区。

发证机构应当定期核查持证人背景调查资料,确保持证人员持续符合要求。发证机构应当保存持证人员的申办资料备查,保存期限一般不低于4年。

五、机场控制区通行管制

机场控制区的通行管制,主要是指对进入机场控制区的人员、车辆进行安全检查,防止未经许可的人员、车辆进入。

(一)人员的通行管制

(1)乘机旅客应当通过安全检查通道进入指定的区域候机和登机。

(2)工作人员进入机场控制区应当佩戴机场控制区通行证件,经过核对及安全检查,方可进入指定的控制区域。

(3) 民用航空监察员凭民航局或地区管理局颁发的通行证进入机场控制区。

(4) 空勤人员执行飞行任务时凭空勤登机证进入机场控制区。

(5) 持临时通行证的人员,应当在发证机构指定人员引领下进入机场控制区。

(二) 车辆的通行管制

(1) 机场控制区车辆通行证应当置于明显位置。

(2) 车辆进入机场控制区应当停车接受道口值守人员对车辆、驾驶员、搭乘人员和车辆证件及所载物品的检查。

(3) 进入机场控制区的车辆应当由合格的驾驶员驾驶,在机场控制区内行驶的车辆应当按照划定的路线行驶,在划定的位置停放。

(三) 物品出入控制区的管制

1. 工具、物料和器材

道口和安检通道值守人员应当对工作人员进出机场控制区所携带的工具、物料和器材进行检查、核对和登记,带出时予以核销。

使用单位应当明确专人负责工具、物料和器材在机场控制区内的管理。控制区内使用的刀具等对航空安全有潜在威胁的物品,应当进行编号并登记造册。

2. 航空配餐和机供品

运输航空配餐和机上供应品的车辆进入机场控制区应当全程签封,道口安检人员应当查验签封是否完好并核对签封编号。

六、候机隔离区的航空安保措施

(一) 候机隔离区管理原则和资源配备

候机隔离区应当封闭管理,凡与非隔离区相毗邻的门、窗、通道等部位,应采取有效的隔离措施。经过安全检查的旅客进入候机隔离区以前,民航安检机构应当对候机隔离区实施清场,实施民用运输机场控制区 24 小时持续安保管制的机场除外。

机场应当配备与旅客吞吐量相适应的安检通道及安检人员和设备,确保所有进入候机隔离区的人员及物品经过安全检查。

机场应当建立符合标准的安检信息管理系统,及时收集、存储旅客安检信息。

(二) 候机隔离区的人员管控

1. 旅客及其行李的安保控制措施

进入民用运输机场控制区的旅客及其行李物品,应当接受安全检查。拒绝接受安全检查的,不得进入机场控制区。国务院规定免检的除外。

乘坐国内航班的旅客应当出示有效乘机身份证件和有效乘机凭证。对旅客、有效乘机身份证件、有效乘机凭证信息一致的,民航安检机构应当加注验讫标识。

有效乘机身份证件的种类包括:居民身份证、临时居民身份证、护照、军官证、文职干部证、义务兵证、士官证、文职人员证、职工证、武警警官证、武警士兵证、海员证,我国香港和澳门地区居民的港澳居民来往内地通行证,我国台湾地区居民的台湾居民来往大陆通行证;外籍旅客的护照、外交部签发的驻华外交人员证、外国人永久居留证;民航局规定的其他有效乘机身份证件。

十六周岁以下的中国大陆地区居民的有效乘机身份证件,还包括出生医学证明、户口簿、学生证或户口所在地公安机关出具的身份证明。

旅客不得携带或者在行李中夹带民航禁止运输物品,不得违规携带或者在行李中夹带民航限制运输物品。民航禁止运输物品、限制运输物品的具体内容由民航局制定并发布。为了便于给客舱内发现的物品定性,更好地依法开展执勤工作,航空安全员也应该对民航安检禁止或限制携带物品的规定有所了解。

2. 重新进入隔离区的安保要求

已经通过安全检查的人员离开候机隔离区再次进入的,应当重新接受安全检查。

3. 相混或接触后的安保措施

已经通过安全检查和未经安全检查的人员不得相混或接触。如发生相混或接触,机场管理机构应当采取以下措施:对相应隔离区进行清场和检查;对相应出港旅客及其手提行李再次进行安全检查;如旅客已进入航空器,对该航空器客舱进行安保搜查。

(三) 过站、转机旅客及行李的安保措施

机场管理机构应当制定程序并采取措施,一方面确保过站和转机旅客受到有效的安保控制;另一方面确保乘坐入境航班在境内机场过站或转机的旅客及其行李,在未重新进行安全检查前,不得与其他出港旅客接触。但是,与中国签订互认航空安保标准条款的除外。

(四) 安检外包的安保协议

安全检查业务外包的,机场管理机构应当与服务提供商签订安保协议,并对候机隔离区实施有效控制。

七、航空器在地面的航空安保措施

(一) 航空器的监护和守护

执行航班飞行任务的民用航空器在机坪短暂停留期间,由机场管理机构负责监护。航空器在机场过夜或未执行航班飞行任务停放期间,应当由专人守护。

航空器停放区域应当有充足的照明,确保守护人员及巡逻人员能够及时发现未经授权的非法接触。航空器隔离停放位置的照明应当充足且不间断。

航空器监护人员接收和移交监护任务时,应当与机务人员办理交接手续,填写记录,双方签字。

(二) 航空器安保搜查

当发生下列情况时,机场管理机构应组织机场公安、安检等相关部门对航空器进行安保搜查:航空器停场期间被非法接触;有合理理由怀疑该航空器在机场被放置违禁物品或者爆炸装置;其他需要进行安保搜查的情形。

机场管理机构应当对实施安保搜查的人员开展相关业务培训。

航空器安保搜查的定义也是来自《国际民用航空公约》附件17,是指对航空器内部和外部进行的彻底检查,目的在于发现可疑物品、武器、炸药或其他危险装置、物品或物质。

八、要害部位的航空安保措施

(一) 机场要害部位的划定

下列设施和部位应划定为要害部位,并实施相应的航空安保措施。
(1) 塔台、区域管制中心。
(2) 导航设施。
(3) 机场供油设施。
(4) 机场主备用电源。
(5) 其他如遭受破坏将对机场功能产生重大损害的设施和部位。

(二) 机场要害部位的安保措施

要害部位应当至少采取下列航空安保措施。
(1) 对塔台、区域管制中心等对空指挥要害部位应当实行严密的航空安保措施,非工作需要或未经授权者严禁入内。
(2) 对进入或接近要害部位的人员应当采取通行管制等航空安保措施。
(3) 导航设施和其他要害部位应当有足够的安全防护设施或人员保护。
(4) 在威胁增加情况下,应当及时通知有关单位强化航空安保措施,并按应急处置预案做好备用设备的启动准备。

九、机场非控制区的航空安保措施

机场非控制区安保又称陆侧安保。所谓陆侧,是指附属于机场的,出入不受管制的公共区域,例如进出机场候机楼公共道路和停车场等。

机场公安机关应当保持足够警力在机场候机楼、停车场等公共区域巡逻。候机楼前人行道应当设置相应的安全防护设施,防止车辆冲击候机楼。

候机楼内售票柜台及其他办理登机手续设施的结构应当能够防止旅客和公众进入工作区。所有客票和登机牌、行李标牌等应当采取航空安保措施,防止被盗或者滥用。

候机楼广播、电视系统应定时通告,告知旅客和公众应当遵守的基本安保事项和程序。在候机楼内、售票处、办理乘机手续柜台、安检通道等位置应当设置适当的安保告示牌。

设在候机楼内的小件物品寄存场所,其寄存的物品应当经过安全检查。

无人看管行李、无人认领行李和错运行李应存放在机场的指定区域,并采取相应的航空安保措施。

机场管理机构应当对保洁员等候机楼内工作人员进行培训,制定对候机楼内卫生间、垃圾箱等隐蔽部位的检查措施以及发现可疑物品的报告程序。

机场管理机构应当组织制定对候机楼、停车场等公共区域发现的无主可疑物或可疑车辆的处置程序并配备相应的防爆设备。

候机楼地下不得设置公共停车场;候机楼地下已设有公共停车场的,应在入口处配置爆炸物探测设备,对进入车辆进行安全检查。

机场非控制区可以俯视航空器、安检现场的区域以及穿越机场控制区下方的通道,应当采取以下措施:配备相应的视频监控系统,并有相关人员适时巡查;设置物理隔离措施,防止未经许可进入或者向停放的航空器或安保控制区域投掷物体;对可以观看到安全检查现场的区域应当采取非透明隔离措施。

机场要客服务区域应当采取适当的航空安保措施,防止未经授权人员进入。

十、机场租户的航空安保措施

机场租户主要是指机场管理机构通过特许经营或其他书面协议,允许其在该机场从事经营活动的个人或企业,如免税品商店和餐饮店等。

机场租户应当与机场管理机构签订航空安保协议,还要制定相应的航空安保措施,并报机场管理机构备案。

机场租户人员、物品进入机场控制区,应当经过安全检查。机场租户应明确专人负责保管控制区内使用的刀具及其他对航空安全有潜在威胁的物品。机场租户应当对员工进行相应的安保培训。

机场租户所租地构成控制区与非控制区界线的一部分,或者经其可以从非控制区进入控制区者,应当配合机场管理机构对通过其区域的进出实施控制,防止未经授权和未经安全检查的人员、物品进入控制区。

十一、驻场单位的航空安保措施

驻场单位主要是指机场联检部门和空管、油料和地面服务代理等其他单位。

机场联检部门主要包括边防检查、海关检查、卫生检疫、动植物检疫等,这些部门均应当对工作人员进行航空安保法规标准的培训,维护民用航空安全。若其工作场地构成控制区与非控制区界线的一部分,或经其可从非控制区进入控制区者,应当负责对通过其区域的进出实施控制,防止未经授权和未经安全检查的人员、物品进入控制区。

空管部门、航空油料和地面服务代理等其他驻场民航单位应当制定并实施相应的航空安保方案,并报机场所在地民航地区管理局备案。

十二、信息报告

(一)紧急情况的报告

机场管理机构应当建立航空安保信息报告制度,发生以下情况应当立即报告民航地区管理局:非法干扰事件;因安保原因造成的安全事故;重要威胁信息;重大空防安全隐患;其他紧急事件。

上述情况处理完毕后,机场管理机构应当在15个工作日内按相关规定书面报告民航地区管理局。

(二)定期报告

机场管理机构应当每月向民航地区管理局报告以下情况:安保运行情况;非法干扰行为、扰乱行为及其他违规行为情况;航空安保方案的执行和修订情况;其他应当报告的内容。

(三)情况通报

机场管理机构在运行中发现公共航空运输企业、空管部门等单位的航空安保措施或安保设施不符合法规标准要求的,应当及时通报公共航空运输企业、空管部门并报告民航地区管理局。

导入案例评析

通过本节的学习,我们知道本案例反映了民用航空运输机场以下几方面的航空安保措施。一是机场应进行控制区和非控制区的划分,控制区应当实行封闭式分区管理,候机隔离区属于机场控制区的其中一类区域,进出该区域应受到管制。二是所有进出候机隔离区的旅客及其他人员均须接受安全检查,乘坐国内航班的旅客进入候机隔离区时,应当出示有效乘机身份证件和有效乘机凭证。对旅客、有效乘机身份证件、有效乘机凭证信息一致的,民航安检机构应当加注验讫标识。三是机场控制区实行通行管制措施,工作人员进入机场控制区应当佩戴机场控制区通行证件,经过核对及安全检查,方可进入指定的控制区域。

本案中两名航空公司工作人员既然是以旅客的身份出行,就应该在通过机场安检时出示其身份证件和登机牌,而不能仍然以工作人员的身份进入候机隔离区,这样的行为会给机场安保工作造成干扰。

本案也告诉我们,在安保工作中,我们应当进一步加强机场各安保相关单位的安保培训工作,加强安保文化建设,努力培养相关人员的安保意识,从本质上提高安保工作水平。

知识拓展

民航旅客禁止随身携带和托运物品目录

一、枪支等武器(包括主要零部件)

能够发射弹药(包括弹丸及其他物品)并造成人身严重伤害的装置或者可能被误认为是此类装置的物品,主要包括:

(1) 军用枪、公务用枪,如手枪、步枪、冲锋枪、机枪、防暴枪等;

(2) 民用枪,如气枪、猎枪、射击运动枪、麻醉注射枪等;

(3) 其他枪支,如道具枪、发令枪、钢珠枪、境外枪支以及各类非法制造的枪支等;

(4) 上述物品的仿真品。

二、爆炸或者燃烧物质和装置

能够造成人身严重伤害或者危及航空器安全的爆炸或燃烧装置(物质)或者可能被误认为是此类装置(物质)的物品,主要包括:

(1) 弹药,如炸弹、手榴弹、照明弹、燃烧弹、烟幕弹、信号弹、催泪弹、毒气弹、子弹(铅弹、空包弹、教练弹)等;

(2) 爆破器材,如炸药、雷管、引信、起爆管、导火索、导爆索爆破剂等;

(3) 烟火制品,如烟花、爆竹、烟饼、黄烟、礼花弹等;

(4) 上述物品的仿真品。

三、管制器具

能够造成人身伤害或者对航空安全和运输秩序构成较大危害的管制器具,主要包括:

(1) 管制刀具,如匕首(带有刀柄、刀格和血槽,刀尖角度小于60°的单刃、双刃或多刃尖刀)、三棱刮刀(具有三个刀刃的机械加工用刀具)、带有自锁装置的弹簧刀或跳刀(刀身展开或弹出后可被刀柄内的弹簧或卡锁固定自锁的折叠刀具)、其他相类似的单刃双刃三棱尖刀

(刀尖角度小于60°刀身长度超过150毫米的各类单刃、双刃、多刃刀具)以及其他刀尖角度大于60°刀身长度超过220毫米的各类单刃、双刃、多刃刀具等;

(2) 军警械具,如警棍、警用电击器、军用或警用的手铐、拇指铐、脚镣、催泪喷射器等;

(3) 其他属于国家规定的管制器具,如弩等。

四、危险物品

能够造成人身伤害或者对航空安全和运输秩序构成较大危害的危险物品,主要包括:

(1) 压缩气体和液化气体,如氢气、甲烷、乙烷、丁烷、天然气、乙烯、丙烯、乙炔(溶于介质的)、一氧化碳、液化石油气、氟利昂、氧气、二氧化碳、水煤气、打火机燃料及打火机用液化气体等;

(2) 自燃物品,如黄磷、白磷硝化纤维(含胶片)、油纸及其制品等;

(3) 遇湿易燃物品,如金属钾、钠、锂、碳化钙(电石)、铝粉等;

(4) 易燃液体,如汽油、煤油、柴油、苯、乙醇(酒精)、丙酮、乙醚、油漆、稀料、松香油及含易燃溶剂制品等;

(5) 易燃固体,如红磷、闪光粉、固体酒精、赛璐珞、发泡剂等;

(6) 氧化剂和有机过氧化物,如高锰酸钾、氯酸钾、过氧化钠、过氧化钾、过氧化铅、醋酸、双氧水等;

(7) 毒害品,如氰化物、砒霜、剧毒农药等剧毒化学品等;

(8) 腐蚀性物品,如硫酸、盐酸、硝酸、氢氧化钠、氢氧化钾、汞(水银)等;

(9) 放射性物品,如放射性同位素等。

五、其他物品

其他能够造成人身伤害或者对航空安全和运输秩序构成较大危害的物品,主要包括:

(1) 传染病病原体,如乙肝病毒、炭疽杆菌、结核杆菌、艾滋病病毒等;

(2) 火种(包括各类点火装置),如打火机、火柴、点烟器、镁棒(打火石)等;

(3) 额定能量超过160 Wh 的充电宝、电池(电动轮椅使用的电池另有规定)等;

(4) 酒精体积百分含量大于70%的酒精饮料;

(5) 强磁化物、有强烈刺激性气味或者容易引起旅客恐慌情绪的物品以及不能判明性质可能具有危险性的物品。

六、国家法律、行政法规、规章规定的其他禁止运输的物品。

知识拓展

民航旅客限制随身携带或托运物品目录

一、禁止随身携带但可以作为行李托运的物品

1. 锐器

带有锋利边缘或者锐利尖端,由金属或其他材料制成的、强度足以造成人身严重伤害的器械,主要包括:

(1) 日用刀具(刀刃长度大于6厘米),如菜刀、水果刀、刀、美工刀、裁纸刀等;

(2) 专业刀具(刀刃长度不限),如手术刀、屠宰刀、雕刻刀、创刀、铣刀等;

(3) 用作武术文艺表演的刀、矛、剑、戟等。

2. 钝器

不带有锋利边缘或者锐利尖端,由金属或其他材料制成的、强度足以造成人身严重伤害的器械,主要包括:棍棒(含伸缩棍、双节棍)、球棒、桌球杆、板球球拍、曲棍球杆、高尔夫球杆、登山杖、滑雪杖、指节铜套(手钉)等。

3. 其他

其他能够造成人身伤害或者对航空安全和运输秩序构成较大危害的物品,主要包括:

(1) 工具,如钻机(含钻头)、凿、锥、锯、螺栓枪、射钉枪、螺丝刀、撬棍、锤、钳、焊枪、扳手、斧头、短柄小斧(太平斧)、游标卡尺、冰镐、碎冰锥等;

(2) 其他物品,如飞镖、弹弓、弓、箭、蜂鸣自卫器以及不在国家规定管制范围内的电击器、梅斯气体、催泪瓦斯、胡椒辣椒喷剂、酸性喷雾剂、驱除动物喷剂等。

二、随身携带或者作为行李托运有限定条件的物品

1. 随身携带有限定条件但可以作为行李托运的物品

(1) 旅客乘坐国际、地区航班时,液态物品应当盛放在单体容器容积不超过 100 mL 的容器内随身携带,与此同时盛放液态物品的容器应置于最大容积不超过 1 L,可重新封口的透明塑料袋中,每名旅客每次仅允许携带一个透明塑料袋,超出部分应作为行李托运。

(2) 旅客乘坐国内航班时,液态物品禁止随身携带(航空旅行途中自用的化妆品、牙膏及剃须膏除外)。航空旅行途中自用的化妆品必须同时满足三个条件(每种限带一件、盛放在单体容器容积不超过 100 mL 的容器内、接受开瓶检查)方可随身携带,牙膏及剃须膏每种限带一件且不得超过 100 g(或 100 mL)。旅客在同一机场控制区内由国际、地区航班转乘国内航班时,其随身携带入境的免税液态物品必须同时满足三个条件(出示购物凭证、置于已封口且完好无损的透明塑料袋中、经安全检查确认)方可随身携带,如果在转乘国内航班过程中离开机场控制区则必须将随身携带入境的免税液态物品作为行李托运。

(3) 婴儿航空旅行途中必需的液态乳制品、糖尿病或者其他疾病患者航空旅行途中必需的液态药品,经安全检查确认后方可随身携带。

(4) 旅客在机场控制区、航空器内购买或者取得的液态物品在离开机场控制区之前可以随身携带。

2. 禁止随身携带但作为行李托运有限定条件的物品

酒精饮料禁止随身携带,作为行李托运时有以下限定条件。

(1) 标识全面清晰且置于零售包装内,每个容器容积不得超过 5 L。

(2) 酒精的体积百分含量小于或等于 24% 时,托运数量不受限制。

(3) 酒精的体积百分含量大于 24%、小于或等于 70% 时,每位旅客托运数量不超过 5 L。

3. 禁止作为行李托运且随身携带有限定条件的物品

充电宝、锂电池禁止作为行李托运,随身携带时有以下限定条件(电动轮椅使用的锂电池另有规定):

(1) 标识全面清晰,额定能量小于或等于 100 Wh。

(2) 当额定能量大于 100 Wh、小于或等于 160 Wh 时必须经航空公司批准且每人限带两块。

4. 国家法律、行政法规、规章规定的其他限制运输的物品。

第二章 航空客运安保的一般立法

 练习与思考

一、名词解释
1. 航空安保管理体系
2. 航空器的监护
3. 航空安保搜查

二、简答题
1. 公共航空运输企业和运输机场在质量控制方面所需要承担的职责有哪些？
2. 已经安全检查和未经安全检查的人员如发生相混或接触，公共航空运输企业应当要求机场管理机构采取哪些措施？
3. 请简述机场控制区的人员通行管制措施。

三、案例思考

【案例 1】

2017 年 10 月，民航主管部门在对某公共航空运输企业进行安保检查时发现，在《公共航空旅客运输飞行中安全保卫工作规则》(CCAR-332-R1)于当年 3 月 10 日开始实施后，该企业并未及时调整其对公司航空安全员的培训内容，致使在主管部门检查时，发现其内容仍然停留在旧版规则上。此外，检查中还发现，该企业为了赶上航班旺季，对新招录的员工存在培训学时不足即进入岗位的问题。

请问：该公共航空运输企业违反了规章哪些方面的规定？民航行政机关应如何处理？

【案例 2】

某日，国内某航班，飞机处于平飞阶段，一位旅客在上洗手间时发现一张纸条，上面写着"飞机上有炸弹"，遂惊慌失措，出洗手间后大声告诉客舱内其他旅客，旅客很快出现了骚动，不少旅客开始呼喊。事发之时，乘务员正准备给坐在客舱中部 43C 的被押解人员丁某发放餐食。丁某一看客舱陷入混乱，于是趁乱脱离了座位，并意图劫持正好推着餐车在其座位旁边的乘务员。幸运的是，乘务员躲避及时，丁某也被赶来的安全员和押解民警迅速制服。

请问：该事件中，有哪些方面不符合航空安保的工作规定，对于发现"飞机上有炸弹"的纸条的情况，后续应采取哪些航空安保措施？

【案例 3】

林某是一个户外摄影爱好者，欲搭乘某日的飞机去某地采风。其随身行李中有换洗衣服若干，两块标称电压为 3.7 V、容量为 30000 mAh 的摄影用备用电池，一把刃长 8 cm 的折叠刀，一部手机，一瓶包装 52％vol 的白酒，一根登山杖，常用药品，一台笔记本电脑以及很多数据线。在过安检时，其部分随身物品被安检人员要求托运、自行处置或暂存，考虑到候机厅旅客很多，林某怕托运来不及，便要求暂存。暂存之后，在其等待登机时又改变了主意，准备将暂存物品交给尚在机场的朋友带回，于是他出了候机隔离区和朋友会合，将物品交给了朋友。在返回候机隔离区的时候发现等候安检的队伍很长，此时，正好发现有一个安检通道在换班时出现了疏漏，为了节约时间，他迅速从该通道未经安检进入了候机隔离区。见此情景，旁边的一些旅客也迅速跟随他进入了隔离区。不久后，其非法进入隔离区的行为被机场方面发现。

请问：安检员对于其所携带的物品分别应该如何处置？其未经安检进入隔离区后，机场方面应该采取哪些安保补救措施？该案例对我们有什么启示？

第三章
航空安保国际条约

本章学习目标：通过对本章的学习，使学生掌握国际条约的基础知识，掌握三大传统航空安保公约的主要内容并能运用于实际，了解三大传统安保公约修订的主要内容，对修订的方向和意图有明确的把握，掌握我国对这些公约的批准情况。此外，通过学习，学生能具有一定的国际视野，了解国际航空安保发展的概况和趋势，初步了解我国国内法和国际条约的衔接状况，以便更好地理解并应用国内相关的安保立法。

民用航空的国际性决定了在进行跨国和跨地区飞行的航空器内的犯罪也具有了国际性。这些国际犯罪的产生，导致了国家和地区之间在管辖上的冲突，也使犯罪分子可能由于各国立法上的差异而逃避处罚。

在国际航空运输发展的初期，很多学者开始研究有关航空器内犯罪的问题。时至今日，国际航空刑法已经成为国际刑法的一个重要分支。同时，国际航空刑法还是国际航空法的组成部分，因此，国际刑法和国际航空法在内容上存在着交叉的部分。国际航空刑法主要由航空安保国际条约构成，是指为了打击危害国际民用航空安全的各种行为，维护国际民航运输秩序，加强国家和地区间在打击航空犯罪方面的合作，以航空犯罪行为、管辖权、引渡以及国家和地区间的权利和义务等为主要内容而订立的国际条约或者协定。就目前航空安保领域已经制定的国际条约而言，主要包括1963年《东京公约》、1970年《海牙公约》、1971年《蒙特利尔公约》及1988年《蒙特利尔公约补充议定书》、2010年《北京公约》和《北京议定书》、2014年《蒙特利尔议定书》以及1991年《关于注标塑性炸药以便探测的公约》等。除此之外，有关国际航空安保的条约和文件还有《国际民用航空公约》附件17及其指导材料（如《保护国际民用航空免遭非法干扰行为保安手册》Doc.8973）等。

第一节 条约法律制度基础知识

甲国作为倡议和主导国，一直积极参与某多边国际条约的制定。按照1969年《维也纳条约法公约》规定的程序，在约文的认证阶段，甲国的全权代表与其他各国代表一同签署了

第三章 航空安保国际条约

该条约的最后文本。按条约约定,只有在4/5以上签署国经其国内程序批准该条约并向条约保存国交存批准书后,该条约才能生效。然而,在甲国签署该条约后,甲国议会经过讨论和表决,没有同意批准该条约。

请问:根据国际条约法的相关制度,甲国的决定是否会影响该条约的生效?为什么?

一、条约的定义和特征

(一)条约的定义

由于不存在凌驾于各国之上的机关或组织,自然也不存在国际统一的立法机关和执行机关,因此,确定国际统一规则主要通过签署国际条约的方式来实现。

条约是指国际法主体间,以国际法为准缔结的有关缔约各方相互间权利和义务的协议。所谓国际法主体,一般包括国家、政府间国际组织和正在争取独立的民族。1969年《维也纳条约法公约》把缔结条约的主体限定在了国家——"称'条约'者,谓国家间所缔结而以国际法为准之国际书面协定,不论其载于一项单独文书或两项以上相互有关之文书内,亦不论其特定名称如何"。

(二)条约的特征

从以上对条约所给的定义来看,条约具有以下特征。

1. 条约是一种国际的协议

条约本质上就是两个或两个以上国际法主体间的协议,协议通常是就某些国际上的具体事项明确缔约各方的权利和义务,以解决实际问题,促进国际社会的和谐发展。条约作为国际法的最主要的法律渊源,对缔约各方是具有法律拘束力的,基于条约必须信守的原则,缔约各方在享有条约规定的权利外,也应切实履行条约的义务。

2. 条约一般以书面形式缔结

和合同一样,条约既可以口头形式约定,也可以书面形式签订。在发生纠纷时,口头协议存在着难以求证的风险,因此,目前国际社会已经基本不会采用口头方式来缔结条约。鉴于此,《维也纳条约法公约》第三条也明确排除了其对非书面国际协定的适用。

3. 条约的缔结应当以国际法为准

条约缔结的程序和内容等应符合既有国际法的规则,也有国际法的强行性规则。国际法的法律渊源主要包括国际条约、国际习惯和一般法律原则。

4. 条约的名称具有多样性

国际社会对于条约的名称并无统一的约定,条约常用的名称包括公约、协定、议定书、换文、专约和盟约等。然而,条约无论采用哪个名称,其作为协议的本质和所具有的法律拘束力是一样的,其效力、执行和解释等方面,也依然适用条约法规则。航空安保国际条约的名称多为公约和议定书。公约通常是指许多国家或在国际组织的主持下为解决某个或某些重大法律问题举行国际会议、通过多边谈判方式缔结的多边条约。议定书通常指辅助性的法律文件,所规定的事项比协定更具体一些,可以分为独立的议定书和附属的议定书两种[①]。

[①] 王铁崖.国际法[M].北京:法律出版社,1995:294-295.

二、条约缔结的一般程序

依据《维也纳条约法公约》,条约的缔结一般包括三个环节:约文的议定、约文的认证和同意承受条约拘束的表示。

(一)约文的议定

约文是指条约的文本。约文的议定一般需要经过三个阶段。第一阶段是谈判,这是约文确定的常用方式,谈判一般由各国委派全权代表参加。第二阶段是约文的起草,约文草案的起草方式一般包括一方提出、双方(多方)共同起草或设立专门机构起草等。第三阶段是草案的商定,由各国代表通过会议讨论确定。

(二)约文的认证

约文议定之后需要谈判各方经过一定的程序予以认证。所谓约文的认证即是指谈判各方确认约文是正确的和作准的。

认证程序包括两种:一种是条约约文中确定的程序;另一种是参加草拟条约约文的国家商定好的程序。依《维也纳条约法公约》,若无前述程序,则由谈判国家的代表在条约约文上,或在载有约文的会议最后文件上签署、作待核准的签署或草签。除此之外,在当前的国际实践中,约文的认证还可以采取通过的方式。

草签是指谈判代表将其姓名或姓氏的首字母签在约文下面,以示对约文的确认并不再更改,我国代表一般用其姓的第一个汉字。草签并不是必经程序,也无法律拘束力,草签可能只是因为暂时无法进行条约签署。

待核准的签署,或称暂签,是一种附条件的签署,是指这类签署仅表示对约文的认证,待签署人所在国政府核准后,其也可以具备签署的效力。

签署,或称完全签署,是指全权代表以其全名签于约文的下方。签署首先具有认证约文的作用,但同时也可能包含其他意义,具体内容将于下文详述。

通过是指在缔结多边条约时,召开各国代表参加的会议,在会议上对约文进行讨论和修改,然后以表决或协商一致的方式通过该约文且一般不再变更。

(三)同意承受条约拘束的表示

一般说来,在国际条约缔结的实践中,各国在约文认证后,还需要通过一定的方式来表示本国同意接受条约的约束。同意的方式通常包括签署、批准、加入、接受和赞同等。

签署包括三种可能的情况:一是仅表示对约文的认证;二是表示在认证约文的同时,同意缔结条约并受条约的拘束;三是表示在认证约文的同时,初步同意缔结条约,但尚需经过本国的批准。一般而言,在缔结国际条约时,第三种情况居多,但也不排除第二种情况的出现。

批准是国际条约缔结中较常采用的方式,一国并没有批准其所签署的条约的义务,其是否批准及何时批准均由一国自主决定。批准包含国内法上的批准和国际法上的批准。国际法上的批准包括双边条约中批准书的交换和多边条约中批准书的交存。例如,1963年《东京公约》第二十条第一款规定:"本公约应经签字国依照其宪法程序予以批准。"

加入通常是非条约签署国所采纳的一种方式,一国可以加入一个已生效的条约,也可以加入一个未生效的条约。

接受和赞同都是一国依其国内法的规定同意受条约拘束的方式,效果基本等同于批准和加入。

依据《中华人民共和国缔结条约程序法》的相关规定,条约的批准由全国人大常委会决定,条约的接受由国务院决定。条约的加入分为两种情况,对于条约和重要协定,由全国人大常委会决定;加入不属于该法第七条第二款的规定的条约和协定,则由国务院决定。该法第七条第二款规定的条约和重要协定是指:"友好合作条约、和平条约等政治性条约;有关领土和划定边界的条约、协定;有关司法协助、引渡的条约、协定;同中华人民共和国法律有不同规定的条约、协定;缔约各方议定须经批准的条约、协定;其他须经批准的条约、协定。"

三、条约的生效和在国内的适用

(一)条约的生效

条约的生效是指条约在法律上正式成立并对缔约各方产生法律拘束力。条约生效的方式及日期,依条约的规定或依缔约各方的协议。

双边条约生效的情形主要包括:一是在条约签订之日起生效;二是在通知批准之日起生效;三是在交换批准书之日起或之后特定时间起生效。

多边条约生效的情形主要包括:一是自全体缔约方批准或明确表示受条约拘束之日起生效;二是达到条约规定数目的缔约方交存批准书或加入书之日起或特定时间后生效;三是一些国家,其中包括某些特定的国家交存批准书后生效(《联合国宪章》第一百一十条)。

航空安保条约多为多边条约,为了保证其具有一定的普遍性,其所采取的生效方式以前述多边条约中的第二种情形为主。

(二)条约在国内的适用

条约在国际上生效以后,还面临着在一国国内适用的问题,各缔约国适用条约的方法一般包括两种:一是转化,即条约相关内容须先通过规定程序转化为国内立法;二是采纳,即一国对条约相关内容无须经过转化便可直接适用。

一般说来,各国都是通过在本国宪法中规定相应的条款来明确国际条约在本国相较国内法的效力以及国际条约在本国的适用方法。

《中华人民共和国宪法》并没有相关条文对国际条约在我国国内的适用问题作出统一的原则性的规定。在民商事领域,我国一般采取直接适用的方式,例如,《中华人民共和国民事诉讼法》第二百六十七条规定:"中华人民共和国缔结或者参加的国际条约同本法有不同规定的,适用该国际条约的规定,但中华人民共和国声明保留的条款除外。"对于民商事领域以外的公约,我国一般采取转化的方式。

目前看来,对于航空安保条约而言,我国主要采取的是转化兼采纳的方式。《公共航空旅客运输飞行中安全保卫工作规则》将非法干扰行为的定义移植于《国际民用航空公约》附件17,《中华人民共和国刑法》将《海牙公约》和《蒙特利尔公约》及《蒙特利尔公约补充议定书》规定的罪行全部纳入我国刑法调整的范围,保证了我国对这些国际条约的切实履行,这些都是采取转化方式的体现。同时,《中华人民共和国民用航空法》的一百八十四条第一款规定:"中华人民共和国缔结或者参加的国际条约同本法有不同规定的,适用国际条约的规定;但是,中华人民共和国声明保留的条款除外。"这条规定明确了公约的直接适用,同时也明确了民航领域国际条约在与国内立法冲突时具有优先适用的地位。

四、条约的作准文本

条约的作准文本是缔约各方约定的,可以作为发生争议时用以明确条约内容的具有法律效力的文本。一般而言,国际条约都会有多种语言的文本同为作准文本。各种文本相互间的一致性应该得到验证。

早期的几个航空安保条约,除 1963 年《东京公约》外,作准文本所使用的语言均为英文、法文、西班牙文和俄文。在传统航空安保条约现代化的过程中,同其他多边条约一样,航空安保条约作准文本也在原有四种语言的基础上增加了中文和阿拉伯文。例如,2010 年的《北京公约》《北京议定书》以及 2014 年《蒙特利尔议定书》均是如此。

五、同一事项新旧条约的适用

进入 21 世纪以来,20 世纪六七十年代订立的三个航空安保公约都分别得到了发展,因此,新旧条约如何适用便成为一个值得探讨的话题。

(一)一般原则

由于同一个国家可能就同一事项先后参加两个或多个条约,这些条约规定的内容也必然存在着差异甚至冲突,国际社会就如何处理这些问题形成了以下一般原则。

(1) 条约对新旧条约的适用有规定的,从其规定。

(2) 无以上规定时,可以分为以下两种情况。

① 就同一事项签订的新旧条约事国完全一致时,新条约取代旧条约。

② 新旧条约当事国部分相同时,若各国同为新旧条约的当事国,则在这些国家之间适用新条约;在同为新旧条约当事国与仅为其中新或旧条约的当事国之间适用两国均为当事国的条约。

(二)新旧航空安保条约的适用

1. 1963 年《东京公约》和 2014 年《蒙特利尔议定书》

《蒙特利尔议定书》第十五条规定:"在本议定书缔约国之间,公约和本议定书应作为一个单一文书一并理解和解释,并应称为经 2014 年《蒙特利尔议定书》修订的《东京公约》。"同时,第十七条第三款规定:"任何不是公约缔约国的国家对本议定书的批准、接受、核准[①]或加入即是对经 2014 年《蒙特利尔议定书》修订的《东京公约》的批准、接受、核准或加入。"

以上规定表明:

(1) 无论批准、接受、核准或加入该议定书的各国是否为《东京公约》的缔约国,在上述各当事国之间均适用经议定书修订后的《东京公约》;

(2) 若批准、接受、核准或加入该议定书的各国部分是 1963 年《东京公约》缔约国时,则以上这些国家和未批准、接受、核准或加入议定书的公约缔约国之间适用原《东京公约》。

2. 1970 年《海牙公约》和 2010 年《北京议定书》

《北京议定书》中有和《蒙特利尔议定书》第十五条和第十七条第三款类似的规定,因此,这两个条约的适用和本部分第 1 点所述一样,此处不再赘言。

---

① 此处"核准"即为前文所称"赞同",英文表达同为"approve"。

第三章　航空安保国际条约

3. 1971年《蒙特利尔公约》和2010年《北京公约》

《北京公约》第二十四条规定,在当事国之间,该公约应当优先于1971年9月23日在蒙特利尔签订的《制止危害民用航空安全的非法行为的公约》和1988年2月24日在蒙特利尔签订的《制止在用于国际民用航空的机场发生非法暴力行为以补充1971年9月23日订于蒙特利尔的〈制止危害民用航空安全的非法行为公约〉的议定书》。

《蒙特利尔公约》和《北京公约》应被视为两个独立的条约,因此,两者的适用问题应按照新旧条约适用的一般规则来处理。

(1) 无论批准、接受、核准或加入《北京公约》的各国是否为《蒙特利尔公约》的缔约国,在上述各当事国之间均适用《北京公约》。

(2) 若批准、接受、核准或加入《北京公约》的各国部分是《蒙特利尔公约》缔约国时,则以上这些国家和未批准、接受、核准或加入《北京公约》的《蒙特利尔公约》缔约国之间适用《蒙特利尔公约》。

导入案例评析

通过本节的学习,我们可以知道国际条约的缔结通常需要经过三个阶段:约文的议定、约文的认证和同意承受条约拘束的表示。甲国作为签署国,其签署应被理解为在认证约文的同时,初步同意缔结条约,但尚需经过本国的批准。需要说明的是,批准是国际条约缔结中较常采用的方式,但一国并没有批准其所签署的条约的义务,其是否批准及何时批准均由一国自主决定。

因此,尽管甲国是该条约的主导和倡议国,在条约的缔结过程中发挥了重要的作用,但甲国是否批准加入该条约完全是其主权范围内的事情,其可以自主决定是否批准该条约。案情中,甲国不批准该条约的决定并不影响该条约的生效,也不影响条约在其他批准或加入国之间的效力。即便条约就差甲国一国的批准而导致无法生效,甲国也并不因此需要承担条约不能生效的国际法的责任。

我们在学习条约法律制度的过程中,一定要认识到签署和批准在条约缔结过程中所处的不同阶段以及分别代表的不同含义。

第二节　《东京公约》的签订及内容

案例导入

在航空法领域曾有一个著名的案例,1948年8月2日,美国一家航空公司的飞机从波多黎各的胡安飞往纽约。当飞机飞行在公海上空时,旅客科多瓦与桑塔诺两个人发生争吵。乘务员进行劝解,两人非但不听劝阻,反而大打出手。其他旅客也纷纷拥向后机舱围观。由于重心忽然后移,使飞机陡然失去平衡,机长紧急采取措施,才使飞机得到控制。机长把操纵飞机的权利交给另一名驾驶员,走进客舱制止这起事件。桑塔诺听从机长劝阻罢手不打了,而科多瓦却反过来殴打机长和乘务员,并把女乘务员打成重伤。众旅客上前将其制服。飞机降落后,航空公司向纽约南区法院提起诉讼。纽约南区法院虽然完全相信科多瓦犯有

45

暴力行为的证据,应当裁定他有罪,但却做不出定罪的判决。因为该犯罪发生在公海上空,依据当时美国的法律规定,美国法院缺乏惩治该犯罪的管辖权,只好把在押的科多瓦释放了。①

一、概述

(一) 缔约背景

第二次世界大战以后,国际民航业飞速发展,曾经在地面发生的一些违法犯罪行为开始出现在航空器的飞行过程中。当时,尽管有些国家将本国国内法的适用范围扩大到了本国的航空器上,但由于国际法中还存在属地管辖、属人管辖等管辖原则的适用,因此,对于在航空器内的犯罪,可能会出现各国互不承认对方的管辖权而争相管辖的情况,也有可能因各国国内法立法之间的真空,而出现无人管辖,犯罪行为人得以逃脱制裁的情况。为了避免出现这些情况,加强各国在打击航空犯罪方面的配合与协作,国际社会做出了巨大的努力。

(二) 签署及生效

1963年9月14日,49个国际民航组织的成员国在日本东京签署了《关于在航空器内的犯罪和犯有某些其他行为的公约》,该公约在1969年12月4日开始生效。我国于1978年11月14日加入该公约,1979年2月12日开始生效。在加入的同时,我国对其中第二十四条第一款作了保留。该公约目前共有187个缔约国。

二、《东京公约》的主要内容

(一) 公约的适用范围

1. 公约对行为的适用范围

依公约第一条第一款的规定,公约适用的罪行行为主要包括两类:一是违反刑法的罪行;二是危害航空器或其所载人员或财产的安全或危害航空器上良好秩序和纪律的行为。

第一类中所指的刑法是指具有管辖权的国家的刑法,第二类中的行为是指危害航空安全或扰乱秩序的行为,既可能是犯罪行为,也可能是一般违法行为。一般说来,第一类所指的罪行应当包括第二类中危害航空安全和扰乱秩序的犯罪。

2. 公约的时空适用范围

公约适用于在缔约国登记的航空器内的犯罪或犯有行为的人。此处,该航空器的时空状态和地点包括三种情况:一是飞行中;二是航空器停留在公海上;三是航空器停留在不属于任何国家领土的其他地区上。以上对于时空的规定并未区分国际或国内飞行。

1) 国家航空器的排除

需要注意的是,前述航空器指的是民用航空器,并不包括供军事、海关或警察使用的航空器,也即国家航空器。

2) "飞行中"概念的确定

依公约第一条第三款,上文所提飞行中,是指航空器从其开动马力起飞到着陆冲程完毕

---

① 李显臣. 试述对民用航空的非法干扰[EB/OL]. (2009-02-21)[2023-06-04]. http://news.carnoc.com/list/126/126641.html.

第三章 航空安保国际条约

这一时间。这一有关飞行中的定义,并非《东京公约》首创,而是来自1952年订立于罗马的《关于外国航空器对地(水面)上第三者造成损害的公约》(以下称《罗马公约》)的第一条第二款。需要注意的是,在公约第五条第二款中另行规定了一个"飞行中"的定义,其产生的原因和具体内容将于下文详述。

(二) 管辖权

解决管辖权冲突是缔结《东京公约》非常重要的目的之一,然而,令人遗憾的是,管辖权的问题在公约中并未得到很好的解决,最终形成了一种完全并行的管辖制度。

公约的第三条规定了航空器登记国对在该航空器内的犯罪和所犯行为可以行使管辖权,同时在本条第二款也明确要求缔约国应当通过国内立法等措施确立其对于在该国登记的航空器内的犯罪和行为的管辖权。然而,公约第三条第三款却规定:"本公约不排斥根据本国法行使刑事管辖权"。这就意味着,任何缔约国的国内立法若规定其对航空器内发生的罪行有管辖权,从其规定。这是公约确立并行管辖权的一个重要标志。

此外,在公约的第四条,尽管条文目的是保证飞行中的航空器不受无故干预,以此来保证航行安全,但其规定却显然表明了,非登记国的缔约国在以下情况下,也可以对航空器内的犯罪行使刑事管辖权:该犯罪行为在该国领土上发生后果,体现了犯罪结果发生地的属地管辖;犯人或受害人为该国国民或在该国有永久居所,体现了主动或被动属人管辖;该犯罪行为危及该国的安全,体现了保护性管辖;该犯罪行为违反该国现行的有关航空器飞行或驾驶的规定或规则,体现了属地管辖;该国必须行使管辖权,以确保该国根据某项多边国际协定,遵守其所承担的义务,体现了依国际条约义务的普遍管辖。

(三) 机长的权力

由于航空器作为公共交通运输工具的特殊性以及飞行过程中的封闭性,明确机长的权力也是缔结《东京公约》的重要目标之一。公约首次规定了在国际飞行中,航空器内发生罪行或某些行为时机长的权力和地位等内容。

1. 机长权力行使的时间范围

公约规定的机长权力只能在航空器飞行中行使。

如前文所述,公约在第一条第三款中按1952年《罗马公约》对"飞行中"进行了界定。然而,在讨论机长权力的条约内容时,前述"飞行中"的定义无法完全适用于航空实践。在航空活动中,航空器在舱门全部关闭之后至实际起飞前,可能存在一定的时间间隔,这个间隔有时甚至会很长。作为一个舱门关闭后形成的临时封闭单位,如果按照前述"飞行中"的定义,在实践中就会出现在这段时间中航空器内发生的违法犯罪行为无人负责处理的情况,导致机上治安难以维持的后果。鉴于此,公约在第五条重新设计了一个"飞行中"的定义,并规定机长在此"飞行中"享有一定的治安权。

公约在机长权力部分对"飞行中"的定义如下:"虽然有第一条第三款的规定,在本章中,航空器从装载结束、机舱外部各门关闭时开始直至打开任一机舱门以便卸载时为止的任何时候,应被认为是在飞行中。航空器强迫降落时,本章规定对在航空器上发生的犯罪和行为仍继续适用,直至一国主管当局接管该航空器及其所载人员和财产时为止。"该定义也被后续的《海牙公约》等航空安保条约所采纳,且在2014年修订后的《东京公约》中仅保留了此定义。

2. 机长权力行使的空间范围

机长权力的行使被限定在飞行中的航空器内,但公约对此处航空器所从事飞行限定为国际飞行,排除了纯国内飞行。如公约第五条第一款所述:"除航空器前一起飞地点或预定的下一降落地点不在登记国领土上,或航空器继续飞往非登记国领空,而罪犯仍在航空器内的情况外,本章规定不适用于航空器在登记国领空、公海上空或不属于任何国家领土的其他地区上空飞行时,在航空器内所发生或行将发生的犯罪和行为。"

公约将机长权力的行使限定在国际飞行中,主要是为了避免在纯国内飞行时适用公约而导致的公约有关机长权力的规定和各国国内法相关内容的冲突。

3. 机长权力的内容

为了保证航空器、所载人员或财产的安全,维持机上的良好秩序和纪律,机长可以行使以下权力。

1) 非法行为处置权(含管束权)

在机长有理由认为某人在航空器上已犯或行将犯公约规定的罪行或行为时,可对此人采取合理的措施,包括必要的管束措施。由此可见,管束虽非首选,但却是必要时的可选项。此外,机长是否"有理由"并非完全基于机长的主观判断,而应结合主、客观标准进行考量。

为保护被管束人的权利,依公约第七条,机长的管束权也应受到一定的限制。一般情况下,管束只适用于飞行中。航空器降落后,除以下情况外,均应解除管束:降落地为非缔约国,且该国拒绝被管束人离机或因依公约移交的需要而继续管束;航空器迫降导致机长无法将被管束人移交给适当的主管当局;被管束人同意在受管束的情况下继续飞行。

此外,机长应尽快并在可能时,在载有受管束人的航空器于一国领土上降落前,将该航空器载有受管束的人的事实及其理由,通知该国当局。

2) 命令权

机长和其他机组成员之间实际上是领导与被领导的关系,因此,公约规定,机长可以要求或授权机组其他成员给予协助,来管束其认为必须管束的人员。

3) 请求权

机长和旅客之间并无工作上的从属关系,并且旅客一般也并无见义勇为的法定义务,因此,按公约规定,机长只能请求或授权,但不能强求旅客给予协助,来管束其有权管束的任何人。

在情况紧急时,为保证安全,前述授权并非必需,其他机组成员和旅客也可以及时采取合理的预防措施。

4) 强制离机权

结合公约第六条和第八条的规定,机长在有理由认为某人在航空器内已犯或行将犯公约规定的危害航空器或其所载人员或财产的安全或危害航空器上良好秩序和纪律的行为时,可在航空器降落的任何国家的领土上使该人离开航空器。

机长依公约强制行为人在某国领土内离开航空器时,应将此离开航空器的事实和理由报告该国当局。

5) 境外移交权

结合公约第六条和第九条的规定,在机长有理由认为,任何人在航空器内犯了其认为按照航空器登记国刑法是严重的罪行时,可将该人移交给航空器降落地任何缔约国的主管当局。

机长拟将航空器内的嫌疑人移交给缔约国时,应尽快,并在可能时,在载有该人的航空器降落于该国领土前,将其要移交此人的意图和理由通知该国当局。

6) 证据收集权

机长将嫌疑人移交当局时,应将其按航空器登记国法律合法地占有的证据和情报提供该当局。此项规定也反映出,公约实际赋予了机长合法收集证据的权力。

4. 免责条款

为了消除机长等各方对采取安保措施后可能担责的顾虑,公约第十条规定:"对于根据本公约所采取的措施,无论航空器机长、机组其他成员、旅客、航空器所有人或经营人,或本次飞行是为他而进行的人,在因遭受这些措施而提起的诉讼中,概不负责。"因此,只要理由合理,措施适当,机长等相关人员或企业就可以免除相应的法律责任。

(四) 非法劫持航空器的条款

国际非法劫持航空器的行为高峰出现在20世纪60年代末70年代初,因此,《东京公约》并未把劫持航空器的行为作为公约缔结欲重点解决的问题,各国对于此类行为的法律规定也不尽相同。在美国和委内瑞拉的强烈要求下,《东京公约》对非法劫持航空器的行为予以了专章规定。

公约将非法劫持航空器界定为"航空器内某人非法地用暴力或暴力威胁对飞行中的航空器进行了干扰、劫持和非法控制,或行将犯此类行为"。公约还规定,如若发生此类行为,缔约国应采取一切适当措施,恢复或维护合法机长对航空器的控制。同时,该航空器降落地的任何缔约国应允许其旅客和机组成员继续其旅行,并将航空器和所载货物交还给合法的占有人。

公约有关非法劫持航空器的条款既未明确将此类行为宣布为犯罪,也没有规定如何惩治。一般认为,公约只是把类似于船舶遇难救助的规则应用到了民航领域,要求各国应合作恢复原有的正常的航空运输秩序。

(五) 缔约国的权利和义务

公约第十二条至第十五条规定了非航空器登记国的缔约国在航空器降落于本国后,在机长强制离机或移交工作中以及降落的航空器遭遇非法劫持的情况下所享有的权利和应承担的义务。

(1) 在符合公约规定的前提下,允许强制离机和接受移交的义务。

(2) 对劫机行为人和被移交的人采取强制措施的权力。

① 强制措施包括降落地国依其本国法律拘留或其他能够让上述人员随传随到的等效措施。

② 采取强制措施的期间应限定在为了进行刑事追诉或引渡罪犯程序所必要的期间内。

③ 在被采取强制措施的人立即与其本国最近的合格代表进行联系时,应予以协助。

(3) 初步调查的义务。降落地所在的缔约国在接受机长移交的人时,或发生非法劫持航空器行为后的航空器在其领土上降落时,应立即进行初步调查,以弄清事实。

(4) 通知的义务。当缔约国按照本条规定将嫌疑人拘留时,应立即将拘留该人和必须对其进行拘留的情况通知航空器登记国和被拘留人的本国,如果认为适当,应同时通知其他有关国家。进行初步调查的国家,应迅速将调查的结论通知上述各国,并说明是否意欲行使管辖权。

（5）处置措施的选择权。对于被强制离机、被移交和实施了非法劫持航空器行为的三类人，降落地的缔约国可以依本国法律对其进行刑事追诉、引渡、驱逐出境或遣返其至其国籍国、永久住所地国或旅行出发地国，也可以在缔约国不行使上述权力时，由其自行选择前往的目的地。

（6）给予国民待遇的义务在上述三类人的保护和安全方面，缔约国应予以其不低于在类似情况下给予其本国国民的待遇。

（7）避免延误的义务在对航空器内的嫌疑人采取调查或逮捕的措施时，或以其他任何方式行使管辖权时，各缔约国应适当考虑航空器的安全和其他利益，并应避免对航空器、旅客、机组和货物造成不必要的延误。

（六）创造引渡便利

公约规定，在缔约国登记的航空器内的犯罪，在引渡问题上，应被认为不仅是发生在发生地点，而且也是发生在航空器登记国领土上。这实际上是为了给航空器登记国请求引渡提供依据。

（七）联营组织或国际经营机构的航空器登记

如缔约各国建立航空运输联营组织，或国际经营机构，而其所使用的航空器未向任何一国登记时，这些缔约国应根据具体情况，指定其中一国，成为本公约所指的登记国，并将这一指定通知国际民用航空组织，由该组织通知本公约的所有缔约国。

总而言之，《东京公约》尽管没有达到当时预想的效果，也没有形成一套惩治机上不法行为的行之有效的规则和体系，但其在机上不法行为的管辖方面毕竟迈出了一步，同时，也明确了机长就不法行为处置所享有的权力或承担的职责，初步定义了非法劫持航空器的行为，为后来《海牙公约》和《蒙特利尔公约》等一系列航空安保条约的签订奠定了基础。

导入案例评析

通过本节的学习，我们可以知道，1963年《东京公约》签订之前，国际社会并未确立对飞行中航空器内发生的犯罪和其他某些行为的管辖制度，各国依然依据原有的属地等管辖原则行使其刑事管辖权。

在这起案件中，由于事发于公海上空，依据美国等普通法系国家的法律传统，其一直恪守刑法的域内原则，即属地管辖原则，也就是说，美国认为在哪个国家发生的犯罪，就应该归哪个国家管辖，但本案犯罪发生在不属于任何国家领土的公海上空，其时又未确立航空器登记国的管辖权，因此，美国法院认为自己并没有该案的管辖权。诚然，这个决定放纵了犯罪，但在某种程度上，也是无奈之举。鉴于过往此类情况的发生，《东京公约》从一开始就想解决航空器内犯罪和其他某些行为的管辖权的问题，避免管辖权的消极或积极冲突，有效打击航空器内的犯罪和其他行为，保障航空运输的安全和秩序。虽然《东京公约》并没有有效排除管辖权冲突的状况，但它却首次明确了航空器登记国的管辖权，解决了无人管辖的问题。

具有国际因素的航空违法犯罪往往需要国际合作才能有效打击，各国在统一航空安保标准和信息共享等方面还有巨大的合作空间。

第三节 《海牙公约》的签订及内容

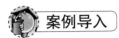

从 A 地飞往 B 地的某国内航班,航空器登记国是甲国。在飞行中,航空器被一个名叫 Steven 的匪徒劫持,为了保证航空器及其所载人员和财产的安全,机长选择飞往 Steven 意欲前往的乙国,在到达该目的地降落后,由于当地警方的疏漏,Steven 脱逃成功,躲进了乙国的深山老林中。一段时间以后,Steven 想办法离开乙国进入丙国,后其在丙国一商场中被丙国警方发现并予以拘留。

请问:甲、乙、丙三国均为 1970 年《海牙公约》的缔约国,丙国是否能对该案行使管辖权?

一、概述

(一)缔约背景

随着形势的变化,国际社会的劫机事件愈演愈烈。从第二次世界大战结束初期的偶发逐步发展到 20 世纪 60 年代末的劫机事件频发,仅 1969 年全球就发生了 91 起劫机事件,劫机发生地也从中美洲地区、东西欧之间蔓延到了世界各地,国际社会对民航安全的担忧日益加剧。彼时,《东京公约》尚未生效,即便在美国作为第十二个国家交存批准书致《东京公约》生效后,由于公约并未将非法劫持航空器的行为认定为犯罪,也没有规定国际合作打击的条款,因此,该公约对当时的劫机风潮也是无能为力。1970 年 9 月 6 日,又发生了一天之内劫持 4 架飞机的事件,国际舆论一片哗然。

(二)签署和生效

在 1968 年 9 月阿根廷布宜诺斯艾利斯的大会上,国际民航组织就做出了决议,要求理事会尽快开展对非法劫持航空器问题的研究并起草反劫机的文件,1969 年 2 月,成立了专门法律小组,负责文件的起草工作。1969 年,法律委员会召开会议,将目标确定为:制止从事非法劫持航空器的行为,特别是尽可能保证对行为人进行起诉和惩罚。其间历经努力,终于在 1970 年 12 月 16 日,各国在海牙召开的外交会议上达成协议,通过了专门针对劫机事件的《制止非法劫持航空器的公约》,即《海牙公约》。由于各国惩治非法劫持航空器行为的愿望非常迫切,签署不到一年,公约即在 1971 年 10 月 14 日开始生效。截至目前,《海牙公约》共有 185 个缔约国。

我国于 1980 年 9 月 10 日加入了《海牙公约》,加入时声明了对《海牙公约》第十二条第一款的保留。同时声明我国台湾当局用中国名义对该公约的签署和批准是非法和无效的。该公约于 1980 年 10 月 10 日对我国生效。

二、《海牙公约》的主要内容

(一)公约的适用范围

1. 公约适用的行为

由于《海牙公约》是专门为了打击和惩治非法劫持航空器的行为而缔结的,因此,在公约

第一条,即对公约所适用的罪行进行了界定,也明确了非法劫持航空器的定义。依据本条,"凡在飞行中的航空器内的任何人用暴力或用暴力威胁,或用任何其他恐吓方式,非法劫持或控制该航空器,或企图从事任何这种行为,或是从事或企图从事任何这种行为的人的同犯,即是犯有罪行。"

本条明确了实施或企图实施非法劫持航空器是一种罪行,上述人员的同犯同样构成犯罪。此外,为了确保上述罪行最终能在各国的合作下受到严厉打击,公约第二条还要求各缔约国承允采取措施对上述罪行给予严厉惩罚。

值得注意的是,《东京公约》界定非法劫持航空器时,其明确的手段仅包括暴力或暴力威胁,而本公约将手段扩展到了"任何其他恐吓方式",同时还明确了公约所称的罪行必须限定在飞行中。

2. 公约适用的时空范围

公约仅适用于飞行中航空器被非法劫持的情况,公约中"飞行中"的定义和《东京公约》在其第三章,机长权力部分对"飞行中"的定义相同。此外,公约也排除了对国家航空器(供军事、海关或警察使用的航空器)的适用。

与《东京公约》不同,《海牙公约》虽然规定其所适用的飞行并不区分国际或国内,但同时也明确公约仅适用于在其内发生罪行的航空器的起飞地点或实际降落地点是在该航空器登记国领土以外,也就意味着公约要求相关飞行实际必须具有国际因素。

1) 对于联营组织经营的航空器被劫持的特定情况的排除

该公约第三条第四款规定:"……如在其内发生罪行的航空器的起飞地点或实际降落地点是在同一个国家的领土内,而这一国家又是该条所指国家之一,则本公约不适用。"举例予以说明:若甲、乙、丙三国成立了一家联营航空公司,其经营的 A 飞机注册在甲国,后 A 在飞行中被非法劫持,最终其实际起飞和降落地点都在乙国,在这种情况下,虽然其起飞或降落地点不在航空器登记国甲国,但考虑到航空运输联营组织或国际经营机构的特殊性,对于此类情况,《海牙公约》并不适用。

2) 实际纯国内飞行的有限适用

该公约第三条第五款规定:"……如罪犯或被指称的罪犯在该航空器登记国以外的一国领土内被发现,则不论该航空器的起飞地点或实际降落地点在何处,均应适用第六、七、八条和第十条。"也就是说,即便被非法劫持的航空器实际从事的是纯国内飞行,有关对行为人采取拘留、引渡或起诉等措施时也应当适用公约的指定条款。

(二) 管辖权

1. 管辖权适用的行为

缔约国管辖权适用的自然是公约第一条规定的罪行,但同时明确,对被指称的罪犯对旅客或机组所犯的同该罪行有关的任何其他暴力行为,缔约国也应确立其管辖权。

2. 具有管辖权的缔约国范围

依公约第四条,应确立其管辖权的缔约国主要包括以下四种情况:罪行是在该国登记的航空器内发生的;在其内发生罪行的航空器在该国降落时被指称的罪犯仍在该航空器内;罪行是在租来时不带机组的航空器内发生的,而承租人的主要营业地,或如承租人没有这种营业地,则其永久居所,是在该国;当被指称的罪犯在缔约国领土内,而该国未按公约规定将此人引渡给前述三类中的任一国家时,该缔约国应同样采取必要措施,确立其对这种罪行的管辖权。

由以上表述可以看出,上述第四种情况并不常见,该规定只是对前三种情况的一种补充,也是依国际条约确立的普遍管辖权的一种体现。

3. 并行管辖

与《东京公约》一样,《海牙公约》也规定:"本公约不排斥根据本国法行使任何刑事管辖权。"同样对并行管辖制度进行了确认。

(三)缔约国的权利和义务

1. 采取强制措施的权利、初步调查义务和通知义务

对于罪犯或被指称的罪犯所在的任一缔约国,公约就这三项权利和义务及其注意事项的规定和《东京公约》完全一样。

2. 恢复运输秩序的义务

当非法劫持航空器的行为已经发生或行将发生时,缔约各国应采取一切适当措施以恢复或维护合法机长对航空器的控制。此外,航空器或其旅客或机组所在的任何缔约国应对旅客和机组继续其旅行尽速提供方便,并应将航空器和所载货物不迟延地交还给合法的所有人。

3. 刑事司法协助的义务

对于就本公约规定的罪行以及与罪行实施有关的暴力行为而提起的刑事诉讼,在符合被要求国的法律的前提下,缔约各国应相互给予最大程度的协助。

4. 报告的义务

各缔约国应遵照其本国法尽快地向国际民航组织理事会就下列各项内容报告所掌握的任何有关情况:一是犯罪的情况;二是为恢复航空运输秩序所采取的行动;三是对罪犯或被指称的罪犯所采取的措施,特别是任何引渡程序或其他法律程序的结果。

5. 或引渡或起诉的义务

"或引渡或起诉"来源于格劳秀斯的《战争与和平法》,原句为拉丁文"*aut dedere aut punire*",意指"或引渡或惩治",后逐步用来指代"或引渡或起诉"的制度。《海牙公约》对该制度的引入是公约的一个重大贡献。有关这项制度的规定主要体现在公约的第六至第八条中。

该公约规定,在其境内发现被指称的罪犯的缔约国应先对行为人采取一定的强制措施,进行初步调查以后作出选择:一是将行为人引渡给有管辖权的国家;二是不论罪行是否在其境内发生,都应将此案件提交其主管当局以便起诉,而该当局应按照本国法律以对待任何严重性质的普通罪行案件的同样方式做出决定。需要注意的是,提交主管当局并不必然导致起诉的后果。

为便利引渡,公约第八条还做出了以下规定。

(1)前述罪行应看作是包括在缔约各国间现有引渡条约中的一种可引渡的罪行。缔约各国承允将此种罪行作为一种可引渡的罪行列入它们之间将要缔结的每一项引渡条约中。

(2)如一缔约国规定只有在订有引渡条约的条件下才可以引渡,而当该缔约国接到未

与其订有引渡条约的另一缔约国的引渡要求时,可以自行决定认为本公约是对该罪行进行引渡的法律根据。引渡应遵照被要求国法律规定的其他条件。

(3) 缔约各国如没有规定只有在订有引渡条约时才可引渡,则在遵照被要求国法律规定的条件下,承认上述罪行是其之间可引渡的罪行。

(4) 为在缔约各国间的引渡的目的,罪行应看作不仅是发生在所发生的地点,而且是发生在根据第四条第一款要求实施其管辖权的国家领土上。

《海牙公约》的缔结和迅速生效,对于打击和控制当时日益猖獗的非法劫持航空器的行为起到了一定的作用,但由于非法劫持航空器事件往往有政治因素掺杂其中,公约在发挥作用的同时也受到了一定的限制。

导入案例评析

通过本节的学习,我们可以知道,对于劫持航空器的行为,1970 年《海牙公约》规定了以下三类缔约国应当实施管辖权:航空器登记国;航空器降落地国(降落时被指称的罪犯仍在该航空器内);罪行是在干租的航空器内发生的,而承租人的主要营业地或其永久居所所在国。从案情来看,丙国既非航空器登记国,也非降落地国,其和本案看来完全不存在连接因素,因此,丙国并非当然具有对本案的管辖权。

然而,《海牙公约》第四条第二款同时还规定,当被指称的罪犯在缔约国领土内,而该国未将此人引渡给前述三类有管辖权的国家时,该缔约国应同样采取必要措施,对这种罪行实施管辖权。此外,该公约第七条还规定,在其境内发现被指称的罪犯的缔约国,如不将此人引渡,则不论罪行是否在其境内发生,应无例外地将此案件提交其主管当局以便起诉。因此,丙国对于该案有两种选择,一是将此人引渡给有管辖权的国家,二是提交给其主管当局以决定是否起诉。

综上,依据"或引渡或起诉"原则,丙国对本案可以实施管辖权。

第四节 《蒙特利尔公约》及《蒙特利尔公约补充议定书》的签订及内容

案例导入

在甲国登记的航空器,在起飞地甲国 A 地的航前准备期间被人非法进入,其预定降落地是乙国 B 地。行为人进入客舱后,偷走了座位下方的 3 件救生衣,并将烤箱破坏,随后行为人被发现并拘捕。

请问:该行为是否为 1963 年《东京公约》、1970 年《海牙公约》和 1971 年《蒙特利尔公约》所适用的罪行或行为?为什么?

一、概述

(一) 缔约背景

1.《蒙特利尔公约》

在《海牙公约》缔结的过程中,针对民用航空的各种形式的非法干扰行为早已不断出现。

1970年2月21日的一天之内,就发生了瑞士航空和奥地利航空两架民航客机被炸的袭击事件。瑞士航空的航班原计划从苏黎世飞往特拉维夫,爆炸导致飞机失控坠毁,机上47人全部死亡。奥地利航空的航班原计划从法兰克福飞往维也纳,在飞行过程中,一枚行李中的炸弹在货舱爆炸,幸运的是,飞机在爆炸后成功返回法兰克福,机上33名乘客和5名机组成员幸免于难。除了爆炸飞机外,劫持航空器、爆炸机场、毁坏航空器和航行设备等犯罪也不断发生。由于当时对于非法劫持航空器的行为已在讨论制定《海牙公约》,因此,考虑到对民航安全的实际威胁以及严重后果,国际社会强烈呼吁对其他危害民航安全的非法干扰行为予以确认,并采取一定的措施进行打击和制裁。

2.《蒙特利尔公约补充议定书》

20世纪六七十年代制定的《东京公约》《海牙公约》和《蒙特利尔公约》适用的主要都是针对飞行中或使用中的航空器而实施的不法行为。但在《蒙特利尔公约》生效后不久,在用于国际民航的机场内发生的暴力和破坏行为就不断出现。1972年5月30日,特拉维夫国际机场发生扫射事件,恐怖分子朝着机场地勤人员和旅客射击,造成逾百人伤亡。1973年8月,在希腊雅典机场,在旅客排队经过安检登机过程中,两名恐怖分子投掷手榴弹并开枪射击,导致5人死亡和55人受伤。1985年12月27日的一天内,意大利的罗马机场和奥地利的维也纳机场同时遭到恐怖主义分子的袭击,造成数十人伤亡。因此国际社会呼吁采取必要措施以应对这种情况。

(二) 签署和生效

1.《蒙特利尔公约》

1970年6月16—30日,国际民航组织召开了第17届大会(特别大会),在A17-20决议中指示民航组织理事会召集法律委员会会议,要求拟定一个关于非法干扰国际民用航空行为的公约草案(不包括关于非法劫持航空器的公约草案所涵盖的事项和行为),该草案后于1970年9月拟出。1971年9月23日,在国际民航组织于蒙特利尔召开的外交会议上,通过了《关于制止危害民用航空安全的非法行为的公约》,即《蒙特利尔公约》,该公约于1973年1月26日生效。截至目前,该公约已有188个缔约国。

我国于1980年9月10日加入了《蒙特利尔公约》,并在加入时对第十四条第一款声明了予以保留,同时声明我国台湾当局用中国名义对该公约的签署和批准是非法和无效的。《蒙特利尔公约》已于1980年10月10日起对我国生效。

2.《蒙特利尔公约补充议定书》

鉴于当时在国际机场发生的暴力行为日益增多,1986年,在国际民航组织第26届大会的决议中,呼吁理事会采取必要措施,拟订一份关于制止为国际民用航空服务的机场上的非法暴力行为的文书草案,供法律委员会审议。随后,在1988年2月9—24日于蒙特利尔召开的国际航空法会议上,通过了《制止在用于国际民用航空的机场内发生非法暴力行为以补充1971年9月23日订于蒙特利尔的〈制止危害民用航空安全的非法行为的公约〉的议定书》,即《蒙特利尔公约补充议定书》。该议定书于1989年8月6日生效。截至目前,该议定书的缔约国已有176个。

我国于1999年3月5日交存了批准书,同时声明原先对《蒙特利尔公约》的保留同样适用于该补充议定书。《蒙特利尔公约补充议定书》已于1999年4月4日起对我国生效。

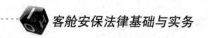

依本议定书第一条规定,在该议定书各缔约国之间,公约和议定书应被视为并解释为一个单一的文件。因此,非公约缔约国只有在同时批准或加入公约时方可批准或加入议定书。

二、《蒙特利尔公约》的主要内容

(一) 公约的适用范围

1. 公约适用的罪行

经过反复讨论,公约规定,任何人如果非法和故意从事下述危害航空安全的行为,即是犯有罪行:对飞行中的航空器内的人实施暴力,从而危及该航空器的安全的行为;破坏使用中的航空器或对该航空器造成损坏,使其不能飞行或将会危及其飞行安全的行为;在使用中的航空器内放置或使别人放置一种将会破坏该航空器或对其造成损坏使其不能飞行或对其造成损坏而将会危及其飞行安全的装置或物质的行为;破坏或损坏航行设备或妨碍其工作,从而危及飞行中航空器的安全的行为;传送明知是虚假的情报,从而危及飞行中的航空器的安全的行为。

此外,1988年《蒙特利尔公约补充议定书》新增了两类罪行——任何人使用一种装置、物质或武器,非法地和故意地实施下列行为,也为犯罪:在用于国际民用航空的机场内对人实施暴力行为,造成或足以造成重伤或死亡的;破坏或严重损坏用于国际民用航空的机场的设备或停在机场上未在使用中的航空器,或者中断机场服务危及或足以危及该机场的安全。

与《海牙公约》的模式一样,任何人企图实施上述任何罪行以及犯有或企图犯其中任何罪行的人的同犯也被认为是犯有罪行。同样,为了确保上述罪行最终能在各国的合作下得到严厉打击,公约第三条还要求各缔约国承允采取措施对上述罪行给予严厉惩罚。为了履行国际条约的义务,上述罪行在《中华人民共和国刑法》中已全部得到体现。

2. 公约适用的时空范围

在上述罪行中,公约表述中既包括飞行中的航空器,也包括使用中的航空器。公约继续沿用了《东京公约》和《海牙公约》中"飞行中"的定义,但为了更好地表述犯罪,也独创了一个"使用中"的定义。

1) 使用中

公约第二条(乙)款规定:"从地面人员或机组为某一特定飞行而对航空器进行飞行前的准备时起,直到降落后24小时止,该航空器应被认为是在使用中;在任何情况下,使用的期间应包括本条甲款所规定的航空器是在飞行中的整个时间。"

在公约的起草过程中,有代表提出,破坏行为不一定发生在飞行中,其可能发生于起飞前的准备阶段,后该意见被采纳。同时,为了不至于造成公约适用范围过宽,以至于扩展到所有未处于使用状态的航空器,最终创设出了前段所表述的"使用中"的概念。"使用中"显然应该包括"飞行中"的整个时间段,同时也意味着应当包括"航空器强迫降落时,在主当局接管对该航空器及其所载人员和财产的责任前"的情况。

2) 罪行适用的条件

与《海牙公约》类似,《蒙特利尔公约》规定除"破坏或损坏航行设备或妨碍其工作,从而危及飞行中航空器的安全的行为"外,在发生公约规定的其余四种罪行的情况下,也不区分航空器是国际还是国内飞行,只要符合以下三种情况,都可以适用本公约:航空器的实际或预定起飞或降落地点在该航空器登记国领土以外;罪行是在该航空器登记国以外的一国领土内发生的;罪犯或被指称的罪犯在该航空器登记国以外的一国领土内被发现。

对于"破坏或损坏航行设备或妨碍其工作,从而危及飞行中航空器的安全的行为",只有在航行设备是用于国际航行时,公约才适用。

3) 适用的排除

在发生除"破坏或损坏航行设备或妨碍其工作,从而危及飞行中航空器的安全的行为"外的四种罪行时,与《海牙公约》一样,若航空器的实际或预定起飞或降落地点在同一国家领土内,而该国又属于某航空运输联营组织或国际经营机构的其中之一,则《蒙特利尔公约》也不应适用,除非罪行是在该国以外的一国领土内发生,或罪犯或被指称的罪犯是在该国以外的一国领土内被发现。

此外,公约也排除了对国家航空器(供军事、海关或警察使用的航空器)的适用。

(二) 管辖权

依该公约第五条,应确立其管辖权的缔约国主要包括以下五种情况:罪行是在该国领土内发生的;罪行是针对在该国登记的航空器,或在该航空器内发生的;在其内发生犯罪行为的航空器在该国降落时被指称的罪犯仍在航空器内;罪行是针对租来时不带机组的航空器,或是在该航空器内发生的,而承租人的主要营业地,或如承租人没有这种营业地,则其永久居所,是在该国。

当被指称的罪犯在缔约国领土内,而该国未按公约规定将此人引渡给上述有管辖权的国家,该缔约国应同样采取必要措施,对公约第一条第一款所列的前三种罪行和公约补充议定书新增的两类罪行确立管辖权,同时,也应对第一条第二款所指的与上述各项相关的罪行确立管辖权。

考虑到《蒙特利尔公约》规定的罪行主要是在地面实施的,因此在《海牙公约》确立的管辖权的基础上增加了上述第一种情况下的罪行发生地国的管辖权。

与前两个公约一样,《蒙特利尔公约》也规定:"本公约不排斥根据本国法行使任何刑事管辖权。"

(三) 缔约国的权利和义务

《蒙特利尔公约》在权利和义务方面的规定和《海牙公约》几乎完全一致。

《蒙特利尔公约》及《蒙特利尔公约补充议定书》的签订,扩大了对危及航空运输安全的罪行的打击和惩处,有效地保障了正常的航空运输秩序,在航空业的安全发展中起到了不可或缺的作用。

导入案例评析

通过本节的学习,我们可以知道,行为人盗窃救生衣和破坏烤箱的行为不能适用这三个公约,原因如下。

首先,1960年《东京公约》和1970年《海牙公约》适用的主要都是飞行中的罪行或行为,而本案中的行为发生在航班过站期间,无论是"轮到轮"还是"门到门"的"飞行中"的定义都不能适用该过站时间段。因此,这两个公约不能适用。

其次,1971年《蒙特利尔公约》虽然创设了"使用中"的概念,本案行为所涉及的航班由于预定降落地在登记国以外,因此航班也符合该公约的适用范围,但公约规定的可能适用本案行为的罪行只有"破坏使用中的航空器或对该航空器造成损坏,使其不能飞行或将会危及其飞行安全"。从本案行为看,盗窃救生衣的行为不能构成公约所称的破坏或损坏航空器的行为,破坏烤箱的行为似乎是破坏了航空器设备,但由于该破坏行为并不会导致航空器不能飞行或危及其飞行安全,因此,行为人的盗窃和破坏行为均不能认定为《蒙特利尔公约》所规定的罪行。

当然,不能适用以上三个公约,不代表行为人可以逃脱处罚,行为人被起飞地警方拘捕后,可以依起飞地所在国的法律进行追诉。

第五节 《北京公约》和《北京议定书》的签订及内容

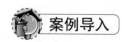

1994年12月24日,法国航空公司一架从阿尔及利亚首都阿尔及尔飞往巴黎奥利机场的空客A300航班正在准备起飞。11时15分,有4名恐怖分子冒充警察以要求检查旅客的护照为名登上飞机。恐怖分子向机场塔台喊话,提出了诉求并要求飞机起飞至巴黎召开新闻发布会。阿尔及利亚方面马上关闭机场,派特种部队包围了飞机,同时准备和恐怖分子谈判。后由于种种原因,恐怖分子将机上部分人员劫为人质,在和阿尔及利亚特种部队对峙了一天多之后,飞机于12月26日凌晨起飞,由于油料不足,只能飞往法国马赛,到达马赛之后,恐怖分子不再坚持先前的要求,只要求机场马上给飞机加注27吨燃油。从马赛到巴黎只需要9吨左右的燃油,27吨的燃油足够把飞机所有的油箱都加满,这似乎证实了恐怖分子想在埃菲尔铁塔上空引爆飞机的真实性。后在法国国家宪兵特勤队的突击下,所有机组人员和旅客得到解救,4名恐怖分子全部被击毙。①

请问:该案能否适用1963年《东京公约》、1970年《海牙公约》和1971年《蒙特利尔公约》及其1988年的《蒙特利尔公约补充议定书》来解决?

英国法学家梅因曾说:"法律一经制定就已经滞后。"随着形势的变化,20世纪制定的航空安保条约也越来越难以应对国际社会出现的各种新型威胁,对这些条约的修订和发展也被提上国际民航组织的议事日程。

一、概述

(一)缔约背景

在当代国际恐怖主义从20世纪六七十年代逐步蔓延开始,其对民航形成的威胁也越来越大,传统的航空安保三大公约已难以适应这些新的变化。21世纪伊始发生的"9·11"事件极大地加剧了国际社会在这方面的担忧。由于"9·11"事件中,恐怖分子采用了劫持飞机撞击地面目标的新的袭击方式,国际社会开始高度关注民航面临的越来越多的新的恐怖威胁。在联合国和国际民航组织的决议和主导下,对传统航空安保条约的修订和发展工作得

---

① 佚名.12·24法航劫机事件[EB/OL].(2016-05-08)[2023-06-05]. https://baike.baidu.com/item/12·24法航劫机事件/16508668?fr=ge_ala.

以迅速展开。之后,国际民航组织对已有的航空安保条约进行了审查,力图发现在新形势下其中存在的漏洞和不足,以更好地面对新的威胁和挑战。

(二)签署和生效

经过多轮磋商和讨论后,2010年8月30日至9月10日,国际民航组织在北京主持召开了航空安保外交会议,共有76个国家的代表和国际航空运输协会等4个国际组织的代表出席了本次会议。会议以55票赞成和14票不赞成核准了《北京公约》的案文,以57票赞成和13票不赞成核准了《北京议定书》的案文。《北京公约》于2018年7月1日开始生效,截至2023年11月底两个公约均已有47个缔约国。

我国已在2022年10月第十三届全国人民代表大会常务委员会第三十七次会议上批准了《北京公约》,在2023年6月28日十四届全国人民代表大会常务委员会第三次会议上批准了《北京议定书》。《北京公约》和《北京议定书》已分别于2023年10月1日和2023年12月1日起正式对我国生效。

二、《北京公约》的主要内容

《北京公约》对1971年《蒙特利尔公约》和1988年《蒙特利尔公约补充议定书》进行了修订,并加以整合。该公约还通过加强全球反恐条约制度,促进实施2006年9月8日通过的联合国全球反恐战略。自2001年9月11日美国发生恐怖袭击和引入新技术以来,该条约加强了处理民用航空新的和正在出现的威胁的国际刑法框架。依据《北京公约》第二十四条规定,在当事国之间,公约应当优先于1971年《蒙特利尔公约》和1988年《蒙特利尔公约补充议定书》。

(一)公约的适用范围

1. 公约适用的罪行

1)公约规定的基本罪行

为了应对新形势的变化,合作防范和打击对民航的非法干扰行为及恐怖活动,《北京公约》在1971年《蒙特利尔公约》及《蒙特利尔公约补充议定书》规定的罪行基础上,对适用范围进行了较大的扩充,公约规定的罪行具体如下。

依《北京公约》第一条第一款规定,任何人如果非法和故意实施下述行为(以下仅列本公约新增的罪行),即构成犯罪。

(1)利用使用中的航空器旨在造成死亡、严重身体伤害,或对财产或环境的严重破坏。

(2)从使用中的航空器内释放或排放任何生物武器、化学武器和核(BCN)武器或爆炸性、放射性或类似物质而其方式造成或可能造成死亡、严重身体伤害或对财产或环境的严重破坏。

(3)对一使用中的航空器或在一使用中的航空器内使用任何生物武器、化学武器和核武器或爆炸性、放射性,或类似物质而其方式造成或可能造成死亡、严重身体伤害或对财产或环境的严重破坏。

(4)在明知其不法用途和危险性质的情况下,在航空器上运输、导致在航空器上运输或便利在航空器上运输以下任何材料、武器或设备等——任何爆炸性或放射性材料;任何生物武器、化学武器和核武器;任何原材料、特种裂变材料,或为加工、使用或生产特种裂变材料而专门设计或配制的设备或材料;未经合法授权的任何对设计、制造或运载生物武器、化武器和核武器有重大辅助作用的设备、材料或软件或相关技术。

2) 罪行认定中对行为和人员适用的扩展

首先,行为适用方面的扩展。《北京公约》第一条第三款规定,当情况表明威胁可信时,任何威胁实施犯罪或非法和故意地使他人收到这种威胁的行为人都可能被追究刑事责任。

其次,人员适用方面的扩展。公约除继续规定企图实施犯罪的人和共犯构成犯罪外,还另外规定,对于犯罪的指挥者和组织者,以及明知某人犯有公约规定的相关罪行,或被执法当局通缉以提起刑事起诉或因此项罪行已经被判刑的情况下,仍然协助该人逃避调查、起诉或惩罚的行为人,也应认定为构成犯罪。此外,商定与他人实施或协助犯罪团伙实施公约规定的犯罪,无论犯罪实际已经实施或企图实施,也均应构成犯罪。如果适用的国家法律有所规定,法律实体亦可能要承担刑事责任。

3) 法律实体的法律责任

各当事国可根据其本国法律原则采取必要措施,对于设在其领土内或根据其法律设立的法律实体,如果负责管理或控制该法律实体的人以该身份实施第一条所列罪行,得以追究该法律实体的责任。这种责任可以是刑事、民事或行政责任。同时,承担这些责任不影响实施罪行的个人的刑事责任。

在追究责任时,该当事国应当努力确保适用的刑事、民事或行政制裁具有有效性、相称性和劝阻性。这种制裁可包括罚款。

2. 公约适用的时空范围

《北京公约》同样排除了对国家航空器的适用。

与《蒙特利尔公约》类似,《北京公约》规定除"毁坏或损坏空中航行设施,或妨碍其工作"的行为外,在发生公约第一条第一款规定的其余八种罪行的情况下,不区分航空器是国际还是国内飞行,只要符合以下三种情况,都可以适用本公约:航空器的实际或预定起飞或降落地点在该航空器登记国领土以外;罪行是在该航空器登记国以外的一国领土内发生的;罪犯或被指称的罪犯在该航空器登记国以外的一国领土内被发现。

对于"毁坏或损坏空中航行设施,或妨碍其工作"的行为,只有在空中航行设施是用于国际航行时,本公约才适用。随着技术的发展,应当认为,对空中航行设施的网络攻击也构成罪行。考虑到《北京公约》将加强处理针对国际民用航空进行网络攻击的全球法律框架,将其定为犯罪,各国的广泛批准将确保无论在世界任何地方发生此种攻击,都将予以威慑和惩处。

对于航空运输联营组织或国际运营机构航空器飞行的适用和例外,《北京公约》和《蒙特利尔公约》保持了一致。

(二)公约对特定术语的解释

公约第二条对案文中涉及的术语进行了解释和说明。

"飞行中"和"使用中"继续沿用了《蒙特利尔公约》中的定义。明确了《蒙特利尔公约》中第四种罪行所称的"空中航行设施"(air navigation facilities)[①]包括航空器航行所必需的信号、数据、信息或系统。此外,公约还对"有毒化学品""放射性材料""核材料""同位素 235 或 233 浓缩的铀""生物武器、化学武器和核武器""前体""原材料"和"特种裂变材料"等术语进

---

① 由于翻译的原因,《蒙特利尔公约》中文版中称为航行设备。

行了解释和说明。

(三) 管辖权

1. 强制性管辖

对于强制性管辖,《北京公约》在《蒙特利尔公约》的基础上增加了"罪行是由该国国民实施的"类别,在此情况下,该国应确立其对该罪行的管辖权。

2. 选择性管辖

《北京公约》在管辖方面的创新是规定了选择性管辖权。依其规定,各当事国可就下列情况对任何此种罪行确立其管辖权:罪行是针对该国国民实施的;罪行是由其惯常居所在该国领土内的无国籍人实施的。

3. 并行管辖

本公约不排除根据本国法律行使的任何刑事管辖权。

(四) 缔约国的权利和义务

在保留《蒙特利尔公约》规定的权利和义务的基础上,《北京公约》增加了两个方面的要求。

1. 公平待遇(fair treatment)

《北京公约》移植了1997年《制止恐怖主义爆炸事件公约》中的公平待遇条款,即"应当保证依据本公约被拘留、被采取任何其他措施或正被起诉的任何人获得公平待遇,包括享有符合该人在其领土内的国家的法律和包括国际人权法在内的适用的国际法规定的所有权利和保障"。需要注意的是,此处与《东京公约》第十五条第二款所称的国民待遇有所不同,它要求所在国除了按本国法律给予上述人员平等的权利和保障外,还应当遵守国际法中有关人权保障的规定。

2. 原则上排除公约罪行的政治性

政治犯不引渡原则客观上对某些国际犯罪的打击带来了一定的影响。为了更好地打击针对民航或利用民航实施的罪行,《北京公约》原则上排除了公约罪行的政治性。

《北京公约》第十三条规定:"为引渡或司法互助的目的,第一条所列的任何罪行均不应当被视为政治罪或与政治罪有关的罪行或政治动机引起的罪行。因此,对于此种罪行提出的引渡或司法互助请求,不得只以其涉及政治罪或与政治罪行有关的罪行或政治动机引起的罪行为由而加以拒绝。"

同时,为了防止在特殊情况下,有被引渡人因为罪行的非政治化而遭受迫害等情况的发生,《北京公约》也在第十四条规定了被请求国的拒绝引渡权——"如果被请求的当事国有实质理由认为,请求为第一条所列的罪行进行引渡或请求为此种罪行进行司法互助的目的,是为了因某人的种族、宗教、国籍、族裔、政见或性别而对该人进行起诉或惩罚,或认为接受这一请求将使该人的情况因任何上述原因受到损害,则本公约的任何规定均不应被解释为规定该国有引渡或提供司法互助的义务。"

三、《北京议定书》对《海牙公约》的主要修订

《北京议定书》是根据新形势对1970年《海牙公约》的修订和完善,公约和议定书应作为一个单一文书一并理解和解释,并称为经2010年《北京议定书》修正的《海牙公约》。任何不

是公约当事国的国家对本议定书的批准、接受或核准,都等于是对经2010年《北京议定书》修正的《海牙公约》的批准、接受或核准。该议定书还通过加强全球反恐条约制度,促进实施2006年9月8日通过的联合国全球反恐战略。

(一)对非法劫持航空器定义的修改

非法劫持航空器修改后的定义为:"任何人如果以武力或以武力威胁,或以胁迫,或以任何其他恐吓方式,或以任何技术手段,非法地和故意地劫持或控制使用中的航空器,即构成犯罪。"

随着科技的发展,各国意识到非法劫持航空器不一定需要采取武力或胁迫以及恐吓等方式,行为人完全可能通过一定的技术手段或利用网络侵入航空器的控制系统,从而实现对航空器的非法劫持或控制。有鉴于此,议定书在原有犯罪方式的基础上增加了"任何技术手段"的方式。

此外,该定义也反映出非法劫持的对象从飞行中的航空器变成了使用中的航空器,扩大了非法劫持航空器行为的时间适用范围。

(二)罪行认定中对行为和人员适用的扩展

《北京议定书》在这方面和《北京公约》保持了一致。一是威胁行为构成犯罪;二是对企图犯罪的人、共犯、协助逃避调查、起诉或惩罚的行为人、犯罪的指挥者和组织者、商定与他人实施或协助犯罪团伙实施犯罪的人都追究刑事责任。

(三)法律实体法律责任的承担

《北京议定书》同样增加了法律实体承担法律责任的情况,即负责管理或控制该法律实体的人以该身份实施公约所列的罪行,得以追究该法律实体的责任。这方面的具体规定和《北京公约》保持了一致。

(四)管辖权的扩充

参考其他航空安保公约,《北京议定书》也对管辖权进行了完善。首先,增加了强制管辖权的国家:一是增加了行为发生地所在国的管辖权;二是增加了行为人国籍国的管辖权。其次,增加了行使选择性管辖权的两种情况:一是罪行是针对该国国民实施的;二是罪行是由其惯常居所在该国领土内的无国籍人实施的。

此外,将原来适用航空器登记国管辖权的情形表述由"罪行是在该国登记的航空器内发生的"改成了"罪行是针对在该国登记的航空器或在该航空器内实施的",以此适应非法劫持航空器的犯罪手段的更新。

(五)公平待遇原则和非法劫持航空器行为的非政治化

《北京议定书》在修订《海牙公约》时,在这两个方面的规定和《北京公约》的相关内容完全一致。

(六)案文措辞的变化

《北京议定书》内所有提及"缔约国"(Contracting State)之处均应改为"当事国"(State Party)。公约内所有提及"他"(him)和"他的"(his)之处均应分别改为"该人"(that person)和"该人的"(that person's)。

第三章 航空安保国际条约

导入案例评析

从本案来看，恐怖分子的行为主要可以分为两个方面。一是劫持航空器，二是企图劫持航空器袭击埃菲尔铁塔。

从劫持航空器的时间看，因其发生在航空器在地面过站期间，当时舱门并未关闭，航空器更未起飞，从时间上来看，其并不符合《东京公约》和《海牙公约》所要求的"飞行中"，同时，航空器也不在公海上或在不属于任何国家领土的其他地区上，因此，本案排除了对这两个公约的适用。

对于企图利用航空器作为武器袭击埃菲尔铁塔的行为，《东京公约》《海牙公约》和《蒙特利尔公约》及《蒙特利尔公约补充议定书》均未予以明确规定，很难找到适用上的依据。

"9·11"之后，国际社会才真正高度关切恐怖主义对民航的威胁，对三大传统航空安保公约的现代化进程也开始实质性地展开。从《北京公约》可以看出，航空安保公约前所未有地和反恐结合在一起，这既体现了国际航空安保形势的变化，也反映了航空安保的切实需求。为了因应恐怖威胁的变化，《北京公约》增加了一些新的罪行，同时也对适用的主体等进行了扩展，新增的罪行中就包括了"利用使用中的航空器旨在造成死亡、严重身体伤害，或对财产或环境的严重破坏"。这些努力为国际合作打击恐怖主义，保障航空安全发挥了制度保障的作用。

第六节 《蒙特利尔议定书》的签订及内容

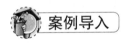

2023年1月30日，印度维斯特拉航空（Vistara）公司从阿联酋阿布扎比到印度孟买的UK256航班上。一女子坚持要从经济舱换到商务舱，遭到拒绝后不仅打伤一名空姐，还脱衣以半裸状态在机舱内走动。随后该女子被机组人员制服，并被绑在座位上。但该女子仍然不依不饶，朝另一名空乘吐口水。待航班抵达孟买后，机组人员将这名女子交给了机场安全官员，最终她被移交给了警方。

除了被指控打人，有媒体引用警方消息称，这名女子喝醉了酒。维斯特拉航空公司表示，其工作人员必须约束这名女子，因为她"持续的不守规矩和暴力行为"。由于她的行为，该航班的机长"发出了警告卡，并做出了约束该客户的决定"。①

请以经2014年《蒙特利尔议定书》修订后的《东京公约》为依据对本案进行评析。

一、概述

（一）《东京公约》修订背景

从20世纪90年代初至今，涉及扰乱性旅客的事件总体呈上升趋势。依据国际航空运

---

① 航空圈.女子国际航班上自行升舱遭拒 对空姐拳打脚踢 结果被绑在座位上[EB/OL].(2023-02-01)[2023-06-06].https://new.qq.com/rain/a/20230201A044QF00.

输协会对约占国际航空公司 23% 的 62 家航空公司进行的一项调查,1994 年报告 1132 件涉及扰乱性旅客的事件,其中,1995 年有 2036 件,1996 年有 3512 件,1997 年有 5416 件。此外,国际航协从其成员公司收集的数据显示,2007 年至 2016 年间共提交了 58000 份关于不循规和扰乱性旅客的报告。国际民航组织对成员国的调查也反映出了同样的趋势。在 COVID-19 大流行期间,许多国家和航空公司的报告表示,与不遵守公共卫生措施,包括佩戴口罩等相关不循规和扰乱性事件案例显著增加,而这种行为会危害航空器机上的健康、安全和良好秩序。

在传统的航空安保三大公约中,《东京公约》是唯一既涉及机上犯罪,也涉及不循规和扰乱性行为的条约。随着形势的变化,《东京公约》在管辖权和违法犯罪的类型等方面的完善也引起了广泛的关注。

基于上述原因,对《东京公约》修订和完善的呼声越来越高。航空器机上的不守规矩和扰乱性行为会破坏良好的秩序和纪律,对航空器、机组人员和旅客的安全和安保构成威胁,许多国家希望通过对《东京公约》的修订以实现相互协助,遏制不循规和扰乱性行为,并恢复航空器机上的良好秩序和纪律的愿望。

(二)《蒙特利尔议定书》的签署和生效

经过多年研究和多次会议的讨论,终于形成了《蒙特利尔议定书》的草案。2014 年 3 月 26 日至 4 月 4 日,国际民航组织主持在蒙特利尔举行了审议修订《关于在航空器内的犯罪和犯有某些其他行为的公约》(《东京公约》)的国际航空法会议外交会议。共有 88 个国家的政府代表、8 个国际组织和 1 个学术机构的观察员出席了会议。会议决定不在《蒙特利尔议定书》内列入一份关于犯罪和其他行为的清单,但建议将国际民航组织 2002 年出版的 288 号通告——《关于不循规/扰乱性旅客法律方面的指导材料》作出更新。这次更新的成果——《不循规和扰乱性旅客法律问题手册》(Doc. 10117)于 2019 年由国际民航组织正式发布。

会议经过审议后,通过了《关于修订〈关于在航空器内的犯罪和犯有某些其他行为的公约〉的议定书》的案文,本议定书已于 2020 年 1 月 1 日起生效,迄今为止,共有 44 个国家批准、接受或加入该议定书。我国目前尚未批准《蒙特利尔议定书》。

二、《蒙特利尔议定书》对《东京公约》的主要修订

2014 年《蒙特利尔议定书》是对 1963 年 9 月 14 日在东京签订的《关于在航空器内的犯罪和犯有某些其他行为的公约》(1963 年《东京公约》)的修订。在《蒙特利尔议定书》缔约国之间,公约和议定书应作为一个单一文书一并理解和解释,并应称为经 2014 年《蒙特利尔议定书》修订的《东京公约》。任何不是公约缔约国的国家对议定书的批准、接受、核准或加入即是对经 2014 年《蒙特利尔议定书》修订的《东京公约》的批准、接受、核准或加入。

(一)统一"飞行中"的定义

议定书将《东京公约》原第一条第三款"轮到轮"的"飞行中"的定义替换为在公约机长权力部分所描述的"飞行中"的定义,即"一架航空器在完成登机后其所有外部舱门均已关闭时起,直至其任一此种舱门为下机目的开启时止,其间的任何时候均被视为在飞行中;在航空器迫降时,直至主管当局接管对该航空器及其所载人员和财产的责任时止,航空器应当被视为仍在飞行"。

（二）有关管辖权的修订

1. 增加了有权行使管辖权的国家

除航空器登记国外，有权对机上犯下的罪行或行为行使管辖权的国家增加了两类。

（1）降落地国。某项犯罪或行为是在该国领土内降落的航空器上所犯，且嫌犯仍在机上。

（2）经营人所在国。某项犯罪或行为是在不带机组租给承租人的航空器上所犯，该承租人的主要营业地在该国，或者假如该承租人没有此种营业地，其永久居所在该国。

2. 增加了应确立其管辖权的情形

除继续明确登记国应当对在该国登记的航空器上犯下的罪行确立其管辖权外，增加了在特定情况下，两类国家也应确立其管辖权。

（1）降落地国。某项犯罪是在其前一起飞地点或下一个预备降落地点在其领土内的航空器上所犯，而随后航空器在其领土内降落且嫌犯仍在机上，并且航空器或机上人员或财产的安全或机上的良好秩序和纪律受到危害。

（2）经营人所在国。某项犯罪是在不带机组租给承租人的航空器上所犯，该承租人的主要营业地在该国，或者假如该承租人没有此种营业地，其永久居所在该国。

在作为降落地国行使其管辖权时，国家应考虑相关的犯罪是否构成经营人所在国的犯罪。

3. 协调管辖权的规定

《蒙特利尔议定书》对原公约增加了第三条之二："如果根据第三条行使管辖权的缔约国被告知或获悉一个或多个其他缔约国正在对相同的犯罪或行为进行调查、起诉或司法程序，该缔约国应酌情与其他缔约国进行协商，以期协调其行动。本条中的义务不影响第十三条中缔约国的义务。"以此来努力协调并行管辖可能带来的冲突。

（三）有关机上安保员的内容

《蒙特利尔议定书》在公约原第六条和第十条中增加了有关机上安保员的规定。所谓机上安保员，是指由运营人所在国政府和登记国政府授权在航空器上部署的一名人员，目的是保护航空器及其乘员免遭非法行为干扰。这不包括用于为乘坐航空器旅行的一名或多名特定人员提供专门个人保护的人员，比如私人保镖。

根据新修订的公约，可以明确以下几点。

（1）机长对机上安保员没有命令权。机长只能"请求或授权但不能强求机上安保员或旅客给予协助，来管束其有权管束的人"。

（2）特定条件下机上安保员有独立采取预防措施的权利。修订后的第六条第三款规定："依照相关缔约国之间双边或多边协定或安排部署的机上安保员，在有理由认为必须立即采取行动保护航空器或所载人员的安全，防止非法干扰行为，以及如果该协定或安排允许采取行动防止犯下严重罪行时，可在未经授权的情况下，采取合理的预防措施。"

（3）机上安保员设置具有非强制性。本公约中的任何规定均不得被视为缔约国有义务制定机上安保员方案，或同意授权外国机上安保员在其领土行动的双边或多边协定或安排。

（4）机上安保员享有豁免权。议定书在公约第十条规定的免责主体中增加了机上安保员。

（四）机长对罪行判断依据的变化

原公约第九条第一款规定："如机长有理由认为，任何人在航空器内犯了其认为按照航空器登记国刑法是严重的罪行时,其可将该人移交给航空器降落地任何缔约国的主管当局。"修订后该款变成了:"如机长有理由认为,任何人在航空器内犯了其认为是严重的罪行时,其可将该人移交给航空器在其领土内降落的任何缔约国的主管当局。"

考虑到机长并不一定熟悉航空器登记国的刑法,此处将机长对严重罪行的判断标准修改为了其合理的主观判断,但这并不意味着对该判断完全采取主观标准,其仍然需要符合一般理性人的要求。

(五)对罪行或行为的部分列举

1963年《东京公约》并未对罪行或行为进行明确列举,在公约修订过程中,这也一直是争论的焦点,经过讨论,最终形成了部分行为被列举并鼓励缔约国对此采取措施的局面。

依据修订后的公约第十五条之二的规定,公约鼓励各缔约国采取必要措施,对在航空器上犯下第一条第一款所指罪行或行为的人启动适当刑事、行政或任何其他形式的程序,特别是:对机组成员实施人身攻击或威胁实施此种攻击;拒绝遵守机长或以机长名义为保护航空器或机上人员或财产的安全之目的发出的合法指令。

同时,为了鼓励各国对不循规和扰乱性行为采取措施,该条第二款还规定:"本公约的任何规定不影响各缔约国为惩处机上所犯不循规和扰乱性行为而在其本国立法制定或维持适当措施的权利。"

(六)增加了承运人的损失求偿权

《蒙特利尔议定书》新增了第十八条之二:"本公约中任何规定不排除根据本国法律向分别根据第八条或第九条被移交或下机的某人要求补偿所产生的任何损失的权利。"

在航空实践中,由于不循规或扰乱性旅客的不法行为可能会造成航班返航或备降等后果,由此可能使承运人蒙受较大的损失,要求违法行为人承担民法上损害赔偿的责任不失为一种预防违法行为的办法。

除以上修订外,新公约还要求各缔约国在根据公约履行其义务或者行使准许的自行裁量权时,应根据国际法下各国的义务和责任行事,同时应考虑适当程序和公平待遇原则。

导入案例评析

事实上,航空器内发生扰乱性行为的概率和频率要远远大于非法干扰事件。本案中,该女子的行为危及了机上的良好秩序和纪律,属于公约适用的行为。其攻击机组成员的行为,也属于公约第十五条之二中鼓励各缔约国采取必要措施,启动相应法律程序的行为。

依《蒙特利尔议定书》第六条的规定,机长在有理由认为某人在航空器上已经犯下或行将犯下公约规定的罪行或行为时,可对此人采取合理的措施,包括必要的管束措施。同时,机长可以要求或授权机组其他成员提供协助,来管束其有权管束的人。因此,本案中机长作出管束该女子的决定并授权机组成员实施的行为完全符合公约的规定,是有权行为。

就管辖而言,印度既是航空器登记国,也是航空器降落地国,并且印度也是该航班的预备降落地点,因此印度应当确立其对本案的管辖权,并有权实施管辖。

一般而言,该女子是否为醉酒后实施违法行为并不影响其法律责任的承担。

第七节 《国际民用航空公约》附件17

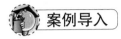案例导入

某日,A国公民甲搭乘航班至B国某国际机场,并准备从该机场中转搭乘航班至B国的某内陆城市,其于入境机场下飞机后,又重新经过了安检,才登上了由该国际机场飞往其目的地的航班,部分行李还按要求由手提转为了托运,在经过洲际长途飞行后,他感到愈加疲惫不堪。

一、《国际民用航空公约》的附件

迄今为止,1944年《国际民用航空公约》共制定通过了19个附件,它们是实施公约所述原则的具体规定和指导国际航行的基本文件。附件的主要内容是有关国际民航运输活动各个方面的标准和建议措施(Standards and Recommended Practices,SARPs)。随着技术的发展和形势的变化,这些标准和建议措施也一直处于动态的修订过程中。

标准是为了国际航行的安全必须统一实施的规范,具有法律强制力,标准应写入各国法规,各缔约国应遵守公约规定。如一个国家的措施背离了国际标准时,该国应按照《国际民用航空公约》第三十八条①的规定通知理事会。

建议措施不具有强制性,但由于其有利于国际航行的安全、秩序及效率,各缔约国都会尽力遵守公约的规定。

二、《国际民用航空公约》附件17概述②

20世纪60年代末期,暴力犯罪的急剧增加严重地影响到民用航空的安全,这直接促成了1970年6月国际民航组织大会特别会议的召开。该大会的决议之一是要求在《芝加哥公约》现有或新的附件中,特别为处理非法干扰问题制定规定,尤其是对航空器的非法劫持问题。继航行委员会、航空运输委员会以及非法干扰委员会的工作之后,理事会于1974年3月22日通过了有关安保的标准和建议措施,并被指定为附件17——《安保》。附件17是制定安保措施的主要指导性文件,其为国际民航组织民用航空安保方案以及为寻求防止对民用航空及其设施进行非法干扰行为奠定了基础。因此,对附件17规定的统一贯彻执行是航空安保系统取得成功的关键。

附件17主要涉及管理及协调方面,以及保护国际航空运输安全的技术措施,要求各缔约国建立自己的民用航空安保方案,包括其他适当机构提出的附加安保措施。

---

① 第三十八条规定:"任何国家如认为对任何上述国际标准或程序不能在一切方面遵行,或在任何国际标准或程序修改后,不能使其本国的规章或措施完全符合此项国际标准或程序,或该国认为有必要采用在某些方面不同于国际标准所规定的规章或措施时,应立即将其本国的措施和国际标准所规定的措施之间的差异,通知国际民用航空组织。任何国家如在国际标准修改之后,对其本国规章或措施不作相应修改,应于国际标准修正案通过后六十天内通知理事会,或表明它拟采取的行动。在上述任何情况下,理事会应立即将国际标准和该国相应措施间在一项或几项上存在的差异通知所有其他国家。"

② 整理自ICAO"Booklet on the Annexes to the Convention on International Civil Aviation"。

另外,附件17还努力协调涉及安保方案的各种活动。由于认识到航空公司经营人本身在保护旅客、资产和收入方面应承担首要责任,因此各国应确保其承运人制定并实施有效的安保补充方案,并且该方案应与其飞往的机场所采取的安保方案兼容。

附件17以及其他附件中的某些规定都认为要达到绝对安全是不可能的。然而,各国必须确保在采取防卫行动时,旅客、机组人员、地面人员以及普通大众的安全是最重要的。另外,还应敦促各国采取措施,保证那些被非法改航的航空器上的旅客和机组人员的安全,直到其旅程可以继续。

国际民航组织航空安保(AVSEC)专家组不断地在对该附件进行持续审查,以确保其规定是最新的和有效的。由于该文件是为世界范围航空安保设定的最低标准,因此在进行任何变更、增加或删除之前必须对其进行认真的审查。自发行以来,附件17已经历了十八次修订,目前版本为第十二版,该版本于2022年7月18日开始生效,11月18开始适用。从这一版开始,标题改成了"航空安保——保护国际民用航空免遭非法干扰行为"。

知识拓展

国际民航组织标准和建议措施是如何出台的?

(1) 理事会2/3以上票数表决通过。
(2) 通过后两周内将该通过的版本发给各成员国。
(3) 各成员国有3个月的时间表示异议。
(4) 生效日期约在理事会通过后的4个月。
(5) 生效日期和适用日期间隔4个月。
(6) 假设多数国家没有登记反对,标准和建议措施的修正即生效。
(7) 适用日期前的一个月,各国应向秘书处通知差异。
(8) 在附件的补充材料中公布上述差异。

三、《国际民用航空公约》附件17的主要内容①

(一) 部分定义

附件17在第一章对主要的术语进行了解释,其中,"非法干扰行为""航空器安保检查"和"航空器安保搜查"等定义已直接转化为我国国内的规章立法,在本书其他章节已予以阐明,"机上安保员"这一定义在前文也已述及,故此处仅选取其他部分相关定义进行列举。

1. 空侧

机场的活动区域及其邻近的地带和建筑物或其一部分,进入该区域是受管制的。

2. 航空安保

保护民用航空免遭非法干扰行为。这一目标由各项措施、人力和物力资源的总和加以实现。

3. 背景调查

根据国家法律,对一个人的身份和以往经历的调查,包括进行有无犯罪历史的调查以及

---

① 本部分内容整理自ICAO公布的附件17(第十二版)。

对任何其他与安保相关信息的调查,以便评估该人是否适合。

4. 行为检测

在航空安保环境中,运用包括识别行为特点,包括但不仅限于能够说明异常行为的心理或示意动作在内的技术,识别有可能给民用航空造成威胁的人。

5. 扰乱性旅客

在机场或在航空器上不遵守行为规范,或不听从机场工作人员或机组人员指示,从而扰乱机场或航空器上良好秩序和纪律的旅客。

6. 检查

运用技术或其他手段进行检查,以查明和/或发现可能用来实施非法干扰行为的武器、炸药或其他危险装置、物品或物质。

7. 安保管制

防止带入可能用于实施非法干扰行为的武器、炸药或其他危险装置、物品或物质的手段。

8. 安保文化

一个组织日常运行中固有的一套与安保有关的规范、价值观、态度和假设,体现在组织内所有实体及人员的行动和行为当中。

(二)总则

附件17的第二章作为总则部分,对附件制定的目标、适用性、安保和简化手续、国际合作、创新、研究和发展等方面进行了规定和说明,明确每一缔约国必须将保护旅客、机组、地面人员和一般公众的安全作为保护民用航空免遭非法干扰行为一切事务中的首要目标。同时,该部分还强调了国际社会在安保措施的执行、信息和资料的共享等方面应加强合作,并要求各国避免对安保信息的不当使用或披露。

(三)组织

附件17的第三章为"组织",该部分内容主要包括以下几个方面。

(1)国家组织和主管当局,主要规定了缔约国指定主管部门负责制定、实施和保持国家民航安保方案的义务,要求各国注意对各安保相关实体的任务分配并协调实体间的活动。此外,还要求各国确保为每个用于民用航空的机场提供航空安保服务所需的各项支助资源和设备。

(2)机场和航空器运营人,本部分规定缔约国应要求其每个用于民用航空的机场和航空器运营人制定、实施和保持与国家民用航空安保方案的要求相适应的书面安保方案。此外,还要求机场成立安保委员会,并且在机场设计和建设过程中就须将安保需求考虑进去。

(3)培训、资格和安保文化,本部分要求各缔约国制定和实施行之有效的安保培训政策,并对培训类别、教员资格以及进行安保审计、测试和检查的人员的培训和认证提出了要求,还强调了安保意识的培训和安保文化的建设。

(4)质量控制,每一缔约国须要求主管当局制定、实施和保持一个国家民用航空安保质量控制方案,以定期确定对国家民用航空安保方案的遵守情况并验证国家民用航空安保方案的有效性。同时,还对质量控制方案应包含的要素、相关人员的背景调查等内容进行了规定。

(5)空中交通服务提供者,每一缔约国必须要求在该国运营的空中交通服务提供者制定并执行适当的安保规定,以满足该国国家民用航空安保方案的要求。

(四) 预防性安保措施

附件17第4章规定了安保运行过程中的预防性安保措施,同附件其他要求一样,这些措施也反映在了我国民航安保的立法之中。措施主要包括以下几个方面。

(1) 通行管制。要求各缔约国在机场设立安保限制区,并对进出该区域的人员、车辆和物品采取适当的安保管制措施。

(2) 航空器的安保。规定了对航空器的安保检查和搜查,同时要求采取措施保护飞行中航空器的驾驶舱,并采取措施防范使用便携式防空系统(MANPADS)等对航空器的攻击。

(3) 旅客及其行李、货邮和其他物品的安保管制。缔约国应对旅客及其客舱行李和托运行李在登上航空器前接受适当的安检并始终使其免遭未经准许的干扰,确认了托运行李随人的原则。此外,对货邮和机供品、配餐等其他物品的安保管制也作了规定。

(4) 其他。缔约国应对因司法或行政程序强制乘机旅行的旅客、携带武器乘机等人员制定和实施相应的安保措施,同时,对陆侧安保和网络安保也应制定和实施相应的对策。

(五) 应对非法干扰行为的管理

缔约国应当就非法干扰行为的预防、应对及交换情报和报告承担相应的义务并相互保持合作。缔约国还应制定针对非法干扰的应急计划并提供适当而充分的资源来保证其实施。

(六) 附篇

《国际民用航空公约》附件的附篇是指载有标准和建议措施的补充材料或作为应用标准和建议措施的指南而列入的材料。附件17的附篇占据了整个附件接近一半的篇幅,本书仅对其相关的部分内容进行阐明。

附件6《航空器的运行》第Ⅰ部分《国际商业航空运输——飞机》中有关驾驶舱的安保措施如下。

(1) 所有安装有驾驶舱舱门的飞机,其舱门应能锁住。并且必须制定规章,以便在客舱有可疑活动或安保被破坏时客舱乘务组能够谨慎地通知驾驶机组。

(2) 最大审定起飞质量:超过54500千克;或超过45500千克且旅客座位数超过19个;或旅客座位数超过60人的所有载客飞机,必须装备为承受轻兵器火力、手榴弹弹片穿透和非授权人员的暴力闯入而设计的经批准的驾驶舱舱门。此舱门必须能从任何一个飞行员座位上锁住并打开。

(3) 根据第(2)点装有驾驶舱舱门的所有飞机:除非必要时允许授权人员进出外,自登机后外面所有的门关闭开始直至这些门为下飞机打开,此门必须关闭并上锁;必须提供从任何一个飞行员座位对整个驾驶舱门外侧区域进行监视的手段,以核实请求进入的人员身份并察觉可疑行为或潜在威胁。

附件8《航空器适航性》中有关安保的规定如下。

(1) 危险最小的炸弹位置:最大审定起飞质量超过45500千克或者旅客座位数超过60座的飞机,飞机设计时必须考虑设置一处危险最小的放置炸弹的位置,使炸弹对飞机和机上乘员的作用力减至最小。

(2) 内部设计:最大审定起飞质量超过45500千克或者旅客座位数超过60座的飞机,必须考虑下列设计特点,即武器、爆炸物或其他危险物品不易在航空器上藏匿,并且方便对这些物品进行搜查。

附件 9《简化手续》中有关不能获准入境者和被驱逐者的安保措施如下。

(1) 不能获准入境者:有理由认为不能获准入境者可能对遣返进行抵抗的各缔约国,必须在预定离境时间前尽早通知有关航空器经营人,以使其能够采取预防措施以保证飞行安保。

(2) 被驱逐者:各缔约国在与航空器经营人就遣返被驱逐者作出安排时,必须尽早提供以下资料,但在任何情况下不得晚于航班预定离港时间前 24 小时。如该缔约国法律允许,驱逐令副本;该国在确定以有人护送或无人护送方式遣返被驱逐者的适当性时,包括对被驱逐者的医疗状况、精神和身体健康状况是否适合搭乘、是否愿意或不愿意旅行、行为方式以及有无任何暴力史等所做的风险评估和/或有助于航空器运营人评估对航班安保风险的任何其他相关资料;护送人员的姓名和国籍。

航空器经营人和/或机长在对所涉航班的安全和安保存在合理担忧时,必须有权做出拒绝在该航班上载运被驱逐者的选择。

本节导入案例反映了统一国际航空安保标准的重要性。我们可以想象,如若各国所采取的航空安保措施和标准能够保持一致,这将极大地简化国际旅行的手续,在国际民航组织"不让一个国家掉队"的愿景下,也能整体提高国际航空运输的安保水平,补足短板。当然,我们也意识到,这是一种理想状态,要想真正实现这个目标,还有很长的路要走。可喜的是,在国际民航组织不断修订《国际民用航空公约》附件 17 的标准和建议措施的基础上,很多国家和地区在安保标准的统一或互认方面做出了一定的努力。例如,自 2012 年 6 月起,欧盟和美国相互承认对方的航空货运安保制度,无论货物是全货运还是客运航班。因此,在欧盟和美国之间运输货物的航空承运人不需要适用任何额外的欧盟或美国的要求。2018 年 2 月 6 日,欧盟和新加坡签署了"一站式安保"协议,允许来自新加坡樟宜机场的乘客携带的随身行李和托运行李在转乘欧盟和欧洲经济区(EEA)机场的转机航班时,无须再次接受安全检查[①]。我国《公共航空运输企业航空安全保卫规则》也规定:"乘坐国际、地区航线班机在境内机场过站和转机的人员及其行李,应当进行安全检查。但与中国签订互认航空安保标准条款的除外。"

 练习与思考

一、名词解释

1. 条约
2. 飞行中(机长权力部分)
3. 非法劫持航空器(《海牙公约》)
4. 使用中
5. 空中航行设施
6. 机上安保员

---

① 邱珂,宋丽.航空安保概论[M].北京:清华大学出版社,2022:160.

7. 背景调查

二、简答题

1. 条约的特征是什么?
2. 《东京公约》规定的机长权力包括哪些?
3. 《海牙公约》规定的缔约国的权利和义务主要包括哪些?
4. 《蒙特利尔公约》及《蒙特利尔公约补充议定书》规定的罪行主要有哪几种?
5. 《北京议定书》对《海牙公约》的主要修订包括哪些方面?
6. 按经2014年《蒙特利尔议定书》修订后的《东京公约》,应对在航空器上犯下的罪行确立其管辖权的国家包括哪几种情况?
7. 请简述国际民航组织标准和建议措施的异同。

三、案例思考

【案例1】

甲国和乙国是1963年《东京公约》的缔约国,乙国和丙国是2014年《蒙特利尔议定书》的缔约国。

请问:就以上公约和议定书而言,甲、乙、丙三国之间是什么关系?

【案例2】

甲国飞往乙国的某航班,其登记国为甲国,在航班飞经丙国领空时,客舱内发生了严重的暴力行为,施暴者为丙国公民,被殴打至重伤者为甲国公民,机长向丙国空管部门通报了机上情况。机长考虑到离乙国目的地大约只有15分钟航程,欲按预定计划飞往目的地。然而,丙国要求机长必须降落在丙国境内,并派战机拦截,后该航空器被迫在丙国领土内降落。降落后,伤者被送医院,施暴者被丙国警方控制。

请问:该案中,丙国的做法是否违反了《东京公约》? 为什么?

【案例3】

甲国飞往乙国的某航班,航空器登记国为甲国,在航班飞行过程中,一位名叫Tom的旅客手持利刃劫持了一名乘务员,其同伙Jerry意图冲进驾驶舱胁迫飞行员,因驾驶舱门从飞行中保持锁闭状态,其冲击行为未能得逞。两人意图将航空器劫持至丙国。请结合1963年《东京公约》和1970年《海牙公约》说明,机长可以采取哪些措施进行处置? 如果反劫机成功,歹徒被制服,机长应如何处理? 相关各方的权利和义务分别是什么?

【案例4】①

某日,新加坡警方证实,一架从美国旧金山返回新加坡的新加坡航空公司客机上,一名37岁的男乘客声称手提行李内有炸弹并殴打空乘。

当天凌晨2时40分左右,新加坡警方接到飞机上有炸弹威胁的通报,随后客机在新加坡空军战机的护航下,凌晨5时50分降落在樟宜机场。客机被确认无碍后,乘客和机组人员在早上9时20分顺利下机。

初步调查显示,一名37岁男乘客称自己的手提行李内有炸弹,并袭击空乘。他之后被空乘制服,并因违反《联合国(反恐怖主义措施)条例》及涉嫌滥用毒品的罪名被捕。目前,调

---

① 邓雪梅.载150人航班遭炸弹威胁新加坡两架战机升空护航[EB/OL].(2019-06-03)[2023-06-05]. https://www.chinanews.com.cn/m/gj/2019/06-03/8854294.shtml.

查正在进行中。

请问：本案中，对该乘客应该如何处理？依据是什么？

【案例 5】

在 2010 年《北京公约》和《北京议定书》均已生效的基础上，若要依这两个法律文件对本章第五节导入案例所述劫持和企图袭击埃菲尔铁塔的行为进行分析，对该案应如何定性和适用？

【案例 6】①

新加坡航空公司的一架客机某日临时决定降落在澳大利亚北部的达尔文市，以便将机上一名行为蛮横的乘客赶下飞机，这名澳大利亚男子将被要求支付 25000 澳元（17000 美元）的账单。新加坡公司的发言人称，该公司正在想办法让这名男子支付其他一些额外开支，这些开支包括油料、降落照明、空中交通控制费、在夜晚雇佣地勤人员费用等。这架飞机原来是由新加坡飞往布里斯班的，由于这名男子在飞机上行为蛮横，飞机不得不临时决定降落在达尔文市。

这名澳大利亚男子与他的一名同伴发生了激烈的争论，说了很多脏话，当机组人员拒绝给其提供饮料时，变得更加蛮横。发言人称："机长做出了改变航线的决定，因为他认为这名乘客的行为不仅对正常飞行造成了很大的破坏，而且还给其他乘客造成了不安。我们赞成机长做出的这个决定。"

航班于当地时间 3 点 41 分降落在达尔文机场，当时飞机上有 298 名乘客、14 名机组人员。这名行为蛮横的乘客被移交给警方，在晚些时候被送上法庭。

请问：本案中，依据 2014 年《蒙特利尔议定书》修订的《东京公约》，机长是否有权这么做？依据是什么？这对我国国内航线的类似事件处理有何启示？

---

① 民航资源网. 新加坡航班临时改航线，将一蛮横乘客赶下机[EB/OL].（2003－07－03）[2023－06－06]. http://news.carnoc.com/list/27/27596.html.

第四章 航空安全员的管理

本章学习目标：通过本章的学习，帮助学生掌握航空安全员管理的各项规定、掌握航空安全员执照管理制度、体检合格证的管理规定以及机组其他成员的安保工作要求，了解航空安全员执勤期限制、飞行时间限制和休息要求，增进学生对航空安全员任职、训练和管理及安保工作的理解。

第一节 航空安全员的任职管理制度

某航空公司招聘的航空安全员张某视力不符合体检合格证医学标准，在申请体检合格证的体检鉴定环节，其贿赂负责检查视力的医生，以求其将视力结果改为合格。通过此种方式，该航空安全员通过体检获得了体检合格证。后续，经地区民用航空管理局调查后发现其贿赂行为。

请问：这名航空安全员违反了什么规定？应当承担怎样的法律责任？

通过本节内容，我们可以了解到航空安全员的体检合格证管理制度和执勤期、休息期等执勤相关的时间限制。

一、航空安全员的基本任职条件

根据《航空安全员合格审定规则》中的规定，航空安全员是指为了保证航空器及其所载人员安全，在民用航空器上执行安全保卫任务，持有本规则规定的有效执照的人员。航空安全员实行执照管理制度。未持有按本规则颁发的有效执照的人员，不得担任航空安全员。航空安全员在履行岗位职责时应当随身携带有效执照及按民用航空人员体检合格证管理相关规定颁发的有效的体检合格证。所以，担任航空安全员的职位，需要申请并获得航空安全员执照，并且经过体检鉴定合格后获得体检证后，方可担任该职务。

根据《大型飞机公共航空运输承运人运行合格审定规则》的规定，机组成员应当符合下列条件：

（1）持有局方颁发的相应的现行有效航空人员执照或证件；

（2）在按照本规则运行时，按照要求携带现行有效的航空人员执照、体检合格证和其他必需的证件；

（3）合格于所从事的工作；

（4）按照要求携带证件的每个航空人员，应当在局方检查时出示证件；

（5）合格证持有人不得使用已满63周岁的人员在实施本规则运行的飞机上担任飞行机组必需成员。任何已满63周岁的人员，也不得在按照本规则运行的飞机上担任飞行机组必需成员。

航空安全员作为机组成员中的一员，也需要具备上述条件，才可以任职。

执勤期间，航空安全员需按照岗位要求执行任务，如违反执勤规定，需承担相应法律责任。

二、航空安全员体检合格证管理制度

为了保证从事民用航空活动的空勤人员和地面人员身体状况符合履行职责和飞行安全的要求，根据《中华人民共和国民用航空法》中对航空人员的相关规定，制定了《民用航空人员体检合格证管理规则》，适用于空勤人员和空中交通管制员的体检鉴定以及体检合格证的申请、颁发和监督管理。

中国民用航空局（以下简称"民航局"）负责制定空勤人员和空中交通管制员体检鉴定医学标准、体检鉴定程序要求和体检合格证的管理规定，负责全国体检鉴定和体检合格证的申请、审查、颁发和管理工作。

中国民用航空地区管理局（以下简称"地区管理局"）负责办理本地区空勤人员和空中交通管制员体检合格证申请、审查、颁发和管理工作，对本地区体检鉴定工作实施监督检查。

民航局民用航空人员体检鉴定专家委员会（以下简称"专家委员会"）主要承担空勤人员和空中交通管制员疑难或者特殊病例的体检鉴定、特许颁发体检合格证的体检鉴定（以下称"特许颁证体检鉴定"）、体检鉴定标准和专业技术研究等任务，对民用航空人员体检鉴定机构实施技术支持、指导，并受民航局委托对体检鉴定机构进行技术检查。民用航空人员体检鉴定机构（以下简称"体检机构"）根据民航局批准的业务范围承担申请办理体检合格证的体检鉴定任务。

（一）体检鉴定的相关规定

1. 体检鉴定申请

申请人向体检机构提交体检鉴定申请时，应当出示本人身份证明，提供本人医学资料、既往体检文书，接受体检机构按照《空勤人员和空中交通管制员体检合格证医学标准》和体检鉴定辅助检查项目要求实施的各项医学检查，以及必要的相关检查。申请人在首次申请体检鉴定时还应当如实提供本人及家族病史信息及相关医学资料。

体检机构受理体检鉴定申请时，应当核对申请人身份，审查其申请材料。申请材料符合要求的，体检机构应当受理体检鉴定申请，并根据所申请体检合格证的类别，按照相关要求，组织对其进行体检鉴定。

各科体检医师对申请人进行体格检查，并根据其申请材料、身体状况和有效辅助检查结果（辅助检查结果有效期为90日），如实作出并签署是否符合本规则相应医学标准的单科体检鉴定结论；主检医师综合各科鉴定结论如实作出并签署体检鉴定结论。记录体检鉴定各项检查结果和鉴定结论等信息应当及时准确。体检机构应当在受理体检鉴定申请后 5 个工作日内作出体检鉴定结论，但是因申请人原因无法完成体检鉴定的除外。

需要对申请人进行补充检查、医学观察或者专家鉴定等的，体检机构应当及时通知申请人所在单位暂停其履行职责。补充检查、医学观察或者专家鉴定所需时间不计入前款时限。补充检查和医学观察时间自本次体检鉴定之日起不得超过 30 日。

申请人在体检鉴定时应当如实反映健康状况，不得隐瞒病史、病情。体检机构发现申请人可能冒名顶替、提供虚假生物标本、隐瞒病史、病情或擅自涂改、伪造体检文书及医学资料时，应当立即停止体检鉴定，并及时书面报告所在地区管理局。

体检医师和体检机构的其他医务人员在对申请人实施体检鉴定和医学检查时，应当尊重申请人的人格和权利，不得恶意造成其身体伤害，不得泄露和传播其身体状况和体检鉴定信息，不得利用职权索取或收受申请人的财物。

2. 体检鉴定结论

体检鉴定结论分为以下几种情况。

（1）合格。经过辅助检查和体检鉴定，申请人身体状况符合相应类别体检合格证医学标准的体检鉴定结论为合格。

（2）暂时不合格。经过辅助检查和体检鉴定，申请人身体状况不符合本规则附件 A 相应类别体检合格证医学标准，但体检医师认为通过补充医学资料、进行短期疾病治疗或者医学观察，可以满足相应类别体检合格证医学标准的，体检鉴定结论为暂时不合格。

（3）不合格。经过辅助检查和体检鉴定，申请人身体状况不符合本规则附件 A 相应类别体检合格证医学标准的体检鉴定结论为不合格。

合格的体检鉴定结论作出后的 3 个工作日内，体检机构应当书面通知申请人及其所在单位。暂时不合格的体检鉴定结论作出后，体检机构应当签署体检鉴定暂时不合格结论通知书，在 24 小时内通知申请人及其所在单位，并报告所在地区管理局。在暂时不合格的体检鉴定结论作出后 90 日内，申请人按照体检医师的要求补充相应医学资料、接受相应疾病治疗或者医学观察，并接受体检医师的单科检查的，体检机构应当作出相应体检鉴定结论。超过 90 日未补充相应医学资料、未进行相应疾病治疗或者医学观察的，应当重新申请体检鉴定。重新进行体检鉴定时，体检医师不得以同一原因再次作出暂时不合格结论。体检鉴定不合格结论作出后，体检机构应当签署体检鉴定结论通知书，并在 24 小时内通知申请人及其所在单位，同时报告所在地区管理局备案。

（二）体检合格证管理制度

1. 体检合格证类别

根据《民用航空人员体检合格证管理规则》的规定，体检合格证分为以下类别：

（1）Ⅰ级体检合格证；

（2）Ⅱ级体检合格证；

（3）Ⅲ级体检合格证，包括Ⅲa、Ⅲb 级体检合格证；

（4）Ⅳ级体检合格证，包括Ⅳa、Ⅳb 级体检合格证。

各级体检合格证适用的医学标准见附件 A《空勤人员和空中交通管制员体检合格证医

学标准》。

2. 体检合格证适用人员

（1）航线运输驾驶员执照、飞机和直升机商用驾驶员执照申请人或者持有人应当取得并持有Ⅰ级体检合格证。

（2）除（1）款之外的其他航空器驾驶员、领航员、飞行机械员、飞行通信员执照申请或者持有人应当取得并持有Ⅱ级体检合格证。

（3）机场管制员、进近管制员、区域管制员、进近雷达管制员、精密进近雷达管制员、区域雷达管制员应当取得并持有Ⅲa级体检合格证；飞行服务管制员、运行监控管制员应当取得并持有Ⅲb级体检合格证。

（4）客舱乘务员应当取得并持有Ⅳa级体检合格证。

（5）航空安全员应当取得并持有Ⅳb级体检合格证。

3. 体检合格证申请、审核与颁发

体检合格证申请人应当符合附件A《空勤人员和空中交通管制员体检合格证医学标准》规定的相应医学标准，并取得民航局认可的体检机构出具的体检鉴定合格结论。

1）申请与受理的程序

体检合格证申请人应当在获得体检鉴定合格结论后15日内向所在地地区管理局提出申请，提交与本次申请办理体检合格证有关的体检文书和医学资料等。特许颁发体检合格证的申请人和民航局的体检合格证申请人应当向民航局提出申请。

受理机关在收到申请人办理体检合格证的申请后，应当进行初步审查，并根据下列情况分别作出是否受理申请的决定。

（1）不需要取得体检合格证的，应当即时告知申请人不受理。

（2）不属于本机关职权范围的，应当即时作出不予受理的决定，并告知申请人向有关行政机关申请。

（3）申请材料不齐全或者不符合法定形式的，能够当场补正的，要求申请人当场补正。不能够当场补正的，在5个工作日内一次性告知申请人需要补正的全部内容。逾期不告知的，自收到申请材料之日起即为受理。

（4）申请事项属于本机关职权范围的，且材料齐全、符合法定形式，或者申请人按照要求提交全部补正材料的，应当受理，并告知申请人。

以信函方式提出体检合格证申请的，受理时间以受理机关签收为准；以传真、电子数据交换和电子邮件提出申请的，受理时间以进入接收设备记录时间为准；申请材料不齐全或者不符合法定要求的，受理时间以收到全部补正材料时间为准。

2）审查程序

受理机关应当在受理申请人办证申请之日起20个工作日内，完成办证审查并作出处理决定。20个工作日内不能做出决定的，经受理机关负责人批准，可以延长10个工作日，并应当将延长理由告知申请人。

审查的主要内容：申请人的基本信息；体检文书和医学资料；体检项目和辅助检查项目的符合性；体检鉴定结论的符合性；其他必要的内容。

受理机关根据审查结果做出下列处理决定，并书面通知相关机构和人员。

(1) 认为体检文书和医学资料齐全、体检项目和辅助检查项目符合本规则要求、鉴定结论符合本规则相应医学标准的,应当作出体检合格证颁发许可决定。

(2) 认为体检鉴定没有针对申请人申请的体检合格证类别相应医学标准和辅助检查项目及频度等要求进行的,应当作出不予许可决定。

(3) 经2名以上人员审查认为体检医师适用医学标准不当,得出错误结论的,应当作出不予许可决定。

(4) 经2名以上人员审查认为需要对体检鉴定结论符合性进行进一步认定的,送请专家委员会进行专家鉴定,并通知申请人。专家鉴定不计入审查期限。

3) 颁发程序

受理机关作出体检合格证颁发许可决定后,颁发体检合格证。受理机关审查认为申请人的条件不能满足本规则要求的,作出不予颁发体检合格证的行政许可决定,并填写不予颁发体检合格证通知书。不予颁发体检合格证通知书中应当说明不予颁发的理由。

4) 送达

受理机关能够作出颁发体检合格证许可决定的,在作出许可决定之日起10个工作日内将体检合格证送达申请人。受理机关能够当场作出不予颁发体检合格证处理意见的,当场将不予颁发体检合格证通知书送达申请人。不能当场送达的,在审查期限内送达申请人。在送达同时告知申请人享有依法申请行政复议或者行政诉讼的权利。体检合格证可以通过直接送达、邮寄送达或者由申请人自行领取等方式送达。体检合格证送达必须保留送达回执或者邮寄凭证或者领取签收记录等。

5) 体检合格证的有效期

体检合格证自颁发之日起生效。年龄计算以申请人进行体检鉴定时的实际年龄为准。Ⅰ级体检合格证有效期为12个月,年龄满60周岁以上者为6个月。其中参加《大型飞机公共航空运输承运人运行合格审定规则》(CCAR-121)规定运行的驾驶员年龄满40周岁以上者为6个月。Ⅱ级体检合格证有效期为36个月。其中年龄满40周岁以上者为24个月,年龄满50周岁以上为12个月。

根据体检合格证持有人所履行的职责,体检合格证的有效期如下。

(1) Ⅲa级体检合格证有效期为24个月。其中年龄满40周岁以上者为12个月。

(2) Ⅲb级体检合格证有效期为24个月。

(3) Ⅳa级体检合格证和Ⅳb级体检合格证有效期为12个月。

体检合格证持有人可以在体检合格证有效期届满30日前,按照本规则的规定,申请更新体检合格证。

6) 有效期的延长

体检合格证持有人由于特殊原因不能在体检合格证有效期届满前进行体检鉴定、更新体检合格证,又必须履行职责时,应当在体检合格证有效期届满前向原颁证机关申请延长体检合格证的有效期。

颁证机关接到延长有效期申请后,可以要求体检合格证持有人提供航空医师或执业医师对申请人进行指定项目的检查,并根据情况决定是否推迟体检鉴定,延长体检合格证的有效期。有效期延长时间不得超过下述期限。

(1) Ⅰ级、Ⅲ级、Ⅳa级和Ⅳb级体检合格证的持有人不超过45日。

(2) Ⅱ级体检合格证的持有人不超过 90 日。

颁证机关应当在体检合格证有效期届满前做出决定,同意申请人体检合格证有效期延长的,应当以书面同意函通知申请人和所在单位。

7) 对持有人的要求

体检合格证持有人履行职责时应当遵守以下规定。

(1) 履行职责时持有相应的有效体检合格证。

(2) 遵守体检合格证上载明的限制要求。

(3) 在身体状况发生变化可能不符合所持体检合格证的相应医学标准时,停止履行职责,并报告所在单位管理部门。

体检合格证持有人所在单位应当遵守以下规定。

(1) 在体检合格证持有人履行职责前,确认其身体状况符合所持体检合格证的相应医学标准,并能够满足履行职责的需要。

(2) 建立体检合格证持有人健康观察档案,了解掌握其健康状况,实施健康风险管理和相应医疗保健措施,并将其纳入单位安全管理系统(SMS)。

(3) 督促患有疾病的体检合格证持有人有针对性地采取疾病矫治措施。

8) 补发

体检合格证持有人在体检合格证遗失或损坏后,应当向原颁证机关申请补发。颁证机关审查确认申请人体检合格证在有效期内且相关信息属实后,可为其补发与原体检合格证所载内容相同的体检合格证。

9) 信息变更

体检合格证载明的姓名和国籍等信息发生变化时,持有人应当向原颁证机关申请信息变更。颁证机关审查确认申请人有关信息属实后,为其办理体检合格证变更,同时收回变更前的体检合格证。变更后的体检合格证的有效期和限制要求与原体检合格证相同。

(三) 监督检查

根据《民用航空人员体检合格证管理规定》的要求,民航局应当建立健全监督检查制度,监督检查体检鉴定和颁发体检合格证等工作,及时纠正违法、违规和违纪的行为。管理局应当建立健全本地区体检鉴定和申请办理体检合格证管理制度,监督检查本地区体检鉴定等工作,及时纠正违法、违规和违纪的行为。

民航管理部门应当依据本规则对体检合格证持有人履行职责时体检合格证和体检合格证认可证书的有效性进行监督检查。监督检查时不得妨碍其正常的生产经营活动,不得索取或者收受被许可人的财物,不得谋取其他利益。

1. 体检合格证的撤销

民航管理部门在检查中发现有下列情形之一的,颁证机关可以撤销已做出的颁发体检合格证或者认可证书的行政许可决定。

(1) 工作人员滥用职权、玩忽职守颁发的体检合格证。

(2) 超越法定职权颁发的体检合格证。

(3) 违反法定程序颁发的体检合格证。

(4) 为不具备申请资格或者不符合本规则相应医学标准的申请人颁发的体检合格证。

(5) 体检合格证申请人以欺骗、贿赂等不正当手段取得的体检合格证或者认可证书的。
(6) 依法可以撤销的其他情形。

体检合格证申请人以欺骗、贿赂等不正当手段取得的体检合格证或者认可证书的,申请人在三年内不得再次提出申请。

2. 体检合格证的注销

有下列情形之一的,颁证机关应当收回体检合格证,办理注销手续,并以书面形式告知体检合格证持有人(已经死亡的除外)和所在单位注销理由及依据。

(1) 体检合格证有效期届满未延续的。
(2) 体检合格证持有人死亡或者丧失行为能力的。
(3) 体检合格证被依法撤销的。
(4) 法律、法规规定的应当注销行政许可的其他情形。

3. 禁止行为

体检合格证申请人不得有下列行为。
(1) 隐瞒或者伪造病史、病情,或者冒名顶替,或者提供虚假申请材料的。
(2) 涂改或者伪造、变造、倒卖、出售体检文书及医学资料的。

任何人员不得有下列行为。
(1) 协助申请人隐瞒或者伪造病史、病情,或者提供虚假申请材料,或者提供非申请人本人生物标本,或者在体检鉴定时冒名顶替的。
(2) 涂改、伪造、变造或者倒卖、出售体检合格证的。
(3) 未取得体检合格证从事民用航空活动的。

三、机组成员执勤期限制、飞行时间限制和休息要求

机组疲劳是造成不安全事件的重要原因之一,《大型飞机公共航空运输承运人运行合格审定规则》在机组疲劳风险管理方面进行了规定,对机组人员的执勤期、飞行时间限制以及休息要求的规定进行了全面细化,突出了飞行疲劳与人的生理节律和机组值勤时间直接相关等概念。

依《公共航空旅客运输飞行中安全保卫工作规则》第三十条的规定,航空安全员值勤、飞行值勤期、休息期的定义,飞行值勤期限制、累积飞行时间、值勤时间限制和休息时间的附加要求,依照《大型飞机公共航空运输承运人运行合格审定规则》中对客舱乘务员的规定执行。故将客舱乘务员的相关规定阐述如下。

(一) 相关概念

1. 值勤

值勤是指机组成员按照合格证持有人的要求执行的所有任务,包括但不限于飞行值勤、置位、备份(包括主备份和其他备份)和培训等。

2. 飞行值勤期

飞行值勤期是指机组成员接受合格证持有人安排的飞行任务后(包括飞行、调机或转场等),从为完成该次任务而到指定地点报到时刻开始,到飞机在最后一次飞行后发动机关车且机组成员没有再次移动飞机的意向为止的时间段。一个飞行值勤期还可能包括机组成员

在某一航段前或航段之间代表合格证持有人执行的其他任务,但没有必要休息期的情况(如置位、主备份、飞机或模拟机培训发生在某一航段前或航段之间,但没有安排必要的休息期)。在一个值勤期内,如机组成员能在适宜的住宿场所得到休息,则该休息时间可以不计入该飞行值勤期的值勤时间。

3. 休息期

休息期是指从机组成员到达适宜的住宿场所起,到为执行下一次任务离开适宜的住宿场所为止的连续时间段。在该段时间内,合格证持有人不得为机组成员安排任何工作和给予任何打扰。值勤和为完成指派的飞行任务使用交通工具往来于适宜的住宿场所和值勤地点的时间不得计入休息期。

4. 置位

置位是指机组成员根据合格证持有人的要求为完成指派的飞行任务,作为乘员乘坐飞机或地面交通工具,但不包括其往返当地适宜的住宿场所的交通。置位属于值勤,置位时间不能作为休息时间。当置位计入飞行值勤期时,在确定最长飞行值勤时间时,置位不视作航段。

5. 适宜的住宿场所

适宜的住宿场所是指可以控制温度、降低噪声、条件良好的场所,该场所能够控制光线亮度,使机组成员可以在床位或椅子上以平躺或接近平躺姿势睡觉或休息。适宜的住宿住所只适用于地面设施,不适用于机上休息设施。

6. 日历日

日历日是指按照世界协调时间或当地时间划分的时间段,从当日 00:00 至 24:00 的 24 小时。

7. 主备份

主备份是指机组成员根据合格证持有人的要求,在机场或合格证持有人指定的特定地点随时等待可能的任务。

8. 机上休息设施

机上休息设施是指安装在飞机内可以为机组成员提供休息场所的铺位或座位,分为:1 级休息设施,是指休息用的铺位或可以平躺的其他平面,独立于驾驶舱和客舱,机组成员可控制温度和光线,不受打扰和噪声的影响;2 级休息设施,是指飞机客舱内的座位,至少可以利用隔帘与乘客分隔,避免被乘客打扰,可以平躺或接近平躺,能够遮挡光线、降低噪声;3 级休息设施,是指飞机客舱内或驾驶舱内的座位,应可倾斜 40°,并可为脚部提供支撑,或者符合局方要求的其他方式。

(二) 客舱乘务员的飞行值勤期限制

(1) 当按照本规则第 121.391 条①规定的最低数量配备客舱乘务员时,客舱乘务员的飞行值勤期不得超过 14 小时。

(2) 在按照规定的最低数量配备上增加客舱乘务员人数时,客舱乘务员的飞行值勤期限制和休息要求应当符合如下规定,增加 1 名客舱乘务员,飞行值勤期不得超过 16 小时;增加 2 名客舱乘务员,飞行值勤期不得超过 18 小时;增加 3 名或者 3 名以上客舱乘务员,飞行

---

① 具体规定见本节知识拓展部分。

值勤期不得超过 20 小时。

(3) 发生意外运行情况下飞行值勤期的延长,包括以下两种情况。

① 合格证持有人可以将上述第 1 点或第 2 点规定的值勤期限制延长 2 小时或延长至可以将飞机安全地降落在下一个目的地机场或备降机场。

② 将上述第 1 点或第 2 点规定值勤期限延长 30 分钟以上的情况只可在获得本规则第 121.495 条(b)款规定的休息期①之前发生一次。

(三) 客舱乘务员的累积飞行时间、值勤时间限制

(1) 此处所规定的限制包括客舱乘务员在适当时期内代表合格证持有人所执行的所有飞行。

(2) 合格证持有人不得为客舱乘务员安排,客舱乘务员也不得接受超出以下规定限制的累积飞行时间:任一日历月,100 小时的飞行时间;任一日历年,1100 小时的飞行时间。

(3) 合格证持有人不得为客舱乘务员安排,客舱乘务员也不得接受超出以下规定的累积飞行值勤时间限制:任何连续 7 个日历日,70 小时的飞行值勤期;任一日历月,230 小时的飞行值勤期。

(4) 客舱乘务员在飞机上履行安全保卫职责的时间应当计入客舱乘务员的飞行和值勤时间。

(四) 机组成员休息时间的附加要求

(1) 公共航空运输企业不得在机组成员规定的休息期内为其安排任何工作,该机组成员也不得接受合格证持有人的任何工作。

(2) 任一机组成员在实施按本规则运行的飞行任务或者主备份前的 144 小时内,公共航空运输企业应当为其安排一个至少连续 48 小时的休息期。对于飞行值勤期的终止地点所在时区与机组成员的基地所在时区之间时差少于 6 个小时的,除仅实施全货物运输飞行的合格证持有人外,如机组成员飞行值勤期和主备份已达到 4 个连续日历日,不得安排机组成员在第 5 个日历日执行任何飞行任务,但是前续航班导致的备降情况除外。本条款所述基地是指合格证持有人确定的机组成员驻地并接受排班的地方。

(3) 如果飞行值勤期的终止地点所在时区与机组成员的基地所在时区之间有 6 个或者 6 个小时以上的时差,则当机组成员回到基地以后,合格证持有人必须为其安排一个至少连续 48 个小时的休息期。这一休息期应当在机组成员进入下一值勤期之前安排。

(4) 除非机组成员在前一个飞行值勤期结束后至下一个飞行值勤期开始前,获得了至少连续 10 个小时的休息期,任何公共航空运输企业不得安排,且任何机组成员也不得接受任何飞行值勤任务。

(5) 当航空运输企业为机组成员安排了其他值勤任务时,该任务时间可以计入飞行值勤期。当不计入飞行值勤期时,在飞行值勤期开始前应当为其安排至少 10 个小时的休息期。

知识拓展

客舱乘务员的配备

依《大型飞机公共航空运输承运人运行合格审定规则》第 121.391 条,客舱乘务员配备

---

① 具体规定见本部分(四)中第(2)。

第四章 航空安全员的管理

要求如下。

(1) 为保证安全运行,合格证持有人在所用每架载运旅客的飞机上,应当按照下列要求配备客舱乘务员:对于旅客座位数量为20至50的飞机,至少配备1名客舱乘务员;对于旅客座位数量为51至100的飞机,至少配备2名客舱乘务员;对于旅客座位数量超过100的飞机,在配备2名客舱乘务员的基础上,按照每增加50个旅客座位增加1名客舱乘务员的方法配备,不足50的余数部分按照50计算。

(2) 如果在按照本规则第121.161条(a)款或者(b)款的要求进行的应急撤离演示中,合格证持有人使用的客舱乘务员人数,多于按照本条(a)款对演示所用飞机的最大旅客座位数量所要求的客舱乘务员人数,则该合格证持有人应当按照下列条件配备客舱乘务员:飞机为最大旅客座位数量布局时,客舱乘务员人数至少应当等于应急撤离演示期间所用的人数;飞机为任一减少了旅客座位数量的布局时,客舱乘务员人数至少应当在本条(a)款对该布局旅客座位数量要求的客舱乘务员人数之外再增加应急撤离演示期间所用客舱乘务员人数与本条(a)款对原布局所要求人数之差。

(3) 合格证持有人在制定客舱乘务员配备数时,除了满足本条(1)款和(2)款要求,还需考虑以下因素:出口的数量;出口的类型和撤离手段;出口的位置;客舱乘务员座位位置;水上迫降时客舱乘务员要求的程序;负责对出口的客舱乘务员额外程序要求;航线类型。

导入案例评析

在本案中,航空安全员张某通过贿赂的方式,违规通过体检获得体检合格证,根据《民用航空人员体检合格证管理规则》第67.49条许可的撤销中的规定,"民航管理部门在检查中发现有下列情形之一的,颁证机关可以撤销已做出的颁发体检合格证或者认可证书的行政许可决定:工作人员滥用职权、玩忽职守颁发的体检合格证;超越法定职权颁发的体检合格证;违反法定程序颁发的体检合格证;为不具备申请资格或者不符合本规则相应医学标准的申请人颁发的体检合格证;体检合格证申请人以欺骗、贿赂等不正当手段取得的体检合格证或者认可证书;依法可以撤销的其他情形。体检合格证申请人以欺骗、贿赂等不正当手段取得的体检合格证或者认可证书的,申请人在三年内不得再次提出申请。"故张某的体检合格证应当被撤销,并且张某在三年内不得再次提出申请。

第二节 航空安全员执照管理制度

案例导入

某日,某航空公司航空安全员卢某酒后驾车被交警拦下,通过酒精含量测试后发现其属于醉酒驾车,后被带到派出所。酒醒后,卢某意识到自己行为的严重性,积极悔罪。由于卢某认罪态度良好,且没有人身危险性,在律师帮助下,办理了取保候审,卢某随即回到家中。在庭审开始前,卢某所在公司派遣卢某执行飞行任务,卢某也接受了此次任务派遣。

请问:卢某此时是否可以履行航空安全员的岗位职责?

中国民用航空局负责全国航空安全员合格审定工作的监督管理。中国民用航空地区管理局负责本地区航空安全员合格审定工作,包括资格审查、执照颁发和监督管理等工作。

一、执照的申请与变更

(一)执照的申请条件

航空安全员在2017版的《国家职业资格目录》中属于专业技术人员中的准入类职业,所以必须具备相应的条件才可以获得职业资格。根据《航空安全员合格审定规则》的第七条规定,申请航空安全员执照应当具备下列条件:年满18周岁的中国公民;身体健康;男性身高1.70~1.85米,女性身高1.60~1.75米;具有高中毕业以上文化程度;具有良好的政治、业务素质和品行;自愿从事航空安全员工作;完成相应的训练并通过考试考核;民航行业信用信息记录中没有严重失信行为记录。

(二)执照申请程序

申请航空安全员执照,应当向地区管理局提交下列材料:身份证复印件;毕业证书复印件;符合要求的体检合格证复印件;航空安全员初任训练合格证明;客舱应急训练合格证明;由申请人所在单位按照民航背景调查规定出具的申请人背景调查证明;民航局规定的其他材料。

对于申请材料不齐全或者不符合法定形式的,地区管理局应当当场或者在5个工作日内一次告知申请人需要补正的全部内容。逾期不告知的,自收到申请材料之日起即为受理。申请人申请材料齐全、符合法定形式,或者申请人按照地区管理局要求提交全部补正申请材料的,地区管理局应当受理申请。地区管理局应当在受理申请之日起20个工作日内作出行政许可决定。20个工作日内不能做出决定的,经地区管理局负责人批准,可以延长10个工作日,并应当将延长期限的理由告知申请人。地区管理局对申请材料进行核实时,申请人应当及时主动配合。申请人的申请符合条件的,地区管理局应当依法为其颁发航空安全员执照。地区管理局依法作出不予行政许可的书面决定的,应当说明理由,并告知申请人享有依法申请行政复议或者提起行政诉讼的权利。航空安全员执照由地区管理局局长或者其授权人员签署颁发,并加盖本行政机关印章。

申请人在获得航空安全员执照后方可进行实习飞行,实习飞行不少于60小时。实习飞行结束后,由教员实施考核,并由申请人所在单位向颁发执照的地区管理局提交实习飞行考核报告。实习飞行应当自获得执照之日起180日内完成。申请人实习飞行考核合格的,地区管理局应当自收到实习飞行考核报告之日起20个工作日内对其执照进行实习飞行考核签注。

(三)执照的变更和补发

申请变更执照姓名的,申请人应当向颁发执照的地区管理局提交书面变更申请,并附有效执照、有效体检合格证和更名前后的身份证等复印件。申请变更工作单位信息的,申请人应当向现工作单位所在地区管理局提交书面变更申请,申请材料应当包括执照持有人有效执照、有效体检合格证和现工作单位的劳动关系证明。申请人符合条件的,地区管理局按照《航空安全员合格审定规则》第十条至第十二条的有关规定为其办理执照变更手续。

执照遗失或者损坏后,执照持有人申请补发或者换发的,应当向颁发执照的地区管理局提交书面申请。申请应当写明原执照所载明的基本信息。换发执照的,应当在领取新执照的同时交回原执照。

二、执照资格的丧失

有下列情形之一的,地区管理局应当依法办理执照的注销或者收回手续:执照被撤销或者吊销的;执照持有人达到国家法定退休年龄的;执照持有人放弃执照权利的;执照持有人未按规定完成训练且未予补正致使执照失效的;执照持有人连续15个月以上未履行航空安全员岗位职责或者重获资格训练未通过考试考核,致使执照失效的;法律、法规规定的其他情形。

除执照的注销和收回的情形外,航空安全员执照持有人若出现以下情况,也不得继续履行执照所载明的职务。《航空安全员合格规则》中规定,有下列情形之一的,执照持有人所在单位不得安排其继续履行航空安全员岗位职责:执照持有人正在接受刑事调查或者有未终结的刑事诉讼的;执照持有人连续12个月以上且未超过15个月未履行航空安全员岗位职责的;执照持有人在航空器上执行任务过程中,因未履行岗位职责造成严重后果、事故征候或者事故的。

执照持有人有前款第三项规定的情形的,认定为严重失信行为,记入民航行业信用信息记录。

导入案例评析

本案中,卢某的行为涉嫌危险驾驶罪,即《中华人民共和国刑法》一百三十三条之一第(三)项中规定的醉酒驾驶机动车的行为。而在办理取保候审后、庭审开始前这个阶段,刑事诉讼尚未终结。所以在接到任务时,卢某有未终结的刑事诉讼。根据《航空安全员合格审定规则》的规定,在这个阶段,卢某不能履行航空安全员的岗位职责。

第三节 航空安全员培训管理制度

案例导入

某航空公司的航空安全员刘某在初任训练考核时,在理论考核过程中夹带小纸条作弊,通过了初任训练考核,并取得了航空安全员执照。后在监管机构的检查中,考场内的监控视频拍下了刘某作弊的画面,经调查发现刘某已经取得航空安全员执照。

请问:刘某应当承担怎样的法律后果?

根据《航空安全员合格审定规则》,航空安全员的训练种类包括初任训练、定期训练、日常训练、重获资格训练和执行岗位任务所必需的其他相关训练。从事航空安全员训练活动的机构应当具有相应的基础设施和教学、行政及辅助人员,按要求组织实施相关训练。此外,根据《大型飞机公共航空运输承运人运行合格审定规则》,航空安全员还应参加机组人员安保训练。

航空安全员训练机构按照民航局制定的相关标准实施自评,符合承训条件的机构可以向民航局提交自评报告,并报民航局备案。航空安全员训练机构应当对自评报告及备案材料的真实性负责。民航局对航空安全员训练机构予以备案后,应当对外公示。航空安全员的初任训练和定期训练应当由训练机构组织实施。训练机构应当建立和保管训练台账记录。

一、初任训练

根据《航空安全员合格审定规则》第二十四条规定,执照申请人的初任训练要求如下。

(1) 初任训练按民航局规定的训练大纲要求进行,包括理论学习和体、技能训练,初任训练采取集中脱产方式,训练持续时间不少于 60 日,总小时数不少于 480 小时。

(2) 初任训练考试考核合格者由航空安全员训练机构出具合格证明,合格证明有效期为颁发之日起 6 个月。

二、定期训练

根据《航空安全员合格审定规则》第二十五条规定,定期训练要求如下。

(1) 执照持有人自首次取得执照之日起每 36 个月内应当完成定期训练及考试考核,由考官对其执照进行训练记录更新。

(2) 定期训练按民航局规定的训练大纲要求进行,包括理论学习和体、技能训练,定期训练采取集中脱产方式,训练持续时间不少于 20 日,总小时数不少于 160 小时。

(3) 执照持有人在按本条第一项规定的到期日之后 1 个月内完成训练,视为在到期日之前完成。

(4) 未在规定时间内完成定期训练的执照持有人可以申请补正,但应当自规定时间到期之日起 3 个月内完成补正,补正训练及考试考核仅可申请 1 次。

三、日常训练

根据《航空安全员合格审定规则》第二十六条的规定,日常训练要求如下。

(1) 执照持有人自取得执照之日起每 12 个月内应当完成日常训练及考试考核,由教员对其执照进行训练记录更新。

(2) 日常训练按民航局规定的训练大纲要求进行,包括理论学习和体、技能训练,由教员集中组织实施,日常训练时间每季度不少于 24 小时。

(3) 日常训练的台账记录由组织实施部门负责保管,保管期限不得少于 3 年。

四、其他训练

除初任训练、定期训练、日常训练内容外,执照持有人还应当根据《大型飞机公共航空运输承运人运行合格审定规则》(CCAR121)参加下列训练,并通过相应的考试考核。

(1) 规定的客舱应急训练、危险品训练。

(2) 根据执行岗位任务需要,参加必要的转机型训练,高原机场、极地航线等特殊航线培训。

执照持有人所在单位应当为前款规定的训练建立台账记录,保管期限不得少于 3 年。执照持有人连续 12 个月以上且未超过 15 个月未履行航空安全员岗位职责的,在其参加重获资格训练并通过考试考核后方可履行航空安全员岗位职责。重获资格训练按照本规则关于定期训练要求执行。

五、《大型飞机公共航空运输承运人运行合格审定规则》中的安保训练

除《航空安全员合格审定规则》对安保训练的内容和方式进行了规定外,《大型飞机公共航空运输承运人运行合格审定规则》也对机组成员的安保训练作了要求,其中要求公共航空运输企业应当制定供机组成员使用的安保训练大纲,并经局方批准后按照该大纲实施训练。该训练大纲应当根据国家以及民航保卫部门不同时期的具体要求、国内外形势变化以及运行区域和特点等情况及时进行更新和修订。

机组成员的安保训练大纲至少包括以下内容：事件严重性的确定；机组成员之间的信息传递和协调；恰当的自我防卫；经批准供机组成员使用的非致命性保护器具的使用方法；了解恐怖分子的行为,以使机组成员有能力应对劫机者的行为和乘客的反应；针对不同威胁情况的真实场景演练；用于保护飞机的驾驶舱程序；飞机的搜查程序和最低风险爆炸区的指南。

导入案例评析

本案中,刘某通过作弊的方式通过了初任训练考核,根据《航空安全员合格审定规则》第三十条的规定,"在本规则规定的各类训练考试考核中作弊并取得执照的申请人或者持有人,自作弊行为发现之日起 3 年内不得申请本规则规定的执照；已取得执照的,由颁发执照的地区管理局撤销其执照",刘某的执照应当被撤销,且刘某本人 3 年之内不得申请执照。

练习与思考

一、名词解释
1. 体检鉴定
2. 执照的吊销
3. 初任训练

二、简答题
1. 体检鉴定申请的程序是什么？
2. 定期训练的要求有哪些？
3. 机组成员安保训练大纲包括哪些内容？

三、案例思考

某航空公司在派遣航空安全员执行任务时,未按照休息时间的要求,而是在前一飞行任务结束后 6 个小时后安排了下一个飞行任务。

请问:公共航空运输企业是否可以按照此计划安排任务？航空安全员是否可以接受此项任务派遣？公共航空运输企业会承担怎样的法律责任？航空安全员接受此类派遣会面临怎样的法律后果？

第五章
客舱安保工作的相关理论和立法

本章学习目标：通过本章的学习，帮助学生理解《中华人民共和国反恐怖主义法》《中华人民共和国安全生产法》《中华人民共和国刑法》等法律的一般规定，使学生掌握民航反恐工作要求和法律责任，了解并掌握刑法的概念、法律性质和刑罚的种类，以及治安管理处罚的概念、性质和种类，强化学生的安保法律意识，掌握规章对飞行中安保工作的规定。同时，通过对安保工作中各种法律关系的学习，增进学生对民航行业及安保工作的理解，促使学生树立安全保卫的基础理念，培养学生的安保法律思维。

第一节 《中华人民共和国反恐怖主义法》和《中华人民共和国安全生产法》

某航空公司的航班上，在平飞阶段，乘务员在回收餐盒时，旅客叶某开始从客舱的前部向后部依次发放印刷有非法内容的非法印刷物。航空安全员对其非法印制物进行收缴，但收缴后，其又拿出马克笔在客舱壁板、隔板等处书写非法口号。

请问：旅客叶某的行为属于什么性质？

本节内容主要介绍恐怖主义相关概念与《中华人民共和国反恐怖主义法》中对航空安保中反恐工作的规定，以及《中华人民共和国安全生产法》中对航空安保工作的要求。

一、《中华人民共和国反恐怖主义法》立法概要

航空恐怖主义是民航安全的最大威胁之一，"9·11"事件是人类历史上最大的一次民航恐怖主义袭击事件，也是民航反恐的转折点。面对日益复杂的恐怖主义威胁，我国也加快了反恐的步伐。虽然"9·11"事件已经过去了20多年，但是恐怖主义犯罪越来越成为威胁当今世界安全的不稳定因素，严重危害世界和平，影响世界经济增长和社会进步。而民航业由

第五章 客舱安保工作的相关理论和立法

于其便捷性、国际性等特点,成为恐怖主义袭击的主要目标,航空恐怖主义犯罪不仅在世界范围内影响较大,且造成的死伤结果也更为惨重,严重威胁着世界航空安全。在此背景下,世界各国都提出了相应的举措,各国政府都在预防、打击和应对恐怖主义方面出台了多项反恐政策,并通过改革国家安全机构、构建反恐情报系统、完善相应法律法规等方式提高反恐怖主义机构的工作效率。

我国于2015年底颁布了《中华人民共和国反恐怖主义法》,并于2016年1月1日正式实施,该法既是对当前严峻的反恐形势的反应,也是对国内外多年来反恐经验的总结和规范。民航运输长期以来处于反恐的前沿,其高风险、高关注以及可能导致的机毁人亡的高损失特性,历来备受恐怖分子的"青睐"。《中华人民共和国反恐怖主义法》的出台,确立了民航反恐工作的架构,为民航安保措施提供了有力的立法支持①。

(一)《中华人民共和国反恐怖主义法》相关法律规定及概念

1. 恐怖主义的定义

恐怖主义是一个属于意识形态的基本概念,它被运用得极其广泛,但目前国际上对于恐怖主义的具体概念仍然没有统一的定义。

20世纪60年代后,由于国际社会中恐怖主义犯罪活动愈演愈烈,各国人民的生命财产安全都受到了威胁,各国政府为了保护国家安全、经济发展以及政治稳定,纷纷出台了国内关于反恐怖主义行为的法律,并在国内法中对恐怖主义进行了定义。其中,1974年,英国《防止恐怖主义法》中将恐怖主义定义为"为了政治目的使用暴力,包括任何为了使公众或任何部分陷入恐怖而使用暴力"。这个定义表达了恐怖主义的目的是政治,采取的手段为暴力,针对的对象是公众。

与此同时,世界各国也签订了反恐相关的国际条约,各国学者也越来越重视对恐怖主义行为的研究和探讨。世界上最早对于恐怖主义进行界定的国际公约是1973年于日内瓦签订的《防止及惩治恐怖主义公约》,该公约中第一条第二款指出:"本公约'恐怖行为'一词,是指直接反对一个国家,而其目的和性质是在个别人士、个人团体或公众中制造恐怖的犯罪行为"。这个定义明确指出了,恐怖主义行为是一种犯罪行为。

我国也出台了相应法律法规对恐怖主义进行了定义。2011年10月29日第十一届全国人民代表大会常委会第二十三次会议通过《全国人大常委会关于加强反恐怖工作有关问题的决定》中规定:"恐怖活动是指制造社会恐慌、危害公共安全或者胁迫国家机关、国际组织为目的,采取暴力、破坏、恐吓等手段,造成或者意图造成人员伤亡、重大财产损失、公共设施损坏、社会秩序混乱等严重社会危害的行为,以及煽动、资助或以其他方式协助实施上述活动的行为"。而自2015年年末《中华人民共和国反恐怖主义法》颁布后,我国对于恐怖主义的概念有了明确的法律依据,之前的《全国人大常委会关于加强反恐怖工作有关问题的决定》也随之废止。

《中华人民共和国反恐怖主义法》第三条规定:"本法所称恐怖主义,是指通过暴力、破坏、恐吓等手段,制造社会恐慌、危害公共安全、侵犯人身财产,或胁迫国家机关、国际组织,以实现其政治、意识形态等目的的主张和行为。"该定义反映了恐怖主义的三个特征:

---

① 张君周.《中华人民共和国反恐怖主义法》对中国民航安保立法的影响[J].北京航空航天大学学报,2017(1):37-45.

第一,恐怖主义的行为模式包括暴力、破坏以及恐吓等手段;第二,恐怖主义危害公共安全、制造社会恐慌、侵犯人身财产安全;第三,恐怖主义具有政治、意识形态等目的。

2. 恐怖活动的定义

《中华人民共和国反恐怖主义法》第三条规定:"本法所称恐怖活动,是指恐怖主义性质的下列行为:

(1) 组织、策划、准备实施、实施造成或者意图造成人员伤亡、重大财产损失、公共设施损坏、社会秩序混乱等严重社会危害的活动的;

(2) 宣扬恐怖主义,煽动实施恐怖活动,或者非法持有宣扬恐怖主义的物品,强制他人在公共场所穿戴宣扬恐怖主义的服饰、标志的;

(3) 组织、领导、参加恐怖活动组织的;

(4) 为恐怖活动组织、恐怖活动人员、实施恐怖活动或者恐怖活动培训提供信息、资金、物资、劳务、技术、场所等支持、协助、便利的;

(5) 其他恐怖活动。"

《中华人民共和国反恐怖主义法》中对恐怖活动的定义与《中华人民共和国刑法》中对恐怖主义活动犯罪的定义有一定的相通之处。2015年的《中华人民共和国刑法修正案(九)》在《中华人民共和国刑法》有关组织、领导、参加恐怖组织罪的条文中增设了一百二十条之一至之六,分别是:帮助恐怖活动罪;准备实施恐怖活动罪;宣扬恐怖主义、极端主义、煽动实施恐怖活动罪;利用极端主义破坏法律实施罪;强制穿戴宣扬恐怖主义、极端主义服饰、标志罪;非法持有宣扬恐怖主义、极端主义物品罪。

《中华人民共和国刑法》第一百二十条对恐怖活动的相关犯罪行为模式进行了一定的列举,并且扩大了对恐怖主义活动的打击范围,《中华人民共和国反恐怖主义法》中对恐怖活动的定义与其保持同步,这体现了立法者对于恐怖活动的刑法打击范围和打击力度的加大,不仅仅包含了造成人员伤亡、重大财产损失、公共设施损坏、社会秩序混乱等严重社会危害的活动,也包含了准备活动、帮助行为、资助行为,以及宣扬、煽动恐怖主义、极端主义的行为和持有恐怖主义、极端主义相关物品的行为。通过《中华人民共和国刑法修正案(九)》对恐怖主义活动犯罪打击面的扩大,对恐怖主义定罪的时间点进行了前置,从恐怖主义活动的预备阶段就进行了入罪,并且对于帮助犯行为进行了单独的定罪,扩大了打击的范围,体现了对恐怖主义活动坚决打击的决心和对恐怖主义活动零容忍的立法理念。

3. 恐怖活动组织的认定

对恐怖主义组织的定义问题,各国都通过出台国内法的方式进行了定义,甚至有些国家还列出了本国认定的恐怖组织名单,例如,美国、俄罗斯、英国、印度等国都在自己国家的反恐专门法中对恐怖主义组织进行了明确的定义,美国、英国、印度等国还列出了恐怖组织名单。这也就使恐怖主义的概念分为形式概念和实质概念两种概念。形式概念不在法律中具体阐述如何鉴定恐怖组织,而是以该组织是否在恐怖组织名单中进行定义;实质概念则明确作出认定恐怖主义组织的标准,符合标准的即为恐怖组织。也有国家采取两者相结合的方式进行定义。

我国于2011年颁布的《关于加强反恐工作有关问题的决定》中规定:"恐怖组织一指为实施恐怖活动而组成的犯罪集团",第一次对恐怖活动组织进行了立法性质的定义。

2015 年颁布的《中华人民共和国反恐怖主义法》第三条中规定:"本法所称恐怖活动组织,是指三人以上为实施恐怖活动而组成的犯罪组织。"二者的表述虽然有所不同,但都认为恐怖组织是具有犯罪组织的一般共性的,即由三人及以上组成的、有一定组织性、主要成员固定或基本固定、具有实施犯罪的目的性的犯罪组织,且恐怖组织还有一定特质,即其进行恐怖活动的目的是给社会和公众造成恐慌,同时以极端思想作为指导并且手段残忍暴力。

恐怖活动组织是恐怖主义相关研究中非常重要的话题,因为对恐怖主义的定义和认定是打击恐怖主义的基础,既可以通过国家对恐怖组织的认定使民众增加对恐怖主义和恐怖组织的理解,也能通过规范化的认定过程使反恐活动更加有的放矢,做到有法可依。恐怖主义活动走向组织化的原因主要有两个方面:一方面是资金的支持,恐怖组织得到了大量资金支持后,逐渐扩大规模,购买武器装备,并且在世界各地招揽成员,逐步扩大影响力和自身实力;另一方面,恐怖活动组织普遍具有一定地域优势,由于地缘政治、宗教、民族等方面的冲突,世界各地都有恐怖主义组织生存和发展的场所,恐怖活动组织依托当地的地理优势和人口、资源,建立起自己的基地,用于培训人员、储备物资,进行训练并策划恐怖活动。随着世界各国反恐怖主义合作逐渐深入,恐怖活动组织也逐渐向体系化、组织化,不断进行转型,以此逃避制裁,扩大势力。

目前,世界范围内恐怖组织的分布范围很广,数量很多,类型丰富多种多样,主要分为以下几种:宗教极端主义恐怖组织;民族主义恐怖组织;极左型恐怖组织。还有诸如生态恐怖组织、种族极端主义恐怖组织、邪教型恐怖组织等其他类型的恐怖主义组织。

4. 恐怖活动人员的认定

我国于 2011 年颁布的《关于加强反恐工作有关问题的决定》中规定:"恐怖活动人员是指组织策划实施恐怖活动的人和恐怖活动组织的成员"。2015 年颁布的《中华人民共和国反恐怖主义法》第三条规定:"本法所称恐怖活动人员,是指实施恐怖活动的人和恐怖活动组织的成员。"

(二)民航反恐工作要求及法律责任

《中华人民共和国反恐怖主义法》不仅构建了国家整体反恐工作机制,而且也明确了民航反恐工作的基本定位、目标、反恐措施和应急处置等方面内容。

1. 民航反恐属于国家战略安全的重要部分

《中华人民共和国反恐怖主义法》第四条规定:"国家将反恐怖主义纳入国家安全战略,综合施策,标本兼治,加强反恐怖主义的能力建设,运用政治、经济、法律、文化、教育、外交、军事等手段,开展反恐怖主义工作。"即将反恐怖主义工作定位为国家安全战略的重要组成部分。长期以来,民航安全也被视为国家安全的一部分,如中国处置反劫机事件的相关文件明确规定,劫持航空器事件关乎国家整体利益和安全。从国际事件来看,震惊全球的"9·11"恐怖袭击事件更是直接证明了恐怖袭击对一国安全产生的巨大危害。袭击发生后,美国立即将本土安全置于首位,成立了"国土安全部"(DHS),并将运输安全局(TSA)从联邦航空管理局(FAA)调至该部门①。《中华人民共和国反恐怖主义法》第二条规定:"国家反对一切形式的恐怖主义,依法取缔恐怖活动组织,对任何组织、策划、准备实施、实施恐怖活动,

---

① 邓新元,刘肖岩,屈健.国外现代反恐机制比较研究[M].北京:群众出版社,2014:8.

宣扬恐怖主义,煽动实施恐怖活动,组织、领导、参加恐怖活动组织,为恐怖活动提供帮助的,依法追究法律责任。国家不向任何恐怖活动组织和人员作出妥协,不向任何恐怖活动人员提供庇护或者给予难民地位。"由此可见,国家对于反恐的立场坚定,不容有任何妥协和例外。

综上,基于《中华人民共和国反恐怖主义法》要求,民航反恐工作应从国家安全视角考虑,不局限于传统的法律手段或仅依靠机场公安、安检及航空安全员等专业队伍,而是纳入更多的反恐措施和多种主体。

2. 民航反恐工作机制与工作要求

反恐怖主义工作涉及众多的领域和部门,因此,需要明确各主体的职责分工。《中华人民共和国反恐怖主义法》参照各国的惯例,设置了国家、省、市三个层级的反恐怖主义专门领导机构,统一领导和指挥全国的反恐怖主义工作;《中华人民共和国反恐怖主义法》还确立了"各司其职、各尽其责"的全民反恐战略。国家机关实行的是"工作责任制";国家的武装力量要求依照命令和部署,防范和处置恐怖活动;对于有关部门,则是要求建立联动配合机制和发动社会力量共同开展反恐工作;任何单位和个人都有协助、配合开展反恐怖主义工作的义务。这些主体之间的分工原则是"政府主导、部门监管、单位负责,全民参与。①"

就民航运输而言,其既接受国家主管部门的行业领导,又接受地方政府的领导。可见,民航反恐工作与各层级的反恐怖主义领导机构均有关系,而且运输过程中还涉及政府、单位与个人不同的主体。因此,民航的反恐工作机制既要符合国家反恐机制,也要符合行业特点。

《中华人民共和国反恐怖主义法》第三十一条规定,公安机关应当会同有关部门确定防范恐怖袭击的重点目标。重点目标应当满足以下两点:一是遭受恐怖袭击的可能性较大;二是遭受恐怖袭击可能造成重大的人身伤亡、财产损失或者社会影响。根据以往发生的恐怖事件来看,机场、航空器遭袭可能性大,损失惨重且社会影响大,现行《中华人民共和国反恐怖主义法》第三十四条规定:对进入机场等重点目标的人员、物品和交通工具进行安全检查,显然机场是被划入了"重点目标"的范畴。认定为重点目标的民航相关主体基于此法的要求应制定预案、措施、培训和演练,建立反恐专项经费保障制度;重要岗位人员还应接受背景审查。

如上所述,机场管理机构对于进入机场的人员、物品和交通工具还需要进行安全检查。此外,考虑到"9·11"恐怖袭击事件后,"恐怖分子劫持商用客机或其他类型飞行器的可能性将持续存在"②以及中国近期低空空域开放和无人机技术发展等因素,该法还借鉴了2010年《北京公约》将"利用使用中的航空器"规定为犯罪的做法③,设立了第三十七条"飞行活动管理特别条款"。该条要求民用航空、公安等主管部门应当按照职责分工,加强空域、航空器和飞行活动管理,严密防范针对航空器或者利用飞行活动实施的恐怖活动。

考虑到情报信息工作对反恐工作的重要作用,以及恐怖事件发生后的应急工作,《中华

---

① 孙茂利.中华人民共和国反恐怖主义法释义[M].北京:中国民主法治出版社,2016:151-374.
② 克卢瓦·威廉斯,史蒂夫·沃尔特里普.机组安全防范实用指南[M].刘玲莉,王永刚,译.北京:中国民航出版社.2007:5.
③ 中国民用航空局政策法规司.恐怖主义行为的国际法律控制:国际航空保安公约体系:现状、问题和前景[M].北京:中国政法大学出版社,2012:73.

第五章 客舱安保工作的相关理论和立法

人民共和国反恐怖主义法》对这两方面的内容也进行了专章规定。依据《中华人民共和国反恐怖主义法》的要求,民航重要的基础信息和动态信息,特别是涉恐信息,都应当及时上报和传达;民航主管部门还承担情报信息的搜集、报送、筛查、研判、核查和监控及发布预警的职责。

恐怖事件可能对行业发展或社会运行产生致命的打击,如"9·11"恐怖袭击事件对全球民航运输造成的损害就是灾难性的。仅美国2001—2005年,民航"产业登账的净损失即超过400亿美元"①。因此,恐怖事件应急处置备受各国重视。《中华人民共和国反恐怖主义法》也专设了"应对处置"一章,总结了近些年国内外应对处置恐怖事件的经验与措施,对应急预案的设置、现场应急处置和指挥权的确立,以及境外应急处置等事项进行了规定。为了避免不正当的媒体和其他信息传播,导致恐怖事件影响扩大引起社会恐慌以及处置变动,该法还明确了恐怖事件信息的发布要求。从国内外反恐经验来看,机场、航空器遭受恐怖袭击的概率高。因此,此类事件一旦发生,民航各类主体都要严格按照《中华人民共和国反恐怖主义法》和已有的行业应急处置突发事件要求,开展应急处置工作,同时遵守信息传播与保密的义务。

二、《中华人民共和国安全生产法》的立法概要

现行的《中华人民共和国安全生产法》由第十三届全国人民代表大会常务委员会第二十九次会议于2021年6月10日审议通过修改,自2021年9月1日起施行。安全生产是事关人民群众生命财产安全,事关改革发展稳定大局的工作。安全生产工作几乎覆盖了国民经济的全部领域,民航业是重要的国家战略产业,也是对安全有着特殊需求的行业。中国民航运输航空保持着超过十年的安全运行记录,这一方面得益于中国民航建立了较为健全的安全法律法规制度体系,另一方面也得益于各民航单位严格的责任落实、对安全风险的严格管控和对安全隐患的深入排查治理。安全管理水平可以分为三个层次:"大智未雨绸缪""小智亡羊补牢""愚者坐以待毙"②。民航业的安全管理水平位于第一层次,关口前移、预防为主、综合治理和从源头上防范化解重大安全风险一直是民航安全理念的核心。

民航生产经营单位必须认识到安全生产是坚持科学发展理念的内在要求,也是生产经营单位生存与发展的必然选择。《中华人民共和国安全生产法》中对公共航空运输企业的具体工作提出了安全要求,并且规定了违反相关规定的法律责任。

(一)《中华人民共和国安全生产法》对公共航空运输企业基本义务的要求

1. 遵守法律法规

公共航空运输企业必须遵守本法和其他有关安全生产的法律法规。安全生产管理,必须坚持依法治理的原则。遵守安全生产法律法规,是所有生产经营单位必须要履行的义务。

2. 建立安全生产责任制和安全生产规章制度

根据《中华人民共和国安全生产法》第二十一条的规定:"生产经营单位的主要负责人对

---

① 彼得·贝罗巴巴,阿梅迪奥·奥多尼,辛西娅·巴恩哈特.全球航空业[M].赵维善,译.上海:上海交通大学出版社,2010:6.
② 沈瑨.探析新《中华人民共和国安全生产法》中的民航安全理念[J].民航管理,2022(3):76-80.

本单位安全生产工作负有下列职责:建立健全并落实本单位全员安全生产责任制,加强安全生产标准化建设;组织制定并实施本单位安全生产规章制度和操作规程;组织制订并实施本单位安全生产教育和培训计划;保证本单位安全生产投入的有效实施;组织建立并落实安全风险分级管控和隐患排查治理双重预防工作机制,督促、检查本单位的安全生产工作,及时消除生产安全事故隐患;组织制定并实施本单位的生产安全事故应急救援预案;及时、如实报告生产安全事故。"

全员安全生产责任制是根据我国的安全生产方针"安全第一、预防为主、综合治理"和安全生产法规建立的生产经营单位各级领导、职能部门、工程技术人员、岗位操作人员在劳动生产过程中对安全生产层层负责的制度。

安全生产规章制度,是以全员安全生产责任制为核心制定的,指引和约束人们在安全生产方面行为的制度,是安全生产的行为准则。其作用是明确各岗位安全职责,规范安全生产行为,建立和维护安全生产秩序。

另外,单位的主要负责人需要在单位发生安全事故时,第一时间组织抢救,不能擅离职守。根据《中华人民共和国安全生产法》第五十条的规定:"生产经营单位发生生产安全事故时,单位的主要负责人应当立即组织抢救,并不得在事故调查处理期间擅离职守。"

3. 加大对安全生产的投入保障力度,改善安全生产条件

安全生产投入是生产经营单位实现安全发展的前提,是做好安全生产工作的基础,安全生产投入总体上包括资金、物资、技术、人员等方面的投入。安全生产条件是指生产经营单位在安全生产中的设施、设备、场所、环境等"硬件"方面的条件,这些条件是与安全生产责任制度相配套的。生产经营单位必须加大投入保障力度,保障安全生产的各项物质技术条件,其作业场所和各项生产经营的设施、设备、器材和从业人员防护用品等方面,都必须符合保障安全生产的要求。

(二) 对公共航空运输企业的具体工作要求

1. 对公共航空旅客运输企业管理人员的要求

根据《中华人民共和国安全生产法》的规定,生产经营单位的安全生产管理机构以及安全生产管理人员应拟订本单位安全生产规章制度、操作规程和生产安全事故应急救援预案,制定单位安全生产教育和培训规则,如实记录安全生产教育和培训情况,组织开展危险源辨识和评估,督促落实本单位重大危险源的安全管理措施,组织或者参与本单位应急救援演练,检查本单位的安全生产状况,及时排查生产安全事故隐患,提出改进安全生产管理的建议,制止和纠正违章指挥、强令冒险作业、违反操作规程的行为,督促落实本单位安全生产整改措施。生产经营单位可以设置专职安全生产分管负责人,协助本单位主要负责人履行安全生产管理职责。生产经营单位的安全生产管理机构及安全生产管理人员应当恪尽职守,依法履行职责。生产经营单位作出涉及安全生产的经营决策,应当听取安全生产管理机构以及安全生产管理人员的意见。

公共航空运输企业的安全生产管理人员应当根据本单位的生产经营特点,对安全生产状况进行经常性检查。对检查中发现的安全问题,应当立即处理;不能处理的,应当及时报告本单位有关负责人,有关负责人应当及时处理。检查及处理情况应当如实记录在案。生产经营单位的安全生产管理人员在检查中发现重大事故隐患,依照前款规定向本单位有关

负责人报告,有关负责人不及时处理的,安全生产管理人员可以向主管的负有安全生产监督管理职责的部门报告,接到报告的部门应当依法及时处理。

2. 对安全生产教育、培训的要求

《中华人民共和国安全生产法》第二十八条规定:"生产经营单位应当对从业人员进行安全生产教育和培训,保证从业人员具备必要的安全生产知识,熟悉有关的安全生产规章制度和安全操作规程,掌握本岗位的安全操作技能,了解事故应急处理措施,知悉自身在安全生产方面的权利和义务。未经安全生产教育和培训合格的从业人员,不得上岗作业。生产经营单位应当建立安全生产教育和培训档案,如实记录安全生产教育和培训的时间、内容、参加人员以及考核结果等情况。"

除此之外,生产经营单位还应对从业人员负监督教育的职责。根据《中华人民共和国安全生产法》第四十四条的规定:"生产经营单位应当教育和督促从业人员严格执行本单位的安全生产规章制度和安全操作规程;并向从业人员如实告知作业场所和工作岗位存在的危险因素、防范措施以及事故应急措施。生产经营单位应当关注从业人员的身体、心理状况和行为习惯,加强对从业人员的心理疏导、精神慰藉,严格落实岗位安全生产责任,防范从业人员行为异常导致事故发生。"

导入案例评析

本案中,旅客叶某发放印有恐怖主义相关思想的非法印制物,根据《中华人民共和国反恐怖主义法》第八十条第(二)项的规定,属于传播宣扬恐怖主义、极端主义的物品行为。该行为因为情节较轻微,暂不构成犯罪,但属于违法行为,依法应处十日以上十五日以下拘留,可以并处一万元以下罚款。后续,旅客叶某在客舱壁板上书写口号的行为,属于宣扬恐怖主义的犯罪行为,已从治安违法升级为刑事犯罪。首先,叶某数次在客舱内实施散发恐怖主义、极端主义的物品和发布宣扬恐怖主义、极端主义信息的行为,反映出其严重的人身危险性和社会危害性,情节恶劣,故对叶某的行为,应以《中华人民共和国刑法》第一百二十条之三的宣扬恐怖主义罪追究刑事责任。

第二节 《中华人民共和国刑法》

案例导入

某航空公司的航班上,乘客李某利用安检漏洞,携带打火机、匕首登机,意图在飞机上纵火伤人,制造社会影响,以图报复社会。飞机进入平飞阶段,李某迅速掏出打火机点燃报纸意图焚烧座位,并在报纸燃烧后,持匕首冲往驾驶舱,并在途中刺伤一名普通乘客。航空安全员见状立即前往制服李某,而此时,其中一名乘客张某不顾乘务员阻拦起身,声称其是李某的兄长,并声称李某是精神病人,其行为是发病状态中由于病理因素导致的。

请问:如果李某不是精神病人,他的行为构成什么罪名?若张某所言属实,李某确为精神病人,李某是否构成犯罪?

通过对本节内容的学习,了解刑法的概念和法律性质,即犯罪的概念和特征,犯罪构成、刑罚的种类、正当防卫和紧急避险、共同犯罪、犯罪的未完成形态,以及《中华人民共和国刑法》和航空安保的关系。

一、刑法的概念和法律性质

(一) 刑法的概念

刑法是规定犯罪及其法律后果的法律规范。有国家将刑法称为"犯罪法"(criminal law),其本意也是一样的,都代表了刑法是规定犯罪及其后果的法律。刑法作为一门独立的法律,是我国一个重要的法律部门,它通过对犯罪行为的规制和惩治来保护法益,维护社会秩序和人民的合法利益。《中华人民共和国刑法》第一条规定:"为了惩罚犯罪,保护人民,根据宪法,结合我国同犯罪做斗争的具体经验及实际情况,制定本法。"由此可以明确,我国刑法发挥着惩治犯罪、保护人民的主要作用。

刑法作为保护法益的最后手段,具有区别于其他法律法规的特殊属性,主要体现在以下四个方面。

第一,制裁手段的严厉性。其他部门法中也会对违法的行为进行规制并采取强制方法,如警告、罚款、行政拘留等手段进行制裁,但是刑法对犯罪行为规定的主要法律后果是刑罚,是国家最严厉的强制方法,所以一般情况下,刑法是保护法益的最后手段。

第二,刑法法益保护的广泛性。一般部门法只会调整和保护某一领域或者某一方面的社会关系,但刑法保护和调整的既包含人身、财产、婚姻家庭方面的法益,也会调整和保护市场经济秩序、社会公共秩序以及公共安全、国家安全方面的权益。

第三,处罚范围的不完整性。刑法虽然对法益的保护范围很广,但是处罚范围却不完整。刑法只针对最严重的侵害法益的行为进行规制,并不对所有侵害法益的行为都进行规制和处罚。并且刑法的规定也不是面面俱到的,成文法总是具有局限性的,立法者不可能将所有严重侵害法益的行为都规定在刑法中。所以,刑法保护法益的范围并不完整。

第四,刑法对其他法律的保障性。刑法作为保护法益的最后手段,并且刑法的制裁手段最为严厉,在其他法律无法充分保护法益的时候,需要刑法发挥兜底作用,而其他法律的实施也需要刑法的保障。所以,刑法在整个法律体系中处在保障法的地位,故而认为刑法对其他法律具有保障性。

(二) 刑法的法律性质

1.《中华人民共和国刑法》属于实体法

在实体法和程序法的划分中,《中华人民共和国刑法》属于实体法。实体法是规定人们在各个社会活动领域中的实体权利和义务的法,而程序法是指为保障权利的实现和义务落实的规定和有关程序与手续的法。从法律法规的内容上,《中华人民共和国刑法》中规定的是犯罪行为以及犯罪应当承担的法律后果,所以刑法属于实体法。《中华人民共和国刑法》和作为程序法的《中华人民共和国刑事诉讼法》相互依存、相互作用,《中华人民共和国刑法》规定权利与义务,而《中华人民共和国刑事诉讼法》保障了《中华人民共和国刑法》的实施和执行。

2.《中华人民共和国刑法》属于公法

在公法和私法的划分上,《中华人民共和国刑法》属于公法。《中华人民共和国刑法》中对犯罪人可处刑罚的行为明显是国家强制力的体现,是国家实施的具有公权力性质的行为,所以《中华人民共和国刑法》是典型的公法。私法属于规制平等主体之间权利义务关系的法律,而《中华人民共和国刑法》是国家对犯罪的打击和惩治,所以《中华人民共和国刑法》不属于私法。

3.《中华人民共和国刑法》属于司法法

在立法法、司法法和行政法的划分上,《中华人民共和国刑法》属于司法法。在法学理论中,一般认为,行政法的指导理论是合目的性,而司法法的指导理论是法的安定性。而《中华人民共和国刑法》具有安定性主要体现在以下两点。第一,刑法是制定法,习惯法不能作为刑法的渊源;刑法是明确的,国民因此可以具有预测可能性;作为刑法基础的事实,必须尽可能准确无误地予以确认;刑法是处理刑事案件的法律依据,对各种案件的处罚必须严格依法进行,不能受其他任何人的影响;刑法是相对稳定的,不会轻易变更。第二,通过刑法达成的安定性,即刑法的颁布与实施,不仅有利于国民的自由行动,而且能够预防犯罪、保护法益,维护人们的共同生活秩序。

二、犯罪的概念和特征

(一)犯罪的概念

犯罪的概念是刑法中的根本性问题,各国刑法都会对犯罪的概念进行规定,我国也对犯罪的概念以定性加定量的方式进行了定义。《中华人民共和国刑法》第十三条规定:"一切危害国家主权、领土完整和安全,分裂国家、颠覆人民民主专政的政权和推翻社会主义制度,破坏社会秩序和经济秩序,侵犯国有财产或者劳动群众集体所有的财产,侵犯公民私人所有的财产,侵犯公民的人身权利、民主权利和其他权利,以及其他危害社会的行为,依照法律应当受刑罚处罚的,都是犯罪,但是情节显著轻微危害不大的,不认为是犯罪。"据此,依照法律应当受刑罚处罚的危害社会的行为,就是犯罪。

(二)犯罪的特征

从上述的犯罪定义中可以看出,犯罪行为具有以下特征。

(1)犯罪是危害社会的行为,即具有社会危害性。犯罪行为必须是具有社会危害性的行为,即对国家和人民造成或者可能造成一定的危害。不具有社会危害性的行为不能认为是犯罪。并且这种社会危害性必须达到一定的程度,一些行为虽然具有一定社会危害性,但情节轻微危害不大的,不认为是犯罪。

(2)犯罪是违反刑法的行为,即具有刑事违法性。行为的社会危害性表现在法律上就是违法性,但是违法行为多种多样,并非都属于犯罪行为,只有触犯刑法的行为才属于犯罪。

(3)犯罪是应受刑罚处罚的行为,即具有刑法惩罚性。刑罚是国家强制手段中最严厉的一种,只有危害性比较严重的行为,需要采取严厉的强制手段加以制裁时,国家才在刑法中规定为犯罪,处以刑罚。

三、犯罪构成

我国刑法理论中将成立犯罪所必备的条件称为犯罪构成,不言而喻,我国的犯罪构成就是犯罪的成立条件。各个具体的犯罪都有其具体的构成要件,把各个具体犯罪的构成要件加以科学地抽象可以看出,一切犯罪都具有某些共同性的构成要件,而这些共同性的构成要件,就是犯罪构成。

每一个犯罪构成都包括以下四个方面的共同要件:犯罪主体;犯罪主观方面;犯罪客体;犯罪客观方面。一个人的行为必须同时具备这四个方面的要件,才能确定为犯罪,并据以追究行为人的刑事责任。缺少其中的任何一方面的要件,都不构成犯罪,从而也就不能使行为人负刑事责任。所以,犯罪构成是刑事责任的基础。

(一) 犯罪主体

犯罪主体是指实施犯罪行为、对自己的罪行应负法律责任的人。根据《中华人民共和国刑法》的规定,犯罪主体如下。

(1) 实施犯罪行为的人。没有实施过犯罪行为的人不能成为犯罪主体。犯罪主体一般情况下是指自然人,即有生命的人。根据《中华人民共和国刑法》,公司、单位、企业法人等单位主体实施危害社会行为的,在刑法规定为单位犯罪的,也可以作为犯罪主体。

(2) 自然人作为犯罪主体,应达到刑事责任年龄。刑事责任年龄是指依照刑法的规定,一个人对其危害社会的行为,应负刑事责任的年龄。根据立法者的思想,年龄较小的未成年人不具有辨认自己行为的性质和控制自己行为的能力,并且无法认识自己行为的法律后果。但人的辨认能力是随着年龄增长而逐步增长的,因此,《中华人民共和国刑法》规定:"已满十六周岁的人犯罪,应当负刑事责任;已满十四周岁不满十六周岁的人,犯故意杀人、故意伤害致人重伤或者死亡、强奸、抢劫、贩卖毒品、放火、爆炸、投放危险物质罪的,应当负刑事责任;已满十二周岁不满十四周岁的人,犯故意杀人、故意伤害罪,致人死亡或者以特别残忍手段致人重伤造成严重残疾,情节恶劣,经最高人民检察院核准追诉的,应当负刑事责任。因不满十六周岁不予刑事处罚的,责令其父母或者其他监护人加以管教;在必要的时候,依法进行专门矫治教育。"

(3) 自然人作为犯罪主体,应具有刑事责任能力。刑事责任能力可简称为责任能力,而具有责任能力,就是具有辨认和控制自己行为的能力。一般情况下,人到达一定年龄后就会具备这种能力,但是可能由于一些原因导致一部分人无法具备或者失去这种能力。例如,精神病人因为病理原因丧失了对自己行为的控制和辨认能力,责令其对自己的危害社会的行为负刑事责任是没有实际意义的。因此,《中华人民共和国刑法》规定,精神病人在不能辨认或者不能控制自己行为的时候造成危害结果,经法定程序鉴定确认的,不负刑事责任,但是应当责令其家属或者监护人严加看管和医疗;在必要的时候,由政府强制医疗。间歇性的精神病人在精神正常的时候犯罪,应当负刑事责任。尚未完全丧失辨认或者控制自己行为能力的精神病人犯罪的,应当负刑事责任,但是可以从轻或者减轻处罚。

醉酒也会使人的控制和辨认能力下降,但是《中华人民共和国刑法》规定醉酒的人犯罪,应当负刑事责任。这是因为,醉酒状态是行为人可以自主决定的,也就是说,喝酒这个行为本身是可以辨认和控制的,陷入醉酒状态是一种原因自由行为,行为人在醉酒状态下所做的危害社会的行为也是需要承担法律后果的。

《中华人民共和国刑法》规定,又聋又哑的人或者盲人犯罪,可以从轻、减轻或者免除处罚。这是因为,虽然盲人和又聋又哑的人具有一定控制和辨认自己行为的能力,能够负刑事责任,但是由于其辨别周边环境和沟通表达能力有一定的欠缺,并且长期处在具有生理缺陷状态下,心理状况和受教育情况也会受到不利影响,因此,《中华人民共和国刑法》中规定可对其从轻或减轻处罚。

(二)犯罪主观方面

犯罪的主观方面是指犯罪的主体对自己实施行为及其可能引起的危害结果所持有的主观心理状态,主要包括故意和过失两种态度。《中华人民共和国刑法》不承认"客观归罪",不能仅仅因为某人实施某些行为并因此造成了危害社会的结果,就以此为由追究刑事责任。只有当行为人同时具备犯罪的主观要件,即具备犯罪的故意或者过失时才能使其负刑事责任。

1. 犯罪故意

《中华人民共和国刑法》第十四条规定:"明知自己的行为会发生危害社会的结果,并且希望或者放任这种结果发生,因而构成犯罪的,是故意犯罪;故意犯罪,应当负刑事责任。"这一规定表明,故意犯罪有两种:一种是行为人明知自己的行为会造成哪种危害社会的结果,并且希望这种结果发生。这种故意在刑法理论中称为直接故意;另一种是行为人明知自己的行为会造成的危害社会的结果,并且放任这种结果发生,这种故意被称为间接故意。

2. 犯罪过失

《中华人民共和国刑法》第十五条规定:"应当预见自己的行为可能发生危害社会的结果,因为疏忽大意而没有预见,或者已经预见而轻信能够避免,以致发生这种结果的,是过失犯罪。过失犯罪,法律有规定的才负刑事责任。"这一规定表明,过失犯罪分为两种:一种是行为人应当预见自己的行为可能会发生危害社会的结果,因疏忽大意而没有预见,这种过失属于疏忽大意的过失;另一种是行为人已经预见自己的行为可能会发生危害社会的结果,但是轻信能够避免,却没能够避免,最终造成了危害社会的结果,这种过失属于过于自信的过失。

过失犯罪虽然也会造成危害社会的结果,但是由于过失犯罪人在主观上并没有危害社会的意图,因而在追究刑事责任时应当有别于故意犯罪。所以《中华人民共和国刑法》中才会规定,过失犯罪的,法律有规定的才负刑事责任。

犯罪主观方面还包括犯罪的目的和动机等因素。犯罪目的是指犯罪人通过实施犯罪行为所希望达到的结果。犯罪目的通常只存在于直接故意犯罪之中。犯罪动机是指犯罪人实施犯罪行为的内心起因。在具体案件中,目的相同,动机可能不同,不能将二者混淆。在刑法中,犯罪动机不是构成犯罪的必要条件,但可以反映行为人的主观恶性程度,对于量刑有一定意义。

(三)犯罪客体

犯罪客体是指刑法所保护的而为犯罪行为所侵害的社会主义社会关系。犯罪行为之所以具有社会危害性,就是因为其在不同程度上侵害了我国社会主义社会关系。然而,并不是所有侵害社会关系的行为都属于犯罪,只有当行为侵害到我国刑法所保护的社会关系时,才能认为是犯罪。刑法所保护的社会关系,只有当它遭受犯罪行为侵害时,才能成为犯罪客体,如果该社会关系没有被犯罪行为所侵害,则不能成为犯罪客体。因此,没有犯罪行为就无所谓犯罪客体。

犯罪客体不等于犯罪对象,犯罪对象是犯罪行为侵害某种社会主义社会关系时直接遭受影响的人或物。犯罪行为的实质不在于侵害某一犯罪对象本身,而在于侵害了该对象所体现的社会关系。

(四) 犯罪客观方面

犯罪的客观方面实质犯罪的行为和由这种行为所引起的危害社会的结果。任何犯罪都是人的行为,没有行为就没有犯罪可言,我国法律不承认所谓的"思想犯",如果仅仅是思想而没有行为,就不可能产生危害社会的结果。犯罪行为的表现形式多种多样,概括起来,不外乎作为和不作为两种形式。作为就是用积极的行动实施为《中华人民共和国刑法》所禁止的行为,多数犯罪行为采用的都是作为的形式。不作为就是负有特定义务且能够履行该义务的人,消极不履行义务而造成危害社会的结果,例如,遗弃罪就是采用不作为方式实施的犯罪。

犯罪结果是指犯罪行为对《中华人民共和国刑法》所保护的客体造成的损害。在一般情况下,犯罪结果是否发生是划分犯罪既遂和未遂的标准。过失犯罪如果没有发生危害结果,就不能构成犯罪。

犯罪客观方面的其他一些因素,例如,犯罪的方法、地点和时间等,一般说来并不是构成犯罪的共同要件,只有刑法中有特别规定时才会成为某些犯罪构成的要件。

四、刑罚的种类

(一) 主刑

1. 管制

管制是对犯罪分子不实行关押,但是限制其一定自由,依法实行社区矫正的一种刑罚。管制是我国刑法中的一个独特的刑种,它适用于罪行较轻,不需要关押的犯罪分子。

管制的期限,为三个月以上二年以下。数罪并罚最多不超过3年,判处管制,可以根据犯罪情况,同时禁止犯罪分子在执行期间从事特定活动,进入特定区域、场所,接触特定的人。对判处管制的犯罪分子,依法实行社区矫正。违反禁止令的,由公安机关依照《中华人民共和国治安管理处罚法》的规定处罚。管制的刑期,从判决执行之日起计算;判决执行以前先行羁押的,羁押一日折抵刑期二日。

被判处管制的犯罪分子,在执行期间,应当遵守下列规定:遵守法律、行政法规,服从监督;未经执行机关批准,不得行使言论、出版、集会、结社、游行、示威自由的权利;按照执行机关规定报告自己的活动情况;遵守执行机关关于会客的规定;离开所居住的市、县或者迁居,应当报经执行机关批准。

对于被判处管制的犯罪分子,在劳动中应当同工同酬。被判处管制的犯罪分子,管制期满,执行机关应即向本人和其所在单位或者居住地的群众宣布解除管制。

2. 拘役

拘役是对犯罪分子短期剥夺其人身自由的一种刑罚。拘役适用于罪行较轻而又需要短期关押的犯罪分子。拘役的期限,为一个月以上六个月以下,数罪并罚的时间不超过1年。被判处拘役的犯罪分子,由公安机关就近执行。在执行期间,被判处拘役的犯罪分子每月可以回家一天至两天;参加劳动的,可以酌量发给报酬。拘役的刑期,从判决执行之日起计算;判决执行以前先行羁押的,羁押一日折抵刑期一日。

3. 有期徒刑

有期徒刑是在一定期限内将犯罪分子加以监禁,剥夺其人身自由并实行劳动改造的一种刑罚。有期徒刑的期限,为六个月以上十五年以下,死刑缓期执行减为有期徒刑或者数罪并罚的时间,可以达到二十五年。有期徒刑的刑期,从判决执行之日起计算;判决执行以前先行羁押的,羁押一日折抵刑期一日。由于刑期幅度较大,有期徒刑可以广泛适用于各种犯罪和各种情节。被判处有期徒刑的犯罪分子,在监狱或者其他执行场所执行;凡有劳动能力的,都应当参加劳动,接受教育和改造。

4. 无期徒刑

无期徒刑是剥夺犯罪分子终身自由,对其实行强制劳动改造的一种刑罚。无期徒刑适用于罪行严重,但不够判处死刑,且要永久与社会隔离的犯罪分子。被判处无期徒刑的犯罪分子,在监狱或者其他执行场所执行;凡有劳动能力的,都应当参加劳动,接受教育和改造。在服刑期间,如果确有悔改或者立功表现,在执行一定时间之后,可以依法获得减刑或者假释。

5. 死刑

死刑是剥夺犯罪分子生命的刑罚。死刑是刑罚中最严厉的惩罚方式,只适用于罪行极其严重的犯罪分子。我国对死刑采取的是谨慎适用、少杀慎杀、严格复核的方针。刑法和刑事诉讼法中分别对死刑的适用条件和复核程序进行了严格的规定。经过几次修订后,《中华人民共和国刑法》中的死刑罪名已经大量减少。对于应当判处死刑的犯罪分子,如果不是必须立即执行的,可以判处死刑同时宣告缓期二年执行。死刑除依法由最高人民法院判决的以外,都应当报请最高人民法院核准。死刑缓期执行的,可以由高级人民法院判决或者核准。根据《中华人民共和国刑法》的规定,犯罪的时候不满十八周岁的人和审判的时候怀孕的妇女,不适用死刑。审判的时候已满七十五周岁的人,不适用死刑,但以特别残忍手段致人死亡的除外。判处死刑缓期执行的,在死刑缓期执行期间,如果没有故意犯罪,二年期满以后,减为无期徒刑;如果确有重大立功表现,二年期满以后,减为二十五年有期徒刑;如果故意犯罪,情节恶劣的,报请最高人民法院核准后执行死刑;对于故意犯罪未执行死刑的,死刑缓期执行的期间重新计算,并报最高人民法院备案。对被判处死刑缓期执行的累犯以及因故意杀人、强奸、抢劫、绑架、放火、爆炸、投放危险物质或者有组织的暴力性犯罪被判处死刑缓期执行的犯罪分子,人民法院根据犯罪情节等情况可以同时决定对其限制减刑。死刑缓期执行的期间,从判决确定之日起计算。死刑缓期执行减为有期徒刑的刑期,从死刑缓期执行期满之日起计算。

(二)附加刑

1. 罚金

罚金是强制犯罪分子或者犯罪单位向国家缴纳一定数额金钱的一种刑罚。罚金主要适用于贪财图利犯罪或者与财产有关的犯罪,但也可以适用于某些妨害社会管理秩序的犯罪,如妨害公务罪、妨害国境卫生检疫罪等。对犯罪分子处以罚金,可以附加适用,也可以单独适用。单独适用罚金仅针对一些罪行较轻、《中华人民共和国刑法》分则规定可以单处罚金的犯罪;《中华人民共和国刑法》分则规定附加适用的,不可单独适用。

判处罚金,应当根据犯罪情节决定罚金数额。罚金在判决指定的期限内一次或者分期缴纳。期满不缴纳的,强制缴纳。对于不能全部缴纳罚金的,人民法院在任何时候发现被执行人有可以执行的财产,应当随时追缴。由于遭遇不能抗拒的灾祸等原因缴纳确实有困难的,经人民法院裁定,可以延期缴纳、酌情减少或者免除。

2. 剥夺政治权利

剥夺政治权利是剥夺犯罪分子参加国家管理和政治活动权利的一种刑罚。剥夺政治权利是剥夺下列权利:选举权和被选举权;言论、出版、集会、结社、游行、示威自由的权利;担任国家机关职务的权利;担任国有公司、企业、事业单位和人民团体领导职务的权利。

剥夺政治权利可以单独适用,也可以附加适用。对于危害国家安全的犯罪分子应当附加剥夺政治权利;对于故意杀人、强奸、放火、爆炸、投毒、抢劫等严重破坏社会秩序的犯罪分子,可以附加剥夺政治权利。独立适用剥夺政治权利的,依照本法分则的规定。剥夺政治权利的期限,为一年以上五年以下。判处管制附加剥夺政治权利的,剥夺政治权利的期限与管制的期限相等,同时执行。对于被判处死刑、无期徒刑的犯罪分子,应当剥夺政治权利终身。在死刑缓期执行减为有期徒刑或者无期徒刑减为有期徒刑的时候,应当把附加剥夺政治权利的期限改为三年以上十年以下。附加剥夺政治权利的刑期,从徒刑、拘役执行完毕之日或者从假释之日起计算;剥夺政治权利的效力当然施用于主刑执行期间。被剥夺政治权利的犯罪分子,在执行期间,应当遵守法律、行政法规和国务院公安部门有关监督管理的规定,服从监督;不得行使被剥夺的各项权利。

3. 没收财产

没收财产是将犯罪分子个人所有的财产的一部分或者全部强制无偿地收归国有的一种刑罚。没收财产主要适用于危害国家安全罪和情节严重的贪财图利的犯罪。没收财产只限于没收犯罪分子本人的所有财产,属于犯罪分子家属所有或者应有的财产,不得没收。没收财产是没收犯罪分子个人所有财产的一部分或者全部。没收全部财产的,应当对犯罪分子个人及其扶养的家属保留必需的生活费用。没收财产以前犯罪分子所负的正当债务,需要以没收的财产偿还的,经债权人请求,应当偿还。

4. 驱逐出境

驱逐出境是强迫犯罪的外国人离开中国国(边)境的刑罚,它只适用于犯罪的外国人,包括具有外国国籍的人和无国籍的人,可以独立使用可以附加适用。驱逐出境虽然是附加刑,但是其适用并不具有普遍性。

《中华人民共和国刑法》中规定的驱逐出境不同于《中华人民共和国外国人入境出境管理法》中规定的驱逐出境,也不同于《中华人民共和国治安管理处罚法》中规定的附加适用限期出境或者驱逐出境。《中华人民共和国刑法》规定的驱逐出境是一种刑罚,适用于在我国境内犯罪的外国人;《中华人民共和国外国人入境出境管理法》和《中华人民共和国治安管理处罚法》中规定的驱逐出境则是一种行政处罚,适用于违反入境出境管理规定的外国人或者违反治安管理的外国人。

五、正当防卫和紧急避险

(一)正当防卫

正当防卫是指为了使国家、公共利益、本人或者他人的人身、财产和其他权利免受正在进行的不法侵害,所采取的制止不法侵害,而对不法侵害人造成损害的行为。《中华人民共和国刑法》第二十条规定:"为了使国家、公共利益、本人或者他人的人身、财产和其他权利免受正在进行的不法侵害,而采取的制止不法侵害的行为,对不法侵害人造成损害的,属于正当防卫,不负刑事责任。正当防卫明显超过必要限度造成重大损害的,应当负刑事责任,但是应当减轻或者免除处罚。对正在进行行凶、杀人、抢劫、强奸、绑架以及其他严重危及人身安全的暴力犯罪,采取防卫行为,造成不法侵害人伤亡的,不属于防卫过当,不负刑事责任。"从《中华人民共和国刑法》的规定可以看出,正当防卫是一种同犯罪斗争的合法行为,是一种排除社会危害的行为。应鼓励遭受不法侵害的人采取正当防卫的方式制止侵害。

正当防卫应具备以下条件。

(1) 起因条件。必须是针对不法侵害行为才能实现防卫。不法侵害行为,首先是指犯罪行为,同时也包括其他违法行为,如违反治安管理的行为等。不法侵害行为包括对防卫人本人的人身权利和其他权利的不法侵害,也包括对国家利益、公共利益或者第三人的合法权益的不法侵害。而且,这种侵害必须是实际存在的,而不是想象或者推测的。对于合法的行为,不允许实行防卫。而且,对于双方都违法的行为,则双方都没有实施正当防卫的权利。

(2) 时间条件。必须对于正在进行的不法侵害才能实行防卫。所谓正在进行的不法侵害行为,是指已经开始的或者直接面临的不法侵害行为而不是尚未开始或者已经结束的侵害行为。对于尚未开始或者已经结束的侵害行为,都不能实行正当防卫。

(3) 对象条件。必须是对实施不法侵害的人才能实行防卫。正当防卫的目的在于排除不法侵害,因此,防卫必须针对实施不法侵害的人,对于没有实施不法侵害的人就没有防卫可言。

(4) 主观条件。防卫人主观上必须出于正当防卫的目的。出于正当防卫目的,即防卫人既具有防卫的认识,也具有防卫意志。防卫认识是指防卫人认识到某项合法权益正在遭受不法侵害;防卫意志,则是指防卫人具有制止不法侵害、保卫合法权利的正当目的。正当防卫成立要求行为人必须具有防卫认识和防卫意志,如果不知道不法侵害正在进行,没有正当防卫的目的,则不能成立正当防卫。

(5) 限度条件。防卫行为不能明显超出必要限度。所谓必要限度,就是防卫行为所造成的损害的大小和防卫行为所保护的利益的大小应当在大体上相适应。至于是否相适应,则要根据案件的具体情况来判断。一般来说,可以用比较缓和的方法达到防卫目的的,就不应采用激烈的方法,但并不是说在正当防卫中对侵害人造成的损害必须小于防卫人遭受的损害。但如果防卫明显超出必要限度,造成重大损害的,则应负刑事责任,但应减轻或者免除处罚。

为了保护防卫人的利益,刑法中特别规定,对正在进行行凶、杀人、抢劫、强奸、绑架以及其他严重危及人身安全的暴力犯罪,采取防卫行为,造成不法侵害人伤亡的,不属于防卫过当,不负刑事责任。这种情况也被称为无限防卫。

(二)紧急避险

紧急避险是指为了国家、公共利益、本人或者他人的人身、财产和其他权利免受正在发生的危险,不得已而采取的损害法律所保护的另一方利益的行为。

《中华人民共和国刑法》第二十一条规定:"为了使国家、公共利益、本人或者他人的人身、财产和其他权利免受正在发生的危险,不得已采取的紧急避险行为,造成损害的,不负刑事责任。紧急避险超过必要限度造成不应有的损害的,应当负刑事责任,但是应当减轻或者免除处罚。第一款中关于避免本人危险的规定,不适用于职务上、业务上负有特定责任的人。"

紧急避险是在不得已的情况下通过损害法益的方式保护国家、集体、公民更大利益,排除社会危害性的行为。因此,刑法中规定了紧急避险行为不负刑事责任。根据刑法的规定,紧急避险的成立需要满足如下的条件。

(1) 起因条件。必须存在现实危险。这里所说的危险就是指本人、他人或国家的法益遭受损害的威胁,这种危险可能来自于自然灾害、野生动物的袭击以及他人的侵害。但是他人的合法行为不能视为对法益的威胁,不能为了避免他人的合法行为进行紧急避险。同时,这种危险必须实际存在,如果事实上不存在危险,行为人误以为存在危险进行避险,则属于假想避险,如果存在过失则属于过失犯罪,需要承担刑事责任。

(2) 时间条件。必须是正在发生危险的情况下采取的。对于已经结束的侵害或者已经过去的危险以及尚未到来的危险,都不能实施紧急避险。

(3) 主观条件。避险人必须主观上具有避险意识,即行为人要认识到自己是为了挽救合法权益而进行避险。如果行为人并不能认识到危险的存在,也不是出于避险目的避险行为,则不能成立紧急避险。

(4) 补充性条件。避险手段必须是最后的补充手段,即必须是在不得已的情况下采取的。也就是说,避险人所采取的避险行为在当时是唯一能够避免危险的行为。如果尚有其他方法可以避免危险,就不能采取损害法益的方式进行避险。

(5) 限度条件。紧急避险不能超过必要的限度。这是因为,紧急避险是损害一种合法权益来保全另一种合法权益,这就要求被损害的利益必须小于被保全的利益。如果被损害的权益大于或者等于被保全的利益,就超出了紧急避险的必要限度。刑法规定,紧急避险超过必要限度,造成不应有的损害的,应当负刑事责任,但应减轻或者免除处罚。

另外,《中华人民共和国刑法》规定,针对特殊群体,即在职务上、业务上负有特定责任的人,不得避免本人危险而实施紧急避险。职务上、业务上负有特定责任的人,是指担任的职务或者所从事业务有同一定危险做斗争责任的人员。

六、共同犯罪

(一) 共同犯罪的概念和认定

根据《中华人民共和国刑法》第二十五条的规定,共同犯罪是指二人以上共同故意犯罪。构成共同犯罪需要具备以下条件。

(1) 犯罪主体必须是两个或两个以上的具有刑事责任能力、达到刑事责任年龄的人。单个人实施犯罪无法构成共同犯罪。如果实施危害社会的行为的人虽然是两人或者两人以上,但其中只有一人是达到刑事责任年龄、具有刑事责任能力的人,也不能构成共同犯罪。

(2) 各个共同犯罪的人必须具有共同的犯罪行为。所谓共同的犯罪行为,是指共同犯罪人在实施某一犯罪时,各个人的具体活动可能存在分工不同或者参与程度不同,但都是指向同一犯罪目标,彼此互相配合,互为条件,与所发生的危害结果都存在因果关系。

(3) 各个共同犯罪人须有共同的犯罪故意。所谓共同的犯罪故意是指每个参与共同犯罪的行为人对自己所实施的行为和其危害结果都具有故意的心理状态,且共同犯罪人之间存在共谋。而因为共同犯罪必须具有共同故意,所以二人以上共同过失犯罪不以共同犯罪论处。

（二）共同犯罪人的种类及其刑事责任

刑法根据共同犯罪人在犯罪中所起到的作用，把共同犯罪人分为主犯、从犯、胁从犯、教唆犯四种，并对这四种犯罪人规定了不同的刑事责任。

（1）主犯。凡组织、领导犯罪集团进行犯罪活动的或者在共同犯罪中起主要作用的，是主犯。根据《中华人民共和国刑法》第二十六条的规定，三人以上为共同实施犯罪而组成的较为固定的犯罪组织，是犯罪集团。对组织、领导犯罪集团的首要分子，也就是主犯，应按照集团所犯的全部罪行处罚。对于其他主犯，应当按照其所参与的或者组织、指挥的全部犯罪处罚。对于犯罪集团的首要分子不得适用缓刑。

（2）从犯。在共同犯罪中起次要或者辅助作用的，是从犯。从犯在共同犯罪中的活动中通常表现为提供犯罪工具，指示犯罪目标或者创造犯罪机会，排除犯罪障碍，事前同意在事后隐藏罪犯、罪证或者毁灭罪证等。对于从犯，应当从轻、减轻或者免除处罚。

（3）胁从犯。被胁迫参加犯罪的，是胁从犯。被胁迫者须未完全丧失意志自由，方能构成胁从犯。如果是在身体受到强制的情况下完全丧失意志自由，或者完全受骗不知道自己参加的是犯罪活动的，则不属于共同犯罪，不构成胁从犯。对于被胁迫参加犯罪的，应当按照其犯罪情节减轻处罚或者免除处罚。

（4）教唆犯。教唆他人犯罪的，是教唆犯。构成教唆犯必须具备两个条件：主观方面必须具有教唆他人犯罪的故意；客观方面必须具有教唆他人犯罪的行为。教唆的方法多样，可以表现为利诱、挑唆、劝说、授意、怂恿、威逼等方式。至于被教唆人是否接受教唆，实施所教唆的犯罪，并不影响教唆的成立。因此，教唆犯可构成单独的犯罪。对于教唆犯，应当按照其在共同犯罪中所起的作用处罚。教唆不满十八周岁的人犯罪的，应当从重处罚。如果被教唆的人没有犯被教唆的罪，对于教唆犯，可以从轻或者减轻处罚。

七、犯罪的未完成形态

刑法理论中所讨论的犯罪结果，不仅仅是构成要件要素，也是犯罪既遂的标志。刑法不仅仅处罚犯罪既遂，而是有条件地将处罚范围扩张到犯罪预备、犯罪未遂、犯罪中止。所以，犯罪预备、犯罪未遂和犯罪中止称为犯罪的特殊形态，也称为犯罪的未完成形态。这些犯罪特殊形态与既遂形态，合称为故意犯罪形态。

犯罪是一个过程，并非所有犯罪行为都能顺利完成。犯罪的特殊形态只能出现在故意犯罪当中，是故意犯罪在其发展过程中的不同阶段所出现的形态，受到犯罪构成主观客观要件的限制。从主观要件看，过失犯罪和间接故意犯罪都不存在犯罪的未完成状态。

故意犯罪过程中的各种犯罪形态，由于主客观要件不同，其社会危害程度不一样，《中华人民共和国刑法》对不同的犯罪形态规定了不同的刑事责任。

（一）犯罪预备

为了犯罪，准备工具、制造条件的，是犯罪预备。

犯罪预备行为的形式是多样的。我国刑法将其概括为两大类：一类是准备工具，例如，为了实施杀人而备置凶器，为了盗窃而备置钥匙等行为。都比较常见的预备行为。另一类是为犯罪制造条件，包括准备工具以外的其他犯罪预备行为，例如，事先查看犯罪地点、寻找共同犯罪人、排除犯罪障碍等行为。

《中华人民共和国刑法》之所以规定要处罚犯罪预备行为是因为处在犯罪预备阶段的犯罪人,对犯罪的出现抱着积极的心理状态,一旦准备就绪,就要着手实施犯罪行为,如果不是出于犯罪人意志以外的其他原因使其不能继续实施犯罪行为,就必然会产生危害社会的结果。但是,从犯罪预备到犯罪既遂之间还有一个过程,犯的预备行为毕竟还没有使犯罪客体受到危害,故其社会危害性比犯罪既遂要小。因而《中华人民共和国刑法》规定,对于预备犯,可以比照既遂犯从轻、减轻或者免除处罚。

(二) 犯罪未遂

已着手实施的犯罪,由于犯罪人意志以外的原因未能得逞的,是犯罪未遂。犯罪未遂具有以下几个特征。

(1) 犯罪人已经着手实施犯罪。这一特征将犯罪未遂与犯罪预备之间区分开来。

(2) 犯罪未能得逞。未能得逞是指犯罪人的犯罪意图未能实现,从而未能具备构成某个具体犯罪的全部要件。这一特征将其与犯罪既遂之间区分开来。

(3) 犯罪之所以未能得逞,是出于犯罪人意志以外的原因,而不是自愿放弃犯罪。这一特征将犯罪未遂与犯罪中止之间区分开来。

犯罪未遂是已经着手实施的犯罪,危害性显然大于犯罪预备,所以法律中没有对犯罪未遂免除处罚的规定。但是,犯罪未遂所造成的危害,一般来说要小于犯罪既遂,因而刑法规定,对于未遂犯,可以比照既遂犯从轻、减轻处罚。

(三) 犯罪中止

在犯罪过程中,自动放弃犯罪或者自动有效地防止犯罪结果发生的,是犯罪中止。

犯罪中止有两种情况:一种是自动放弃犯罪行为没有造成危害结果;另一种是虽然已经实施了犯罪行为,但是在犯罪结果发生前主动并有效地防止了犯罪结果的发生。

想要构成犯罪中止必须具备以下三个条件。

(1) 必须是犯罪过程中放弃犯罪行为。所谓犯罪过程中,是指犯罪尚处在预备或者着手实施的阶段,犯罪结果还没有发生。一旦犯罪结果已经发生,那么犯罪就已经既遂,不存在中止的情况了。

(2) 必须是自动放弃犯罪行为。所谓自动放弃犯罪行为,指的是虽然客观上或者行为人主观上认为具备完成犯罪所需的条件和可能,但行为人依然出于自己的意志,主动停止了犯罪的行为。如果行为人认为存在障碍,不能够完成犯罪而不得已放弃犯罪行为,则不属于犯罪中止。

(3) 必须主动且有效防止犯罪结果的发生。犯罪中止的关键在于,不使危害结果发生。某些犯罪行为,犯罪行为的发生和犯罪结果发生之间有一定距离,在此期间,如果犯罪人主动采取有效措施,防止犯罪结果发生,仍属于犯罪中止。

中止犯的主观恶性和对于犯罪的危害程度都比较小,为了鼓励犯罪分子中止其犯罪活动,刑法规定,对于中止犯,没有造成损害的,应当避免处罚;造成损害的,应当减轻处罚。

八、《中华人民共和国刑法》和航空安保的关系

(一) 《中华人民共和国刑法》在航空安保法律体系中的地位

《中华人民共和国刑法》是保护合法权益的最后手段,对于严重危害社会的犯罪行为可

第五章 客舱安保工作的相关理论和立法

处刑罚进行制裁。航空安保的任务就是保护航空活动安全进行,对于严重危害航空安全的犯罪行为,需要利用《中华人民共和国刑法》的规定进行打击。《中华人民共和国刑法》是航空安保法律体系的渊源之一,是航空安保工作的法律依据之一,在整个航空安保法律体系当中有着非常重要的作用。《中华人民共和国刑法》有对其他法律的保障作用,即《中华人民共和国刑法》可以保障其他法律的实施,如《中华人民共和国治安管理处罚法》《中华人民共和国反恐怖主义法》《中华人民共和国安全生产法》《中华人民共和国民用航空法》等法律中都对严重违法的行为规定了追究刑事责任的情况。因此,在整个航空安保法体系中,《中华人民共和国刑法》也处在保障法的地位,只有《中华人民共和国刑法》中有对违反其他民航安保法律的行为追究刑事责任的规定,才会使其他民航安保相关法律发挥应有的作用。

（二）《中华人民共和国刑法》在航空安保工作中的作用

在具体的航空安保工作当中,《中华人民共和国刑法》的作用除了对其他法律的保障作用,还在于利用《中华人民共和国刑法》对非法干扰行为进行处罚,刑法的主要任务就是惩治犯罪,而航空安保工作中遇到的非法干扰行为通常都是严重的犯罪行为,如劫持航空器、破坏航空器等犯罪行为。《中华人民共和国刑法》是航空安保工作的重要工具,也是航空安保工作的法律依据,因为有《中华人民共和国刑法》中对相应罪名的规定,航空安保人员可以根据《中华人民共和国刑事诉讼法》中对犯罪嫌疑人的规定,依法对构成犯罪的行为人采取强制措施。另外,《中华人民共和国刑法》总则中的犯罪理论相关规定可以用于对航空犯罪行为进行认定,如共同犯罪理论、正当防卫的理论以及犯罪构成的相关理论。同时,也可以根据刑法总则中的刑罚和量刑的理论对不同情节的航空犯罪行为进行定罪量刑。所以,《中华人民共和国刑法》在航空安保工作中,既是打击航空犯罪的法律依据,也是航空安保工作中对犯罪人采取强制措施的法理依据。

导入案例评析

本案中,李某有多个行为构成犯罪。

首先,李某以犯罪为目的将匕首和打火机等物品带入航空器,此行为构成《中华人民共和国刑法》第一百三十条非法携带枪支、弹药、管制刀具、危险物品危及公共安全罪,即"非法携带枪支、弹药、管制刀具或者爆炸性、易燃性、放射性、毒害性、腐蚀性物品,进入公共场所或者公共交通工具,危及公共安全,情节严重的,处三年以下有期徒刑、拘役或者管制。"

李某在机上纵火的行为构成放火罪,根据《中华人民共和国刑法》第一百一十四条和一百一十五条的规定,"放火、决水、爆炸以及投放毒害性、放射性、传染病病原体等物质或者以其他危险方法危害公共安全,尚未造成严重后果的,处三年以上十年以下有期徒刑;致人重伤、死亡或者使公私财产遭受重大损失的,处十年以上有期徒刑、无期徒刑或者死刑。过失犯前款罪的,处三年以上七年以下有期徒刑;情节较轻的,处三年以下有期徒刑或者拘役。"若李某放火的行为有足以造成航空器倾覆、毁坏的危险,则构成《中华人民共和国刑法》第一百一十六条破坏交通工具罪,即"破坏火车、汽车、电车、船只、航空器,足以使火车、汽车、电车、船只、航空器发生倾覆、毁坏危险,尚未造成严重后果的,处三年以上十年以下有期徒刑;造成严重后果的,处十年以上有期徒刑、无期徒刑或者死刑。"

李某持刀伤人的行为,根据目的的不同,构成的犯罪也有所不同。若李某以危害飞行安全为目的实施暴行,则构成《中华人民共和国刑法》第一百二十三条暴力危及飞行安全罪,即"对飞行中的航空器上的人员使用暴力,危及飞行安全,尚未造成严重后果的,处五年以下有期徒刑或者拘役;造成严重后果的,处五年以上有期徒刑。"若李某以杀伤他人为目的,则构成《中华人民共和国刑法》第二百三十四条故意伤害罪,即"故意伤害他人身体的,处三年以下有期徒刑、拘役或者管制。犯前款罪,致人重伤的,处三年以上十年以下有期徒刑;致人死亡或者以特别残忍手段致人重伤造成严重残疾的,处十年以上有期徒刑、无期徒刑或者死刑。"

若李某确实属于精神病人且在实施行为时处于发病状态,则不承担刑事责任。因为根据《中华人民共和国刑法》规定,精神病人在不能辨认或者不能控制自己行为时造成危害结果,经法定程序鉴定确认的,不负刑事责任。作为完全丧失自我意识和控制、辨认能力的精神病人,不具备刑事责任能力,不满足犯罪主体的构成要件,所以不构成犯罪。

第三节 《中华人民共和国治安管理处罚法》

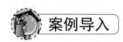

某航空公司的航班上,飞机在平飞阶段,航空安全员在例行巡舱过程中,发现一名旅客正在使用充电宝给手机充电玩游戏。航空安全员当即上前提醒并制止,行为人拔掉了充电线。但航空安全员走后,行为人再次使用充电宝进行充电。后经询问后发现,该乘客是一名未满14周岁的未成年人。

请问:该乘客的行为是什么性质?依据法律规定该行为应当承担怎样的法律责任?行为人作为未满14周岁的未成年人是否应当承担法律责任?

通过本节的学习了解《中华人民共和国治安管理处罚法》的基本内容与航空安保的关系,以及治安管理处罚的概念、性质及种类。

一、《中华人民共和国治安管理处罚法》的主要内容

《中华人民共和国治安管理处罚法》共分为六章,包括总则、处罚的种类和适用、违反治安管理的行为和处罚、处罚程序、执法监督和附则。治安管理处罚法既有实体法的部分,即第三章违反治安管理的行为和处罚的部分,同时也具有程序法的部分,即处罚程序、执法监督的部分。总则中对《中华人民共和国治安管理处罚法》的立法目的、基本原则,治安管理的主管部门、案件管辖等内容进行了规定。第二章处罚的种类和适用中,规定了对违反治安管理行为的处罚形式以及每种处罚的适用方法。第三章违反治安管理的行为和处罚中,对哪些行为属于违反治安管理的行为以及相应的法律责任进行了规定,明确了具体的处罚方式。第四章处罚程序中针对违反治安管理的行为人进行处罚的程序进行了规定,包括了调查、决定和执行三个阶段的程序,治安管理处罚要严格按照程序进行。第五章执法监督部分规定了执法的原则和注意事项,要求执法过程要接受社会监督,严禁在执法过程中出现违法违纪行为,如果执法人员出现此类行为则应承担法律责任,并且对被害人进行赔偿。

二、《中华人民共和国治安管理处罚法》与航空安保的关系

(一)《中华人民共和国治安管理处罚法》在航空安保法律体系中的地位

在航空安保法律体系中,《中华人民共和国治安管理处罚法》处在一个衔接的位置,即在合法行为、违法行为与犯罪行为之间起到一定的衔接作用。对于一些具有社会危害性的行为,在其没有触犯刑法,但该行为确实侵害法益的情况下,可以由《中华人民共和国治安管理处罚法》进行规制,并且用治安处罚进行处理。《中华人民共和国治安管理处罚法》中的行政处罚,是行政处罚的一种,但属于比较特殊的行政处罚。《中华人民共和国行政处罚法》中规定,国务院或者经国务院授权的省、自治区、直辖市人民政府可以决定一个行政机关行使有关机关的行政处罚权,但限制人身自由的行政处罚只能由公安机关行使,而治安管理处罚就包括需要限制人身自由的处罚,如行政拘留,并且治安管理处罚在处罚的程度上较其他的行政处罚更加严厉,仅次于刑罚。在整个航空安保法律体系中,《中华人民共和国治安管理处罚法》的处罚力度仅次于《中华人民共和国刑法》,将航空安保工作中的违规行为、一般违法行为、治安违法行为与犯罪行为进行了衔接,保证了法律体系的完整性。

(二)《中华人民共和国治安管理处罚法》在航空安保工作中的作用

在航空安保工作中,除了非法干扰行为等严重的犯罪行为以外,还有虽然不构成犯罪但也会干扰客舱内公共秩序的扰乱行为,而规制扰乱行为也是航空安保工作的重要内容,所以《中华人民共和国治安管理处罚法》在航空安保工作中利用率很高。《中华人民共和国治安管理处罚法》中明确规定,对于扰乱机场等公共场所秩序、扰乱航空器上秩序、非法拦截、强登、扒乘航空器,影响航空器正常运行,盗窃、损坏、擅自移动使用中的航空设施,或者强行进入航空器驾驶舱、在使用中的航空器上使用可能影响导航系统正常功能的器具、工具,不听劝阻等危害航空安全的违法行为可以处以警告、罚款、行政拘留等治安管理处罚。在航空安保工作中,《中华人民共和国治安管理处罚法》为处理扰乱行为提供了法律依据,即保障了航空安保工作中对客舱扰乱行为进行处罚时有法可依。

三、治安管理处罚的概念、性质及种类

(一)治安管理处罚的概念和性质

治安管理处罚是公安机关对实施违反治安管理行为的行为人所进行的行政处罚。根据《中华人民共和国治安管理处罚法》第二条的规定:"扰乱公共秩序,妨害公共安全,侵犯人身权利、财产权利,妨害社会管理,具有社会危害性,尚不够刑事处罚的,由公安机关依照本法给予治安管理处罚。"从中可以看出,治安管理处罚的对象是对于具有社会危害性但尚不构成犯罪的行为。

治安管理处罚本质上也是行政处罚的一种,是由公安机关实施的有关治安管理的行政处罚,是为了维护社会治安、保障公共安全而对违反治安管理的行为进行处罚的方式。

(二)治安管理处罚的种类

《中华人民共和国治安管理处罚法》第十条规定:"治安管理处罚的种类分为:警告;罚款;行政拘留;吊销公安机关发放的许可证。对违反治安管理的外国人,可以附加适用限期出境或者驱逐出境。"

1. 警告

警告是最轻的一种治安管理处罚,属于申诫罚。申诫罚是公安机关对违反公安行政管理的相对人的谴责与告诫。其目的和作用是通过对违法行为人精神上的惩戒,引起被处罚人思想上的注意和警戒,使其以后不再违法。警告和批评教育是有区别的。二者从内容到方法上都有很多相似之处,都要摆事实、讲道理、以理服人、明确责任,讲明后果及危害。但是二者之间不同的是警告作为一种处罚,必须由执行机关作出书面裁决并向行为人宣布裁决结果,具有国家强制性。

2. 罚款

罚款是指公安机关对违反治安管理行为人,依法强制其在一定期限内向国家缴纳一定数额金钱的治安管理处罚。罚款的目的是使违反治安管理行为人在经济上受到损失,从而受到触动、教育,并改正错误,以后不再实施违反治安管理行为。公安机关在决定罚款处罚时,根据每个具体违反治安管理行为的性质、情节、后果及违反治安管理行为人态度等情况,分别适用于不同罚款档次,在法定幅度内,合理确定罚款数额。这里的罚款与刑法中规定的"罚金"不同,罚款是一种治安管理处罚,适用于违反治安管理,尚不构成犯罪的行政违法行为人,由公安机关决定;而罚金是一种刑罚,适用于已经构成犯罪的犯罪分子,由人民法院裁决。

3. 行政拘留

行政拘留属于人身罚,人身罚又称自由罚,是指公安机关对违反公安机关行政管理法规的相对人,依法作出限制人身自由的一种行政处罚。行政拘留是指法定的行政机关依法对违反行政法律法规的人,在短期内剥夺人身自由的一种行政处罚。行政拘留是最严厉的一种行政处罚,通常适用于严重违反治安管理但不构成犯罪,而警告、罚款处罚不足以惩戒的情况。因此,法律对行政拘留的设定和实施条件以及实施程序均有严格的规定。行政拘留的裁决权属于县级以上公安机关;期限一般为一日以上、十五日以下,数行为并罚合并执行的行政拘留最长不超过二十日。

4. 吊销公安机关发放的许可证

吊销公安机关发放的许可证,是剥夺违反治安管理行为人已经取得的,由公安机关依法发放的从事某项与治安管理有关的行政许可事项的许可证,使其丧失继续从事该项许可事项的资格的一种处罚。为了维护社会治安秩序,有关的法律、行政法规对一些与治安管理工作关系比较密切的事项,规定实行许可制度,由公安机关依法审核、发放许可证。没有依法取得许可证而从事相关业务和活动的,属于违反治安管理行为,应当依法给予相应的处罚。

导入案例评析

本案中,根据相关法规,在客舱内使用充电宝的行为可以认为属于违规使用电子产品的扰乱行为。根据《中华人民共和国治安管理处罚法》第二十三条第一款第(三)项,扰乱公共汽车、电车、火车、船舶、航空器或者其他公共交通工具上的秩序的,处警告或者二百元以下罚款;情节较重的,处五日以上十日以下拘留,可以并处五百元以下罚款。而由于行为人是未满14周岁的未成年人,根据《中华人民共和国治安管理处罚法》第十二条:"已满十四周岁不满十八周岁的人违反治安管理的,从轻或者减轻处罚;不满十四周岁的人违反治安管理的,不予处罚,但是应当责令其监护人严加管教。"故行为人不会被处罚,但应当责令其监护人严加管教。

第五章 客舱安保工作的相关理论和立法

第四节 《公共航空旅客运输飞行中安全保卫工作规则》

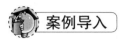

据媒体报道,2019年11月,有网友爆料了一张女子坐在疑似客机驾驶舱内的照片。照片中,一名未身着制服的女子坐在飞机驾驶座上,面前的仪表盘前摆放着茶具,女子摆出剪刀手的动作。照片的配文中可以看到"超级感谢机长呀!实在是太开心了"的字样。经调查,该事情发生在2019年1月国内某航空公司的航班上,当班机长违反规定,让该女子进入了驾驶舱。事后,机长被终身停飞,其他机组成员被无限期停飞。①

《公共航空旅客运输飞行中安全保卫工作规则》于2017年1月11日经交通运输部第1次部务会议通过,自2017年3月10日起施行。这部规章是自原2008年的中国民用航空局令第193号(交通运输部2016年3月4日重新公布)的基础上修订而来的。

一、规章简介

(一)规章特点

《公共航空旅客运输飞行中安全保卫工作规则》是我国唯一有关飞行中安保工作的专门规章。规章明确了飞行中安保工作相关单位及岗位的职责和定位,以确保飞行中安保工作有效开展。规章还优化了相关岗位工作流程,完善了工作机制,加强了行政监管力度,增加了守法信用信息的相关内容,以此确保飞行中安全保卫工作有法可依、权责明确、监督有力、处罚有据。同时,规章还参照《中华人民共和国反恐怖主义法》的立法成果,根据恐怖活动的新动向对空中安保措施进行了调整。

(二)规章适用范围

规章适用于中华人民共和国境内设立的公共航空运输企业从事公共航空旅客运输的航空器飞行中驾驶舱和客舱的安全保卫工作,不适用于通用航空、货运和货舱的安保工作。

二、飞行中安保工作各主体的职责

(一)公共航空运输企业的安保职责

规章规定公共航空运输企业对本企业从事旅客运输的航空器飞行中安全保卫工作承担主体责任。

1. 航空安保机构的设置

民航局曾在2012年下发的《关于加强空中安全保卫工作措施的意见》文件中要求"公共航空运输企业要严格按照法规要求,设置独立的安全保卫机构,配备足够的管理人员、后勤保障人员、设施设备等资源。航空安全员队伍由公共航空运输企业保卫部门实行统一管理。"

---

① 网易航空.桂林航空回应"网红进入驾驶舱"事件:当事机长终身停飞[EB/OL].(2019-11-04)[2023-05-23]. https://www.163.com/air/article/ET56P0RH000181O6.html.

规章对文件的要求予以了确认,在第五条中明确规定:"公共航空运输企业应当设立或指定专门的航空安保机构,负责飞行中安全保卫工作。公共航空运输企业的分公司应当设立或指定相应的航空安保机构,基地等分支机构也应当设立或指定相应机构或配备人员,负责飞行中安全保卫工作。"

从以上条文规定可以看出,为有效保障飞行中安保工作,具有独立法人资格的公共航空运输企业应设立或指定专门的航空安保机构,对于分公司和基地等不具备独立法人资格的分支机构,则是设立或指定相应机构即可。

2. 飞行中安保工作的经费保障

公共航空运输企业应当建立并严格执行飞行中安全保卫工作经费保障制度。经费保障应当满足飞行中安全保卫工作运行、培训、质量控制以及设施设备等方面的需要。

涉及民航反恐怖主义工作的,应满足反恐怖主义专项经费保障制度的要求。

3. 航空安全员的配备和管理

公共航空运输企业应当按照相关规定配备和管理航空安全员队伍。

1) 合规派遣

公共航空运输企业应当按照相关规定派遣航空安全员。

2) 技术等级制度

为了保证航空安全员这一职业的发展空间,建立安全员的职业上升通道,维持航空安全员队伍的稳定,确保安保工作的有效实施,减少航空安保工作的隐患,公共航空运输企业应当建立航空安全员技术等级制度,对航空安全员实行技术等级管理。

3) 兼职安全员的禁止

为避免对航空安保工作形成干扰,规章规定在航空安全员飞行值勤期,公共航空运输企业不得安排其从事其他岗位工作,做到专岗专责。例如,禁止以乘务员的身份兼任安全员,也禁止以安全员的身份兼任乘务工作。需要注意的是,禁止兼职安全员,并非禁止安全员或乘务员获取双重资质,只是不允许其在同一时间从事两个或以上岗位的工作。

4) 航空安全员的勤务管理

公共航空运输企业应当按照相关规定,为航空安全员配备装备,并对装备实施统一管理,明确管理责任,建立管理工作制度,确保装备齐全有效。

装备管理工作记录应当保留12个月以上。

(二) 机长的安保职责和权力

机长统一负责飞行中的安全保卫工作。机长在履行飞行中安全保卫职责时,行使下列权力。

(1) 拒绝起飞权。在航空器起飞前,发现未依法对航空器采取安全保卫措施的,有权拒绝起飞。

(2) 管束权和强制离机权。对扰乱航空器内秩序,妨碍机组成员履行职责,不听劝阻的,可以要求机组成员对行为人采取必要的管束措施,或在起飞前、降落后要求其离机。

(3) 命令权。对航空器上的非法干扰行为等严重危害飞行安全的行为,可以要求机组成员启动相应处置程序,采取必要的制止、制服措施。

(4) 请求权。处置航空器上的扰乱行为或者非法干扰行为,必要时请求旅客协助。

(5) 飞行计划变更权和航空器处置权。在航空器上出现扰乱行为或者非法干扰行为等严重危害飞行安全行为时,根据需要改变原定飞行计划或对航空器进行适当处置。

(三) 航空安全员和其他机组成员的安保职责

航空安全员在机长领导下,承担飞行中安全保卫的具体工作。机组其他成员应当协助机长、航空安全员共同做好飞行中安全保卫工作。

机组成员应当按照相关规定,履行下列职责。

(1) 航空安保检查:按照分工对航空器驾驶舱和客舱实施安保检查。

(2) 驾驶舱、客舱的保护:根据安全保卫工作需要查验旅客及机组成员以外的工作人员的登机凭证;制止未经授权的人员或物品进入驾驶舱或客舱。

(3) 管束、强制离机的执行:对扰乱航空器内秩序或妨碍机组成员履行职责,且不听劝阻的,采取必要的管束措施,或在起飞前、降落后要求其离机。

(4) 严重威胁的处置:对严重危害飞行安全的行为,采取必要的措施。

(5) 特殊执勤程序的执行:实施运输携带武器人员、押解犯罪嫌疑人、遣返人员等任务的飞行中安保措施。

(6) 其他:法律、行政法规和规章规定的其他职责。

(四) 对旅客涉安保工作的规定

旅客应当遵守相关规定,保持航空器内的良好秩序;发现航空器上可疑情况时,可以向机组成员举报。旅客在协助机组成员处置扰乱行为或者非法干扰行为时,应当听从机组成员指挥。

(五) 有关管束

在《中华人民共和国民用航空安全保卫条例》和《公共航空旅客运输飞行中安全保卫工作规则》中,都提到了"管束"的措施。

机上管束措施,是指机长指令航空安全员及其他机组人员(必要时可请求旅客协助)对行为人实行看管、强制约束以使其不能继续实施扰乱行为或非法干扰行为。从机上管束措施本身的性质来看,其显然属于机长治安权的行使,因此,此处所言之"管束"在很多方面具有行政管束的特征。

根据行政管束的目的,可以将其划分为以下四种。一是救护性管束,其更多的是出于一种人道主义精神,以及由人的生命权之最高价值而引申出的警察保护义务。二是保护性管束,是指将被管束人从危险的状态转移至安全状态。三预防性管束,四是制止性管束,以上两类可以统称为安全性管束,是从国家维护社会治安秩序和公共安全的角度来讲的。

行政管束如果从行政行为的角度处罚,本质上是行政强制的一种——即时强制。即时强制是在紧急情况发生时直接基于法律、法规的规定而采取的强制措施,主要目的在于维护法律、法规所确立的社会秩序和社会状态,针对的对象是人的人身、自由和财产。即时强制实施不慎,很容易造成对公民权利的侵犯,因此,即时强制在实施过程中应尽量做到即时、合理、适度。同理,航空安全员在工作过程中应审慎采取管束措施,确有必要时,可以在机长授权下进行。客舱安保工作中实施的管束通常是保护性管束或安全性管束。

三、飞行中安保工作措施

公共航空运输企业应当根据本规则及其他相关规定,制定飞行中安全保卫措施,明确机组成员飞行中安全保卫职责,并纳入本单位航空安全保卫方案。

(一)飞行中安保工作的保障措施

1. 值班备勤制度

公共航空运输企业应当建立并严格执行飞行中安全保卫工作值班制度和备勤制度,保证信息传递畅通,确保可以根据飞行中安全保卫工作的需要调整和增派人员。

2. 安保资料的配备

为了更好地实施航空器飞行中的安保工作,规范执勤程序和文件,公共航空运输企业应当按照相关规定,在飞行中的航空器内配备安保资料,包括:适合本机型的客舱安保搜查单;发现爆炸物或可疑物时的处置程序;本机型航空器最低风险爆炸位置的相关资料;航空器客舱安保检查单;航班机组报警单;其他规定的安保资料。

机上安保资料应当注意妥善保管,严防丢失被盗;机组成员应当熟知机上安保资料的存放位置和使用要求。

对于安保资料是否一定为纸质版,此处并未做出明确规定,也即意味着安保资料也不排除可以使用电子版本,但出于稳妥考虑,两种形式的安保资料可以互为备份,且在出于证据提供等必要情形时,应当使用纸质版的安保资料。

3. 航空安全员座位预留

公共航空运输企业应当为航空安全员在航空器上预留座位,座位的安排应当紧邻过道以便于航空安全员执勤为原则,固定位置最长不得超过 6 个月。

安全员的座位预留制度要求,公共航空运输企业不能以乘务员的工作号位来代替此处应预留的座位,为了避免安全员,尤其是便装安全员的身份暴露,对于安全员的座位安排,除了要求便于执勤外,还要求定期作出变化。

4. 航前协同会制度

为了有效地应对飞行中航空器内的非法行为,促进机组人员处置机上案事件时相互配合协调,提高处置效果,公共航空运输企业应当建立航前协同会制度。

航前协同会由机长亲自负责召集,不能将此项工作授权或委托给其他人员,所有机组成员必须参加。在会上,主要应该明确飞行中安全保卫应急处置预案等内容,在明确预案的同时,机长可以就相关职权的行使进行授权,该授权可以以口头或签写协同单的形式进行。

5. 执勤日志制度

公共航空运输企业应当建立并严格执行飞行中安全保卫工作执勤日志管理制度,保证飞行中安保工作的记录完整、台账齐全,便于安保监督和管理工作的开展。

6. 特殊执勤程序的保障

在特定人员搭乘民航班机时,需要对飞行中航空器内的安保工作程序和要求作出特别的规定。以上所称特定人员主要是指国家警卫对象、携带武器人员、犯罪嫌疑人、遣返人员和相应的押解人员等。

在特定人员乘机时,公共航空运输企业应当按照国家相关规定,采取飞行中安全保卫措施。

(二)飞行中安保工作的实施措施

1. 酒精控制

除机场免税店购买的酒类,并按合格包装带上飞机以外,旅客不能自行携带酒类进入客舱饮用。合格包装,是指专门设计的防拆换安保袋(security tamper-evident bags,STEBs),只应用于由机场商店或在航空器上销售的液体、气溶胶和凝胶等商品。

公共航空运输企业应当严格控制航空器上含酒精饮料的供应量,避免机上人员饮酒过量。

2. 航空器安保检查

航空器安保检查是机组成员的日常工作,公共航空运输企业应要求机组成员做好合理分工,按规定程序和方法进行安保检查。

规章规定,航空器驾驶舱和客舱的安保检查由机组成员在旅客登机前、下机后共同实施,防止航空器上留有未经授权的人员和武器、爆炸物等危险违禁物品。

3. 驾驶舱的安保控制

"9·11"事件之后,对于飞行中的航空器驾驶舱的安保控制受到了国际社会的高度重视。

由于驾驶舱的控制权直接关系到航空器及其所载人员生命和财产的安全,为了避免对航空器驾驶员安全操作的干扰,规章也规定,机组成员应当对飞行中的航空器驾驶舱采取保护措施,除下列人员外,任何人不得进入飞行中的航空器驾驶舱:机组成员;正在执行任务的民航局或者地区管理局的监察员或委任代表;得到机长允许并且其进入驾驶舱对于安全运行是必需或者有益的人员;经机长允许,并经公共航空运输企业特别批准的其他人员。

4. 机上案(事)件的处置和报告

机组成员应当按照机长授权处置扰乱行为和非法干扰行为。此处所称授权既包括航前协同会上机长的授权,也包括案(事)件发生后,机长的口头或书面授权。

1) 非法行为的处置

(1) 一般规定:根据机上案(事)件处置程序,发生扰乱行为时,机组成员应当口头予以制止,制止无效的,应当采取管束措施;发生非法干扰行为时,机组成员应当采取一切必要处置措施,此处必要处置措施是指非如此不足以消除非法干扰行为所带来的风险的措施。

(2) 处置优先:出现严重危害航空器及所载人员生命安全的紧急情况,机组成员无法与机长联系时,应当立即采取必要处置措施,处置之后再向机长进行报告。

(3) 移交:机组成员对扰乱行为或非法干扰行为处置,应当依照规定及时报案,移交证据材料。

2) 非法干扰事件的报告

国内民用航空旅客运输中发生非法干扰行为时,公共航空运输企业应当立即向民航局、企业所在地和事发地民航地区管理局报告,并在处置结束后15个工作日内按照相关规定书面报告民航地区管理局。

航空器起飞后发生的事件,提交给最先降落地机场所在地民航地区管理局;航空器未起飞时发生的事件,提交给起飞地机场所在地民航地区管理局。

国际民用航空旅客运输中发生非法干扰行为时,公共航空运输企业应当立即报告民航局,并在处置结束后15个工作日内将书面报告提交给民航局。

5. 航空安全员的执勤要求

1) 执勤装备、证照和资料齐全

航空安全员应当按照相关规定,携带齐全并妥善保管执勤装备、证件及安保资料。

2) 酒精和药物限制

航空安全员在饮用含酒精饮料之后的8小时之内,或其呼出气体中所含酒精浓度达到或者超过0.04g/210L,或处在酒精作用状态之下,或受到药物影响损及工作能力时,不得在航空器上履行职责。

公共航空运输企业不得派遣存在前款所列情况的航空安全员在其航空器上履行飞行中安全保卫职责。

3) 执勤时间的要求

航空安全员值勤、飞行值勤期、休息期的定义,飞行值勤期限制、累积飞行时间、值勤时间限制和休息时间的附加要求,依照《大型飞机公共航空运输承运人运行合格审定规则》中对客舱乘务员的规定执行。

其中,飞行值勤期限制规定中,航空安全员最低数量配备标准应当执行相关派遣规定的要求。

公共航空运输企业不得派遣航空安全员在超出本规定的值勤期限制、飞行时间限制或不符合休息期要求的情况下执勤。

航空安全员不得接受超出规定范围的执勤派遣。

四、培训质量控制

公共航空运输企业应当按照国家民用航空安全保卫培训方案和国家民用航空安全保卫质量控制计划①,落实飞行中安全保卫工作的培训和质量控制要求。

(一) 安保协同演练

飞行中案(事)件的处置不能仅依靠航空安全员的努力,处置的成功往往需要机组人员之间的统一协调配合。定期演练对于安保预案的有效执行至关重要,因此,公共航空运输企业每年至少应当组织一次驾驶员、乘务员和航空安全员共同参与的飞行中安全保卫实战演练。

(二) 培训保障

公共航空运输企业应当按照相关规定,提供满足机组成员飞行中安全保卫工作培训需要的场所、装备器械、设施、设备、教材、人员及其他保障。

(三) 实习飞行

公共航空运输企业应当按照相关规定,组织新招录航空安全员进行实习飞行。实习飞行应当由经民航局培训的教员指导实施。

---

① 我国目前正在此文件的基础上,重新制定《国家民用航空安全保卫质量控制方案》。

（四）培训记录的管理

公共航空运输企业应当建立飞行中安全保卫业务培训考核机制,并为机组成员建立和保存飞行中安全保卫业务培训记录,该培训记录保存至少 36 个日历月。

航空安全员不再服务于该企业时,公共航空运输企业应当自其离职之日起,将前款要求的培训记录保存至少 12 个日历月。航空安全员自离职之日起 11 个日历月内提出要求时,公共航空运输企业应当在 1 个日历月之内向其提供飞行中安全保卫培训记录复印件。

五、术语解释

附则主要对相关术语做出了定义。

（1）飞行中：是指航空器从装载完毕、机舱外部各门均已关闭时起,直至打开任一机舱门以便卸载时为止。航空器强迫降落时,在主管当局接管对该航空器及其所载人员和财产的责任前,应当被认为仍在飞行中。

（2）机组成员：是指在飞行中民用航空器上执行任务的驾驶员、乘务员、航空安全员和其他空勤人员。

（3）航空安全员：是指为了保证航空器及其所载人员安全,在民用航空器上执行安全保卫任务,具有航空安全员资质的人员。

（4）非法干扰行为：指危害民用航空安全的行为或未遂行为,包括但不限于：非法劫持航空器；毁坏使用中的航空器；在航空器上或机场扣留人质；强行闯入航空器、机场或航空设施场所；为犯罪目的而将武器或危险装置、材料带入航空器或机场；利用使用中的航空器造成死亡、严重人身伤害,或对财产或环境的严重破坏；散播危害飞行中或地面上的航空器、机场或民航设施场所内的旅客、机组、地面人员或大众安全的虚假信息。

（5）扰乱行为：是指在民用机场或在航空器上不遵守规定,或不听从机场工作人员或机组成员指示,从而扰乱机场或航空器上良好秩序的行为。以上表述和《公共航空运输企业航空安全保卫规则》中一致,但本规章对航空器上常见的扰乱行为进行了列举：强占座位、行李架的；打架斗殴、寻衅滋事的；违规使用手机或其他禁止使用的电子设备的；盗窃、故意损坏或者擅自移动救生物品等航空设施设备或强行打开应急舱门的；吸烟（含电子香烟）、使用火种的；猥亵客舱内人员或性骚扰的；传播淫秽物品及其他非法印刷物的；妨碍机组成员履行职责；扰乱航空器上秩序的其他行为。

导入案例评析

通过本节的学习,我们了解了公共航空旅客运输飞行中安保工作的责任承担主体、各方职责和飞行中安保的一些具体措施。

本案例涉及飞行中驾驶舱安全保卫的问题。"9·11"事件惨痛的教训提醒我们,做好飞行中驾驶舱的安保工作涉及航空器和广大机上和地面人员及财产的安全,是飞行中安保的重点工作。"9·11"事件之后,各国都在驾驶舱保护方面采取了很多措施,国际民航组织也在附件当中提出了驾驶舱加固的标准和建议措施。我国《大型飞机公共航空运输承运人运行合格审定规则》和《公共航空旅客运输飞行中安全保卫工作规则》均明确规定了飞行中能够进入驾驶舱的只有以下四类人：机组成员；正在执行任务的民航局或者地区管理局的监察员或委任代表；得到机长允许并且其进入驾驶舱对于安全运行是必需或者有益的人员；经机长允许，并经公共航空运输企业特别批准的其他人员。

本案中，进入驾驶舱的女子显然不属于以上四类人员之一。需要机组成员注意的是，《公共航空旅客运输飞行中安全保卫工作规则》中规定的航空安全员和其他机组成员的职责中就明确规定了"制止未经授权的人员或物品进入驾驶舱或客舱"，因此，若在飞行中出现未经授权进入驾驶舱的情况，安全员和其他机组成员都将难辞其咎。

国际社会航班驾驶舱未经授权进入的情况也屡见不鲜，例如，2023年2月27日，印度航空从迪拜飞往德里的航班上，机长因涉嫌在飞行期间邀请其朋友进入驾驶舱而受到调查。2022年，尼泊尔航空从迪拜飞往加德满都的航班上，机长擅自允许某航空视频博主进入驾驶舱，并接受其视频采访，后该机长被停飞。①

国际社会对飞行中驾驶舱的保护均有明确的规定，作为航空安保人员，在执勤时一定要坚持原则，切实履行好安保职责。

第五节　客舱安保工作中的法律关系

案例导入

某航空公司单通道客机，飞机正常起飞并在平飞大约一个半小时以后，客舱中部传来吵闹声，机组成员立即前往查看。此时，43B旅客刘某正挥舞U形颈枕砸向在过道站着的另一名旅客，事后了解该旅客是44B的王某。机组成员制止后，双方停止争吵打架行为。经了解，由于客舱在提供餐饮服务的过程中，刘某未要餐食，其调整座椅靠背想要休息，因放倒角度较大，令王某感到不满，遂要求刘某将座椅靠背调直一些。刘某称座椅既然这么设计，就说明可以放倒，这是自己的权利，自己正在休息，请不要打扰。后冲突升级，两人开始推搡和拉扯。

请问：公民的权利和义务之间存在着什么样的联系？公民在行使权利和履行义务方面有哪些需要注意的事项？

一、法律关系的概念

法律关系一词源于罗马法，最早是指债权债务关系。古罗马的查士丁尼在其所著的《查士丁尼法学总论》中曾对此有所表述："债是法律关系，基于这种关系，我们受到约束而必须依照我们国家的法律给付某物的义务。"

理论界通常认为，法律关系是在运用法律规范调整社会关系的过程中所形成的相关各方主体之间的权利和义务关系。法律关系一般包括三个要素：主体、客体和内容。

二、客舱安保工作中法律关系的类别

在客舱安保工作中，主要涉及以下几类法律关系。

---

① 民航资源网.印度机长邀请女乘客进入驾驶舱，机组人员投诉[EB/OL]．(2023－04－24)[2023－06－05]．http://news.carnoc.com/list/603/603257.html．

第五章 客舱安保工作的相关理论和立法

(一) 调整性法律关系

调整性法律关系是基于人们的合法行为而产生的、执行法的调整职能的法律关系,它是法实现的正常形式。调整性法律关系不需要适用法律制裁,法律主体之间即能够依法行使权利、履行义务。

在客舱安保工作实施期间,旅客和公共航空运输企业之间存在着调整性法律关系,即航空运输合同关系。运输合同是承运人将旅客或者货物从起运地点运输到约定地点,旅客、托运人或者收货人支付票款或者运输费用的合同。

在运输合同关系中,承运人负有将旅客安全运送至目的地的合同义务,此时,作为企业员工,当班的航空安全员及其他机组成员承担着保障旅客安全的具体义务,同时,机组成员还承担着向旅客提供约定的客舱服务的义务。旅客则承担着遵守法律、法规,服从机组人员指令,文明乘机的义务。

航空安全员在执勤时,需要对客舱内发生的纠纷进行准确的判断,以便决定是否应当采取客舱安保措施。例如,旅客因对客舱服务不满而与乘务员之间发生的争执在尚未明显影响到客舱秩序时,就不宜直接当作机上扰乱行为来处理。

(二) 保护性法律关系

保护性法律关系是由于违法行为而产生的、旨在恢复被破坏的权利和秩序的法律关系,执行着法的保护职能,所实现的是法律规范的否定性法律后果,是法实现的非正常形式,通常会使用法律制裁。

违法行为包括作为和不作为。例如,飞机起飞降落时乘客不关闭手机等电子设备就是一种不作为,在飞行中歹徒站起来劫持飞机就是一种作为,若航空安保人员此时"装聋作哑",在该采取措施而未采取时又是一种不作为。

在客舱安保执勤工作中,保护性法律关系主要存在于机场公安、机组成员与不法行为人之间。机长、航空安全员及其他机组成员采取措施制止扰乱行为和非法干扰行为就是在力图恢复正常的航空运输秩序,保证航空运输的安全,在移交机场公安之后,经法定程序,公安机关决定的行政处罚或人民法院判处的刑事处罚则体现的是对不法行为人的法律制裁。

此外,保护性法律关系也可能存在于航空安全员和民航主管部门之间,若航空安全员怠于履行职责或有其他违法行为,其可能面临着主管部门的行政处罚。

根据客舱安保工作的性质和特点,执法/执勤主体的权力通常包括命令权和执行权、惩治扰乱和非法干扰行为的制裁权等,其义务为依法合理行使职权、接受国家机关的法制监督和社会监督等。执法/执勤相对人(不法行为人)的权利通常包括检举权、申诉权和控告权以及公民的一般权利等,其义务为遵守法律法规、遵守民航运输规定、遵守和维护民航运输秩序与公共利益等。

(三) 民事侵权法律关系

民事侵权法律关系通常发生在不法行为人与机上其他人员、公共航空运输企业之间。

不法行为人除因自己的行为需接受行政或刑事处罚外,其由于自己的不法行为也可能造成对他人或者航空运输企业的民事损害,需要承担相应的民事损害赔偿责任。例如,某甲因在飞行中客舱内对他人实施暴力行为造成身体损害,需承担由此产生的医药费、误工费等;某乙散播虚假恐怖信息导致航班返航、备降等后果时,行为人应承担航班因返航、备降而发生的费用。

只有在通过公权力对不法行为人实施法律制裁的同时,充分支持受害人对不法行为人的民事损害赔偿请求,并加大在这方面的宣传力度,才能更好地保护受害人的利益,提高违法犯罪的成本,对全社会起到警示和教育的作用。

三、客舱安保工作中法律关系的主体

(一)主体的类别

客舱安保工作涉及的各方主体之间的关系不尽相同。客舱安保工作涉及的法律主体主要包括:一是执法/执勤主体,即民航公安部门,具体到客舱内安保工作的实施者,则主要是飞机上的机长、航空安全员、空中警察以及其他机组成员,甚至有时候还包括自愿辅助的旅客;二是不法行为人,即实施扰乱行为和非法干扰行为的行为人;三是不法行为的侵害对象,即其利益受扰乱行为和非法干扰行为侵害的人;四是公共航空运输企业,即客舱安保工作所涉航空器的所有人或经营人。

(二)权利能力和行为能力的概念

权利能力主要是民法上的概念,而行为能力往往和责任能力相关,在民法、行政法和刑法等部门法中均有体现。自然人和法人要能够成为法律关系的主体,实际享有权利和承担义务,就必须具有权利能力和行为能力。

1. 权利能力

权利能力又称权义能力(即权利义务能力),是指能够参与一定的法律关系,依法享有权利和承担义务的资格。

自然人的权利能力始于出生,终于死亡。法人的权利能力始于成立,终于其终止。胎儿原则上不具有权利能力,若侵权行为发生时,胎儿尚未出生,但若胎儿出生后因该侵权行为受到损害时,胎儿为被侵权人。

2. 行为能力

行为能力是指法律关系主体能够通过自己的行为实际取得权利、履行义务的能力。不同的行为能力,往往意味着特定主体不同的责任能力。具有行为能力必须首先具有权利能力,但具有权利能力,并不必然具有行为能力。

无论是在社会生活的哪个领域,判断一个人行为能力的标准主要包括以下三个方面:一是认知水平,即能否认识到自己行为的性质、意义和后果;二是控制水平,即能否控制和约束自己的行为;三是责任能力,即能否独立为自己的行为负责。由于以上标准并不能很直观地显现,因此,各国对自然人的行为能力往往是根据年龄、智力水平和精神健康状况来进行划分的。

(三)我国民法上的行为能力

依据《中华人民共和国民法典》,自然人的行为能力可进行以下划分。

1. 完全民事行为能力人

完全民事行为能力人是指达到一定法定年龄、智力健全、能够对自己的行为负完全责任的自然人。十八周岁以上的自然人是成年人,具有完全的民事行为能力,可以独立进行民事

活动,是完全民事行为能力人。年满十六周岁不满十八周岁的人,以自己的劳动收入作为主要生活来源,并能达到周围群众的一般生活水平的,视作完全行为能力人。

2. 限制民事行为能力人

限制民事行为能力人主要包括两类,一是八周岁以上的未成年人,可以独立实施纯获利益的民事法律行为或者与其年龄、智力相适应的民事法律行为;二是不能完全辨认自己行为的成年人为限制民事行为能力人,可以独立实施纯获利益的民事法律行为或者与其智力、精神健康状况相适应的民事法律行为。

3. 无民事行为能力人

无民事行为能力人主要包括两类:一是不满八周岁的未成年人;二是不能辨认自己行为的成年人。无民事行为能力人不能实施任何民事法律行为。

(四)我国刑法上的刑事责任能力

1. 完全刑事责任能力

一是已满十六周岁的人犯罪,应当负刑事责任;二是间歇性的精神病人在精神正常的时候犯罪,应当负刑事责任。

2. 限制刑事责任能力

一是已满十四周岁不满十六周岁的人,犯故意杀人、故意伤害致人重伤或者死亡、强奸、抢劫、贩卖毒品、放火、爆炸、投放危险物质罪的,应当负刑事责任;二是已满十二周岁不满十四周岁的人,犯故意杀人、故意伤害罪,致人死亡或者以特别残忍手段致人重伤造成严重残疾,情节恶劣,经最高人民检察院核准追诉的,应当负刑事责任;三是尚未完全丧失辨认或者控制自己行为能力的精神病人犯罪的,应当负刑事责任,但是可以从轻或者减轻处罚。

3. 无刑事责任能力

一是未满十二周岁的人,不负刑事责任;二是精神病人在不能辨认或者不能控制自己行为的时候造成危害结果,经法定程序鉴定确认的,不负刑事责任。

(五)《中华人民共和国治安管理处罚法》规定的责任能力

1. 完全责任能力

一是年满十四周岁的精神正常的人需要承担治安违法的责任;二是间歇性的精神病人在精神正常的时候违反治安管理的,也应当给予处罚。

2. 无责任能力

一是不满十四周岁的人违反治安管理的,不予处罚,但是应当责令其监护人严加管教;二是精神病人在不能辨认或者不能控制自己行为的时候违反治安管理的,不予处罚,但是应当责令其监护人严加看管和治疗。

(六)客舱安保法律关系主体的权利能力和行为能力

1. 执法/执勤主体

权利能力,确切地说应该是权力能力,即执法/执勤的资格,是指执法/执勤主体是否具备法律法规的授权或委托,是否是合法的执法/执勤主体,解决的是执法/执勤资格的问题。

就目前的执法/执勤主体而言,空中警察和航空安全员权力来源存在差异。

空中警察的编制归属于公安部门,即便在目前空中警察受双重领导的管理体制下,也具有《中华人民共和国人民警察法》对其的授权,因此其执法自然就是行政执法,是当然的执法主体。

航空安全员执勤的权力基础是机长所拥有的治安权,机长的治安权在《中华人民共和国民用航空法》中已经得到确认,航空安全员在客舱内的安保工作是在机长授权下开展的,因此,在客舱安保工作中,一般情况下,航空安全员应养成处置前后向机长请示报告的工作习惯。

此外,依据《公共航空旅客运输飞行中安全保卫工作规则》,其他机组成员也在机长授权下实施客舱安保工作,但在具体工作过程中,除应服从机长的合法指令外,还应该听从航空安全员的指挥和调度。旅客在应请求和自愿的情况下,也可以协助参与客舱安保工作,但在工作中应当听从机组成员指挥。

一般情况下,就执法/执勤主体而言,只要能依法正常任职,其行为能力自无问题。

2. 不法行为人

对进行扰乱行为和非法干扰行为的人员来说,由于对其主体资格并无特别规定,任何人都有可能进行扰乱行为和非法干扰行为,都有可能对民用航空安全造成威胁,因此,对其权利能力和行为能力的界定可以作通常的理解。

3. 不法行为的侵害对象

对于客舱内此类主体的权利能力和行为能力也无特殊规定,只要具有权利能力自然就有可能成为侵害的对象。

4. 公共航空运输企业

作为法人,其权利能力和行为能力是同时产生、同时消灭的。

导入案例评析

通过本节的学习,我们了解到在客舱安保工作中会产生多种类型的法律关系,无论哪种法律关系,其内容都是主体间的权利和义务。在社会中,权利和义务的总量是相等的,权利和义务相当于一个事物的一体两面,从下图权利和义务的极简模型看,甲的权利就是乙的义务,这就意味着,如果甲享有了过多的权利,则必然导致乙所享有的权利受到挤压,并且要承担额外的义务。社会主体间的权利和义务必须限定在一个合理、合法的范围内。

《中华人民共和国宪法》第五十一条规定:"中华人民共和国公民在行使自由和权利的时候,不得损害国家的、社会的、集体的利益和其他公民的合法的自由和权利。"

本案中,放倒座椅固然是刘某的权利,但其在权利行使时也应兼顾他人的合法自由和权利,也应当履行保证他人能正常享有权利的义务。因此,刘某在放倒座椅时,应考虑到后方旅客用餐和出入时的便利性。就如同有些因为航班延误而霸机的旅客振振有词:"我因为延误受损了,我为什么不能索赔?"而忽略了即便是索赔的权利,其行使时也应当遵守法律和社会公德,不能扰乱公共秩序,影响公共安全。

总之,没有无义务的权利,也没有无权利的义务,任何公民都不能只享受权利,而不承担义务,也不可能只承担义务,而不享受权利。因此,乘机旅客在权利行使的过程中,必须兼顾到他人和国家、公共利益,应当遵守社会公德,否则可能引发争端,严重的可能产生民事、行政甚至刑事责任。

练习与思考

一、名词解释
1. 恐怖主义
2. 犯罪构成
3. 行政拘留
4. 扰乱行为
5. 保护性法律关系

二、简答题
1. 恐怖活动的类型有哪些?
2. 构成正当防卫的条件有哪些?
3. 治安管理处罚的种类有哪些?
4. 飞行中的航空器内应当配备哪些安保资料?
5. 我国自然人的行为能力怎样划分?

三、案例思考

【案例1】

某航空公司的航班,机上配有三名航空安全员,机上乘客中有三名男性青年,三人均携带行李箱。平飞阶段,位于客舱中部的青年乘客开始频繁在客舱中后部走动,在路过另外两名青年旅客身边时低声交流,引起航空安全员警觉。在位于客舱后部的男性青年乘客走向客舱中部时,客舱中后部的同伴亦起身跟随,就在三人聚集在一起的瞬间,其中一名男性青年一把抓起身旁一女性乘客,勒住其脖子大喊:"劫机!都退后!"话音刚落,三人便紧贴着对方开始向前舱移动。此时,航空安全员开始尝试与歹徒进行谈判,其中一名歹徒声称,他们要前往某国加入当地恐怖组织,要求航班不得飞往原来的目的地,必须飞往该恐怖组织所在国家,否则将杀死人质。

请问:歹徒的行为属于什么性质?应当承担怎样的法律责任?

【案例2】

在某航班上,一名未成年乘客(十岁),盗窃另一名乘客的手机,被该乘客发现举报给机组成员。后经航空安全员调查发现,未成年乘客是在其监护人张某的教唆下进行的盗窃行为。

请问:在本案中,该未成年乘客是否应当承担刑事责任?其监护人是否应当承担刑事责任?

【案例3】

某航空公司的航班,原定于9:10起飞,由于天气原因,航班延误3个小时。由于对延误不满,乘客张某在登机口与机场工作人员发生口角,但并未发生斗殴行为。12:00旅客开始登机,地服人员向机组成员汇报了口角情况。12:10航班起飞。在飞机平飞阶段,乘务员开始发放餐食。在乘务员向张某发放餐食时,张某提出饮酒要求,乘务员以机上未配备酒精饮料为由拒绝,引发张某不满,其开始大声辱骂乘务员,并企图用餐车上的水壶攻击乘务员,航空安全员及时介入并制止了张某的行为。此时,与张某结伴同行的乘客陆某称,张某是一名精神病人,并向安全员出示了张某的病例。

请问:在本案中,张某所实施的行为可能会承担怎样的法律责任?如果张某确实属于精神病人,其是否应当承担法律责任?

【案例 4】

某日,某航班在上客期间,乘务员发现上机旅客中有一名醉酒旅客,表现出意识不清,语言含糊,其同伴确认保证不会影响正常客舱秩序后乘务员让两人坐到了各自座位上。安全员因当天感冒,执勤前吞服了几颗感冒药,得知情况后遂前去评估该旅客状况,发现该名旅客略有些激动。为不影响其他旅客,安全员将其座位调至后舱空着的几排座位之一坐下。然而,没过多久,该醉酒旅客情绪愈发激动起来,开始大呼小叫并和安全员有肢体接触,甚至开始殴打、指责其他旅客。安全员见无法劝阻,只好请示机长并经机长同意后,要求一名男性乘务员协助对其采取了管束措施。机长决定中止该醉酒旅客的行程,并通知机场公安人员到场,办好移交手续后,将其带下了飞机。

请问:该案体现了机长、航空安全员和其他机组成员是怎样的工作关系?机组的处置是否合法、合理?安全员当天上岗执勤是否符合规定?

【案例 5】

某航班在平飞阶段,乘务员开始发放餐食,在发放至某旅客时,该旅客提出需要一份儿童餐,但由于该旅客并未提前预订,导致无法为其提供。乘务员向其解释了原因之后,该旅客表示不能理解,称航空公司应该根据售票数据主动按旅客信息配备相应的餐食。在交涉过程中,旅客情绪非常激动,大声指责乘务员和航空公司,称航空公司的客舱服务不符合要求。

请问:该旅客行为是否构成扰乱行为?航空安全员应该如何处置?

第六章
客舱安保工作中的违法行为及其法律责任

本章学习目标：通过本章的学习，帮助学生理解并掌握各扰乱行为、非法干扰行为的判定及其对应的规范和处罚，掌握不法行为人应承担的法律责任，此外，通过学习，使学生也能掌握作为航空安保主体的公共航空运输企业违法所应承担的法律后果，明确了解并掌握航空安全员和其他机组成员违反安保法的规定所应承担的法律责任，增进学生对航空安保相关法律理论和工作规范的理解与应用。

第一节 法律责任概述

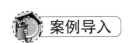

某航空公司的国际航班，原定起飞时间为 8:30，由于天气原因，航班延误至 11:00 起飞，登机时部分旅客有抱怨。登机后，几名旅客要求乘务员对航班延误进行赔偿，并且大吵大闹迟迟不肯入座。乘务员向航空安全员求助，安全员介入后进行了法律宣讲，在机组成员的安抚下，客舱秩序逐渐恢复。机长决定正常起飞。在飞行过程中，旅客王某向航空安全员举报称，隔壁座位的旅客陈某盗窃了其座位下方的救生衣。陈某称其行为不是盗窃，而是索要延误的赔偿。

请问：陈某的辩解是否成立？其行为属于什么性质？应当承担怎样的法律责任？

在航空安保工作中，旅客、航空安保工作人员及公共航空运输企业会面对多种案件，承担不同类型的法律责任，主要包括民事责任、行政责任和刑事责任。不同法律责任有不同的性质和特点，针对不同的行为，行为人承担的法律责任也有所不同。

一、民事责任

（一）民事责任的概念和特点

从法学理论的角度出发，民事责任是指由于违反民事法律、违约或者由于民法规定所应承担的一种法律责任。

民事责任的特点如下。

（1）民事责任主要是一种救济责任。民事责任的功能主要在于救济当事人的权利，赔偿或补偿当事人的损失。

（2）民事责任主要是一种财产责任。

（3）民事责任主要是一方当事人对另一方的责任，在法律允许的条件下，多数民事责任问题可以由当事人协商解决。根据承担民事责任的原因，将民事责任分为：由违约行为（或不履行其他义务）产生的违约责任；由民事违法行为，即侵权行为产生的一般侵权责任；由法律规定产生的特殊侵权责任。

（二）扰乱行为和非法干扰行为人的民事责任承担方式

事实上，扰乱行为人和非法干扰行为人在实践中很少单独承担民事责任，其在承担民事责任的同时，往往可能还要承担行政责任和刑事责任。单独承担民事责任只有一种情况，即既没有治安违法，也没有刑事违法，但其行为侵犯了他人的人身权或财产权，因此扰乱行为和非法干扰行为人承担的民事责任主要是侵权责任。根据《中华人民共和国民法典》第一百七十九条的规定，承担民事责任的方式主要有：停止侵害；排除妨碍；消除危险；返还财产；恢复原状；修理、重作、更换；继续履行；赔偿损失；支付违约金；消除影响、恢复名誉；赔礼道歉。法律规定惩罚性赔偿的，依照其规定。

（1）停止侵害：当侵权行为人实施的侵权行为仍然处于继续状态时，受害人可以依法要求法院责令加害人停止侵害人身或财产权的行为。

（2）排除妨碍：当侵权行为人实施的侵权行为使受害人的财产权利、人身权利无法正常行使时，受害人有权请求排除妨碍。

（3）消除危险：当行为人的行为对他人的人身财产安全造成了威胁，或存在对他人人身、财产造成损害的危险时，处于危险中的人有权要求行为人采取措施消除危险。

（4）返还财产：当侵权行为人没有合法依据，将他人财产据为己有时，受害人有权要求其返还财产。不能返还的，可以依法要求赔偿损失。

（5）恢复原状：恢复原状是指侵权行为致使他人的财产遭到损坏或形状改变，受害人有权要求加害人对受损财产进行修复或采取其他措施，使其恢复到原来状态。但前提是有恢复的可能和恢复的必要。

（6）赔偿损失：当侵权行为人给他人造成财产或人身损害时，应当给予赔偿。赔偿就是以金钱方式对受害人遭受的损失进行弥补。

（7）消除影响、恢复名誉：消除影响是指行为人因为其侵权行为在一定范围内对受害人的人格权造成了不良影响，应该予以消除。恢复名誉是指侵权行为人因其侵权行为导致被害人人格评价降低的，应该使受害人的人格利益恢复至未受侵害前的状态。

（8）赔礼道歉：赔礼道歉是指侵权行为人通过向受害人承认错误、表达歉意、请求原谅的方式以弥补受害人心理上的创伤。

除以上八种民事责任承担方式外，还包括继续履行、修理、重作更换和支付违约金。由于这三种方式是违约责任承担的独有方式，而机上扰乱行为和非法干扰行为基本都是侵权行为,因此在此不予详细解释。所有十一种承担民事责任的方式,可以单独适用,也可以合并适用。就机上扰乱行为和非法干扰行为而言,最常见的就是赔偿损失和赔礼道歉。

以上两种民事责任的承担方式可以是当事人协商,依协商结果决定责任承担的方式,赔偿损失的数额、赔偿的期限、赔偿的方式以及赔礼道歉的期限和方式都应该是协商的内容。民事责任的承担方式还可以是通过民事诉讼由司法机关予以最终确定。

赔偿损失是民事责任中最常见的方式,损害赔偿通常包括对财产损失的赔偿,对人身损害的赔偿以及精神损害的赔偿。就财产损失而言,赔偿的范围应是受害人遭受的全部损失,既包括直接损失,也包括间接损失。间接损失可以是利润损失也可以是劳动收入的损失,还可以是挚息收入等;就人身伤害赔偿而言,包括误工费、治疗费等很多方面;被害人如果人格权和身份权受到不法侵害,遭受到精神上的痛苦,也可请求精神损害赔偿。

民事主体因同一行为应当承担民事责任、行政责任和刑事责任的,承担行政责任或者刑事责任不影响承担民事责任;民事主体的财产不足以支付的,优先用于承担民事责任。

二、行政责任

(一) 行政责任的概念和特点

行政责任是指因违反行政法或因行政法规定而应承担的法律责任。对行政相对人而言,行政责任的承担方式主要表现为接受行政处罚。

行政处罚的特点如下。

(1) 处罚的决定和执行机关是行政机关,在航空安保法律关系中,主要是公安机关。
(2) 导致行政处罚的原因是行为人的行政违法行为和法律规定的特定情况。
(3) 行政处罚必须依据法定权限和程序进行。
(4) 行政处罚的对象是违反了行政法律规范但尚未构成犯罪的行政相对人。

(二) 扰乱行为和非法干扰行为人的行政责任承担方式

《中华人民共和国治安管理处罚法》从权力性质和处罚性质看,属于行政法的范畴,和《中华人民共和国行政处罚法》之间是特别法和一般法之间的关系。按照《中华人民共和国立法法》规定的法律适用原则,特别法优于一般法。只有特别法没有规定时,才会适用一般法。《中华人民共和国治安管理处罚法》第三条对此也有明确规定:"治安管理处罚的程序,适用本法的规定;本法没有规定的,适用《中华人民共和国行政处罚法》的有关规定。"

对于机上扰乱行为和非法干扰行为而言,《中华人民共和国治安管理处罚法》是行为人在承担法律责任时适用得最多的和最主要的法律。该法第十条规定了处罚的种类,即警告(申诫罚)、罚款(财产罚)、行政拘留(自由罚:一日以上十五日以下)和吊销公安机关发放的许可证(行为罚)。对违反治安管理的外国人,可以附加适用限期出境或者驱逐出境。依《中华人民共和国治安管理处罚法》第一百条的规定,违反治安管理行为事实清楚,证据确凿,处警告或者二百元以下罚款的,可以当场作出治安管理处罚决定。这也是空警当场处罚的权限。对于扰乱行为人或者非法干扰行为等严重危害飞行安全的行为人,由具有管辖权的公安机关在调查结束后,依据《中华人民共和国治安管理处罚法》给予处罚;构成犯罪的,依法追究刑事责任。

三、刑事责任

(一)刑事责任的概念和特点

刑事责任是指行为人因其犯罪行为所必须承受的,由司法机关代表国家所确定的否定性法律后果。

刑事责任的特点如下。

(1) 具有严重社会危害性的行为是产生刑事责任的根本原因。

(2) 刑事责任是犯罪人向国家所负的一种法律责任。它与民事责任由违法者向被害人承担责任有明显区别,几乎所有的刑事责任的大小、有无都不以被害人的意志为转移。

(3) 刑事责任是一种惩罚性责任,是所有法律责任中最严厉的制裁方式。

(4) 行为人被决定承担刑事责任的依据只能是刑事法律,体现了罪刑法定原则。

(二)扰乱行为和非法干扰行为人的刑事责任承担方式

刑事责任的表现形式是刑罚。我国刑法中规定的刑罚主要有两类,一为主刑;二为附加刑。主刑包括管制、拘役、有期徒刑、无期徒刑和死刑;附加刑包括罚金、剥夺政治权利、没收财产和驱逐出境。对扰乱行为和非法干扰行为人来说,由于涉及罪名繁多,法定刑从轻至重,不一而足,因此,以上任何一种附加刑几乎都有可能在司法实践中被适用。

导入案例评析

本案中,陈某的行为属于盗窃机上救生设施的行为,属于扰乱行为,李某所称的索取延误赔偿的说法不能成立。这是因为,航班延误与机上盗窃行为是两个不同的法律事实,不能混为一谈。陈某因航班延误造成损失的,可以根据航空运输合同的约定要求航空公司给予民事赔偿,或者根据《航班正常管理规定》依法追究航空公司或者其他责任主体的民事责任。但并不能以此为由实施其他违反治安管理的行为,否则,对其违反治安管理的行为,仍应当依照《中华人民共和国治安管理处罚法》追究其法律责任。李某盗窃救生衣的行为,根据《中华人民共和国治安管理处罚法》第三十四条的规定:"盗窃、损坏、擅自移动使用中的航空设施,或者强行进入航空器驾驶舱的,处十日以上十五日以下拘留。"

第二节 客舱扰乱与非法干扰行为及其法律责任

案例导入

某航空公司的国际航班上,在飞机进入平飞阶段,乘务员在例行清洁时发现,洗手间内有橡胶燃烧过的浓烈味道,于是向航空安全员报告。航空安全员及时查找可能的危险源,并报告了机长。经检查,航空安全员在洗手间内发现了遗弃的火柴和一些烧过的金属导线胶皮。经乘务员回忆,最后一个使用洗手间的乘客为一名青年男性乘客。航空安全员遂对该乘客进行询问,而该男性乘客表示听不懂汉语,拒绝回答航空安全员的问题。在离开自己座位时,该旅客打开行李架,拿出自己的行李,打开后露出了爆炸装置并企图引爆。航空安全员立即制服并约束该男子。

第六章 客舱安保工作中的违法行为及其法律责任

请问:该男子的行为属于什么性质?应当承担怎样的法律责任?

客舱不法行为主要是指扰乱行为和非法干扰行为,客舱航空安保工作中,最主要的内容也就是防范和制止以上两类行为,对于这些行为,航空安保工作人员不仅仅要掌握处置方法,也要对各类扰乱行为和非法干扰行为处置的法律依据及应承担的法律责任有所了解。

一、扰乱行为对应的违法及处罚

(一)扰乱行为的概念、性质、类型及特征

1. 扰乱行为的概念

目前,在国际社会上并没有对扰乱行为的明确定义。《国际民用航空公约》附件17仅仅对扰乱性旅客进行了定义,其中规定,扰乱性旅客,是指在机场或在航空器上不遵守行为规范,或不听从机场工作人员或机组人员指示,从而扰乱机场或航空器上良好秩序和纪律的旅客。从这个定义中,可以推导出扰乱行为的外延。我国在《公共航空旅客运输飞行中安全保卫工作规则》中参考了《国际民用航空公约》附件17中的规定,对扰乱行为进行了界定。扰乱行为,是指在民用机场或者在航空器上不遵守规定,或不听从机场工作人员或机组成员指示,从而扰乱机场或航空器上良好秩序的行为。

2. 扰乱行为的性质

扰乱行为通常属于一般违法行为,处置依据一般是《中华人民共和国治安管理处罚法》及相应行政法规或部门规章,一般社会危害性不会达到犯罪的程度,甚至很多扰乱行为可能连治安违法的程度都没有达到。

3. 扰乱行为的主要类型

各层级的立法都曾对扰乱行为进行过列举,目前对常见扰乱行为的归纳和列举通常依《公共航空旅客运输飞行中安全保卫规则》第四十九条的规定的分类(详见本书第五章)。然而,上述规章只是对典型行为的列举,并不代表扰乱行为只限于其所列的九种,扰乱机场或航空器上秩序和纪律的行为还包括散布虚假警情、险情,以及投放虚假的危险品、爆炸物等。

4. 扰乱行为的特征

1) 行为性质一般不严重

行为人在实施扰乱行为时,虽然有一定的故意,但仅限于对行为本身的故意,并没有造成严重危害结果的故意,也没有犯罪的故意。大多数情况下,行为人是由于不满服务、延误等原因,为了发泄情绪,同时又缺乏法律意识,从而实施了扰乱行为,主观恶性并不强。如果扰乱行为造成了返航、备降或者延误甚至更为严重的后果,多是因为行为人的过失导致的,即应当预见而未能预见,或者已经预见但轻信能够避免的心态。所以,扰乱行为在性质上一般不严重。

2) 危害后果相对较轻微

由于危害性相对较小,扰乱行为在很多国家都是作为行政违法行为或者轻微治安犯罪行为处理。民航安保相关国际公约在制定的时候也没有对扰乱行为进行明确的界定,只有《国际民用航空公约》附件17中规定了扰乱性旅客的定义,总体来说并没有引起世界各国的广泛重视。这主要是因为,扰乱行为引起严重危害后果的可能性相对较小,与非法干扰行为相比危害后果较轻微,一般不会造成机毁人亡的严重后果。在我国,对扰乱行为处置也多是

依据《中华人民共和国治安管理处罚法》作出行政处罚。

3）扰乱行为大多具有随机性

扰乱行为大多是在突发事件或者随机事件的情境中发生的，具有突发性，而行为人做出的反应也具有一定的随机性，大多不是有组织性、有预谋的行为，并且一些扰乱行为是在特定情境和情绪的支配下产生的，还有一部分是由于行为人法律意识薄弱产生的，在这种情况下，很难出现有预谋、有准备的犯罪案件，所以扰乱行为具有很大的随机性，而且难以预测和预防。

5. 扰乱行为的危害

1）侵害旅客、航空公司及各方的权益

扰乱行为虽然只是一般违法行为，危害性也相对较弱，但是或多或少还是会威胁到参与到航空活动中各方的利益。例如：在机舱内打架、斗殴等行为会侵害到旅客人身权利或者财产权利；盗窃、损坏机舱内救生设备的行为会损害航空公司的财产权利；机场内造成群体性事件的扰乱行为可能造成航班延误等后果，也会影响到机场或航空公司的利益，造成人力、财力、物力的损失。

2）扰乱正常的航空运输秩序

扰乱行为最主要的危害就是对机场内或者航空器内的秩序的破坏，扰乱行为发生后，很容易造成现场秩序的混乱。机场内发生混乱很容易导致航班延误，而机舱内的秩序混乱一旦造成一定后果也很可能会造成航班返航、备降的结果。这些情况都是对航空秩序的严重影响，会影响既定的飞行计划，甚至严重时还可能造成机场关闭、大量旅客滞留的后果。

3）可能危及航空安全

虽然扰乱行为造成严重危害后果的可能性相对较小，但并不是没有这种可能性。在飞行中的航班内，一些不遵守机组人员安全指令的行为极有可能给机上人员或者航空器造成极大的危险。例如，一些违反规定在机舱内吸烟的旅客，一旦不慎造成火灾，可能出现机舱烧毁甚至解体的危险。

（二）扰乱行为的认定、应对和处罚

飞行中的航空器上出现扰乱行为时，航空安全员应当按照本企业制定的扰乱行为管理程序对其进行管理。对下列扰乱行为，应当口头予以制止；制止无效的，应当采取约束性措施予以管束。

1. 强占座位、行李架

对在机舱内强占座位、行李架的行为，作为安全员应当表明身份、发出警示、口头予以制止，要求其依法乘机；制止无效的情况下，应当采取约束性措施予以管束。

该行为认定和处罚的法律依据为《中华人民共和国治安管理处罚法》第二十三条第一款第（三）项："有下列行为之一的，处警告或者二百元以下罚款；情节较重的，处五日以上十日以下拘留，可以并处五百元以下罚款：……（三）扰乱公共汽车、电车、火车、船舶、航空器或者其他公共交通工具上的秩序的；……"

2. 打架斗殴、寻衅滋事

机上发生打架斗殴、寻衅滋事的情况时，机上安保工作人员应告知无关人员避让，隔离双方，劝阻双方，平息事态；劝阻无效时，经机长授权，可对行为人采取管束措施。若该行为发生在起飞前,制止无效时,经机长同意,即可通知机场公安机关将行为人带离航空器。飞行中发现有旅客醉酒寻衅滋事者,应责成同行者予以控制。如无同行者或同行者无法控制的,航空安全员可报请机长同意,对其采取临时管束措施,落地后交由机场公安处理。处置过程中应做好监控工作,防止事态扩大,同时做好时间记录和调查取证工作。

认定和处罚此类行为的法律依据如下。

《中华人民共和国治安管理处罚法》第二十六条:"有下列行为之一的,处五日以上十日以下拘留,可以并处五百元以下罚款;情节较重的,处十日以上十五日以下拘留,可以并处一千元以下罚款:(一)结伙斗殴的;(二)追逐、拦截他人的;(三)强拿硬要或者任意损毁、占用公私财物的;(四)其他寻衅滋事行为。"

《中华人民共和国治安管理处罚法》第四十三条:"殴打他人的,或者故意伤害他人身体的,处五日以上十日以下拘留,并处二百元以上五百元以下罚款;情节较轻的,处五日以下拘留或者五百元以下罚款。"

如果殴打的行为造成了轻伤及以上损害,则可能承担刑事责任。根据《中华人民共和国刑法》第二百三十四条故意伤害罪的规定,"故意伤害他人身体的,处三年以下有期徒刑、拘役或者管制。犯前款罪,致人重伤的,处三年以上十年以下有期徒刑;致人死亡或者以特别残忍手段致人重伤造成严重残疾的,处十年以上有期徒刑、无期徒刑或者死刑。本法另有规定的,依照规定。"

3. 违规使用手机或其他禁止使用的电子设备

在航空器起飞、爬升、下降、进近、着陆等飞行关键阶段,机组人员可根据航空公司的规定,限制旅客使用便携式计算机、收音机、CD播放机、电子游戏机、视频录放机等可能干扰机载电子设备的便携式电子设备。如果在飞行关键阶段发现有旅客违规使用电子设备,机组人员应当立即进行劝阻。旅客不听劝阻的情况下,应当提出警告,坚持不改者,对其设备暂时予以扣押、保存。

认定和处罚该行为的法律依据是《中华人民共和国治安管理处罚法》第三十四条第二款:"在使用中的航空器上使用可能影响导航系统正常功能的器具、工具,不听劝阻的,处五日以下拘留或者五百元以下罚款。"

4. 盗窃、故意损坏或者擅自移动救生物品等航空设施设备或强行打开应急舱门

机上的应急救生设备包括紧急脱离航空器的舱、门、梯等设施,供救生脱险用的救生衣、救生艇、灭火器、急救箱包,供报警呼救使用的灯光等设备物品。机长应指令机组人员在旅客登机后进行必要的通告和宣传,对机上应急设备进行经常性检查,航空安全员要注意及时收集非法证据。

有旅客在机上盗窃、故意损坏应急救生器材设备的,应及时采取措施消除危害,并将行为人及相关证据移交公安机关处理。对于无意触碰、开启机上应急救生设备、应急舱门的,机组人员应及时制止。未造成后果的,可对行为人进行教育;致使设备损坏、造成严重后果的,机组人员应采取补救措施,并及时收集有关证据,移交公安机关依法处理。

认定和处罚本行为的法律依据为《中华人民共和国治安管理处罚法》第三十四条第一款:"盗窃、损坏、擅自移动使用中的航空设施,或者强行进入航空器驾驶舱的,处十日以上十五日以下拘留。"

如果行为人的盗窃行为涉及的数额超过盗窃罪的入罪金额,则可能构成盗窃罪,需承担刑事责任。根据《中华人民共和国刑法》第二百六十四条盗窃罪的规定,"盗窃公私财物,数额较大的,或者多次盗窃、入户盗窃、携带凶器盗窃、扒窃的,处三年以下有期徒刑、拘役或者管制,并处或者单处罚金;数额巨大或者有其他严重情节的,处三年以上十年以下有期徒刑,并处罚金;数额特别巨大或者有其他特别严重情节的,处十年以上有期徒刑或者无期徒刑,并处罚金或者没收财产。"

5. 吸烟(含电子香烟)、使用火种

机上出现吸烟行为时,机组人员应当立即予以制止,并且要立即对吸烟区域进行检查,消除火灾隐患。没有造成严重后果的情况下,机组人员应当对行为人进行说服教育,对相关法律法规进行说明;对不听劝阻者,应收缴其烟具予以暂时扣押,收集证物,并进行必要的证人、证言记录,待飞机降落后,交机场公安机关处理。

此类行为认定和处罚的法律依据为《中华人民共和国治安管理处罚法》第二十三条第一款第(三)项:"有下列行为之一的,处警告或者二百元以下罚款;情节较重的,处五日以上十日以下拘留,可以并处五百元以下罚款:……(三)扰乱公共汽车、电车、火车、船舶、航空器或者其他公共交通工具上的秩序的;……"

6. 猥亵客舱内人员或性骚扰

机上出现偷窥、偷拍、猥亵或者性骚扰等行为的,机组成员接到当事人举报后,应当视情况调整当事人的座位,将双方隔离开,避免发生冲突。为了防止当事人继续受到侵害,应当监护受害人,监督行为人。如果猥亵行为具有强制性,则可能构成《中华人民共和国刑法》第二百三十七条的强制猥亵罪。根据《中华人民共和国刑法》第二百三十七条强制猥亵罪的规定:"以暴力、胁迫或者其他方法强制猥亵他人或者侮辱妇女的,处五年以下有期徒刑或者拘役。聚众或者在公共场所当众犯前款罪的,或者有其他恶劣情节的,处五年以上有期徒刑。"

认定和处罚机上性骚扰行为的法律依据为《中华人民共和国治安管理处罚法》第四十二条第(六)项:"有下列行为之一的,处五日以下拘留或者五百元以下罚款;情节较重的,处五日以上十日以下拘留,可以并处五百元以下罚款:……(六)偷窥、偷拍、窃听、散布他人隐私的。"

认定和处罚猥亵等行为的法律依据是《中华人民共和国治安管理处罚法》第四十四条:"猥亵他人的,或者在公共场所故意裸露身体,情节恶劣的,处五日以上十日以下拘留;猥亵智力残疾人、精神病人、不满十四周岁的人或者有其他严重情节的,处十日以上十五日以下拘留。"

7. 传播淫秽物品及其他非法印刷物

机上传播非法印刷物的行为会导致机上秩序混乱,且在公共场合散播淫秽物品及其他非法印制物的行为本就属于违法行为,对于此类行为,机组成员应该立即制止并且将非法印刷物扣留,防止其继续传播。

此类行为认定和处罚的法律依据为《中华人民共和国治安管理处罚法》第二十三条第一款第(三)项:"有下列行为之一的,处警告或者二百元以下罚款;情节较重的,处五日以上十日以下拘留,可以并处五百元以下罚款:……(三)扰乱公共汽车、电车、火车、船舶、航空器或者其他公共交通工具上的秩序的;……"

第六章 客舱安保工作中的违法行为及其法律责任

此类行为也可能依据《中华人民共和国治安管理处罚法》第二十七条进行认定和处罚:"有下列行为之一的,处十日以上十五日以下拘留,可以并处一千元以下罚款;情节较轻的,处五日以上十日以下拘留,可以并处五百元以下罚款:(一)组织、教唆、胁迫、诱骗、煽动他人从事邪教、会道门活动或者利用邪教、会道门、迷信活动,扰乱社会秩序、损害他人身体健康的;(二)冒用宗教、气功名义进行扰乱社会秩序、损害他人身体健康活动的。"

8. 妨碍机组成员履行职责

如果行为人妨碍机组人员履行职责,机组人员要耐心做好解释劝导工作,劝导无效的应视情况采取管束措施。公安机关在必要时也可依据《中华人民共和国治安管理处罚法》第二十三条第一款第(三)项进行认定和处罚。

如果行为人妨碍空警履行职务,认定和处罚的依据是《中华人民共和国治安管理处罚法》第五十条第一款第(二)项:"有下列行为之一的,处警告或者二百元以下罚款;情节严重的,处五日以上十日以下拘留,可以并处五百元以下罚款;……(二)阻碍国家机关工作人员依法执行职务的;……"和该条第二款:"阻碍人民警察依法执行职务的,从重处罚。"

妨碍空警履行职务,严重的还可能涉嫌构成《中华人民共和国刑法》第二百七十七条的妨害公务罪。

除了规章列举的上述常见扰乱行为外,还有一些其他类型的扰乱行为,也会造成机场内或者航空器内秩序的混乱,甚至有造成严重危害后果的可能性。下文将对这些行为进行阐述。

9. 散布虚假警情、险情以及投放虚假的危险品、爆炸物

行为人明知是虚假的警情、险情,依然故意进行传播,影响机场和航空器内秩序的行为,也是扰乱行为的一种。

对这种行为认定和处罚的依据是《中华人民共和国治安管理处罚法》第二十五条:"有下列行为之一的,处五日以上十日以下拘留,可以并处五百元以下罚款;情节较轻的,处五日以下拘留或者五百元以下罚款:(一)散布谣言,谎报险情、疫情、警情或者以其他方法故意扰乱公共秩序的;(二)投放虚假的爆炸性、毒害性、放射性、腐蚀性物质或者传染病病原体等危险物质扰乱公共秩序的;(三)扬言实施放火、爆炸、投放危险物质扰乱公共秩序的。"

10. 干扰地空无线电通信

无线电通信是航空活动中重要的通信方式,民航机场和航空器间的地空通话的方式主要是通过无线电通信完成的,如果有行为人利用仪器等扰乱地空通信,就会破坏正常航空运输秩序。

根据《中华人民共和国治安管理处罚法》第二十八条:"违反国家规定,故意干扰无线电业务正常进行的,或者对正常运行的无线电台(站)产生有害干扰,经有关主管部门指出后,拒不采取有效措施消除的,处五日以上十日以下拘留;情节严重的,处十日以上十五日以下拘留。"

11. 攻击机场旅客信息系统

随着科学技术水平的进步,扰乱行为的方式也更加多元化。利用信息技术手段进行破坏和扰乱的行为也开始出现。有黑客利用信息技术破坏机场的旅客信息系统导致机场秩序混乱,或者篡改航空公司售票系统牟取利益、破坏航空运输秩序的行为,近年来也是屡有发

生。2020年,海口警方通报了一起以入侵航空信息系统篡改机票信息、非法倒卖机票牟取暴利的案件信息,抓获犯罪嫌疑人9人。行为人针对疫情期间国际机票一票难求的情况,利用信息技术篡改航空信息系统牟取利益。

认定和处罚此类行为的法律依据为《中华人民共和国治安管理处罚法》第二十九条第(一)项:"有下列行为之一的,处五日以下拘留;情节较重的,处五日以上十日以下拘留:(一)违反国家规定,侵入计算机信息系统,造成危害的;……"

12. 使用假冒的身份证件乘机

旅客使用假冒的身份证件购买机票乘机的,有几种不同的情形:如果旅客因居民身份证丢失或过期,冒用他人居民身份证购票、乘机,无其他违法犯罪情形的,或者未随身携带居民身份证,临时冒用他人居民身份证购票、乘机,无其他违法犯罪情形的,以及冒用亲友身份证乘机,能够核实证件来源,无其他违法犯罪情形的,属于一般违法行为,情节较轻。

如果旅客存在下列情形:多次冒用他人身份证的,无违法犯罪目的的;以冒用为目的,携带两张以上他人居民身份证的;冒用他人身份证,查获后不配合调查,拒不交代实情的;因居民身份证丢失或过期,骗领他人居民身份证后冒用购票、乘机,无其他违法情形的;未随身携带居民身份证,骗领他人居民身份证后冒用购票、乘机,无其他违法犯罪情形的;为规避人民法院限制消费措施,冒用他人居民身份证购票、乘机的。这些情况虽然不属于犯罪行为,但属于情节相对严重的违法行为,处罚更为严重。若以从事违法犯罪活动为目的,冒用他人身份证或者冒用的身份证系盗窃所得的,则涉嫌犯罪,应当追究刑事责任。

针对这类行为,处罚的法律依据如下。

《中华人民共和国治安管理处罚法》第五十二条:"有下列行为之一的,处十日以上十五日以下拘留,可以并处一千元以下罚款;情节较轻的,处五日以上十日以下拘留,可以并处五百元以下罚款:(一)伪造、变造或者买卖国家机关、人民团体、企业、事业单位或者其他组织的公文、证件、证明文件、印章的;(二)买卖或者使用伪造、变造的国家机关、人民团体、企业、事业单位或者其他组织的公文、证件、证明文件的;(三)伪造、变造、倒卖车票、船票、航空客票、文艺演出票、体育比赛入场券或者其他有价票证、凭证的;……"

《中华人民共和国居民身份证法》第十七条第一款第(一)项:"有下列行为之一的,由公安机关处二百元以上一千元以下罚款,或者处十日以下拘留,有违法所得的,没收违法所得:(一)冒用他人居民身份证或者使用骗领的居民身份证的;……"

《中华人民共和国刑法》第二百八十条之一:"在依照国家规定应当提供身份证明的活动中,使用伪造、变造的或者盗用他人的居民身份证、护照、社会保障卡、驾驶证等依法可以用于证明身份的证件,情节严重的,处拘役或者管制,并处或者单处罚金。"

13. 机上吸食毒品

机组人员若发现有旅客在机上吸食毒品或者携带少量毒品的行为,应当及时阻止并且及时上报情况,降落后及时移交公安机关处理。

此类行为认定和处罚的法律依据为《中华人民共和国治安管理处罚法》第七十二条:"有下列行为之一的,处十日以上十五日以下拘留,可以并处二千元以下罚款;情节较轻的,处五日以下拘留或者五百元以下罚款:(一)非法持有鸦片不满二百克、海洛因或者甲基苯丙胺不满十克或者其他少量毒品的;(二)向他人提供毒品的;(三)吸食、注射毒品的;……"

第六章　客舱安保工作中的违法行为及其法律责任

14. 携带违规物品进入机场、航空器

旅客违规携带枪支或者管制器具或危险品、禁运物品进入机场或航空器内的,即使不是为犯罪目的,依然对机场和航空器内的人员财产存在威胁。如果机组人员发现旅客携带了危险品进入航空器,应当立即制止,起飞前可将危险品带离机舱,若在飞行中发现危险品,则应暂时妥善处置和保管,降落后再进行处理。

对此类行为的认定和处罚依据如下。

《中华人民共和国治安管理处罚法》第三十二条:"非法携带枪支、弹药或者弩、匕首等国家规定的管制器具的,处五日以下拘留,可以并处五百元以下罚款;情节较轻的,处警告或者二百元以下罚款。非法携带枪支、弹药或者弩、匕首等国家规定的管制器具进入公共场所或者公共交通工具的,处五日以上十日以下拘留,可以并处五百元以下罚款。"

《中华人民共和国治安管理处罚法》第三十条:"违反国家规定,制造、买卖、储存、运输、邮寄、携带、使用、提供、处置爆炸性、毒害性、放射性、腐蚀性物质或者传染病病原体等危险物质的,处十日以上十五日以下拘留;情节较轻的,处五日以上十日以下拘留。"

《民用爆炸物品安全管理条例》第五十一条:"违反本条例规定,携带民用爆炸物品搭乘公共交通工具或者进入公共场所,邮寄或者在托运的货物、行李、包裹、邮件中夹带民用爆炸物品,构成犯罪的,依法追究刑事责任;尚不构成犯罪的,由公安机关依法给予治安管理处罚,没收非法的民用爆炸物品,处1000元以上1万元以下的罚款。"

二、非法干扰行为对应的犯罪及处罚

(一) 非法干扰行为的概念和性质、主要类型及特点

1. 非法干扰行为的概念和性质

非法干扰行为是指严重危害民用航空和航空运输安全,具有刑事违法性的行为,包括未遂行为。

从航空安保公约的发展脉络来讲,非法干扰的概念最早出现在《国际民用航空公约》附件17第八版。2009年缔结的《关于因涉及航空器的非法干扰行为而导致对第三方造成损害的赔偿的公约》①第一条提出"非法干扰行为"是指1970年《海牙公约》或1971年《蒙特利尔公约》,以及在事件发生时任何有效的修正案中被界定为罪行的行为。2010年《北京公约》对于非法干扰行为进行了有效的扩充。后来,附件17第九版将非法干扰行为的概念扩大到了"包括但不限于"其所列举的七类行为,既避免了理解上的狭义化,又符合现实发展的需要,即只要有新的非法干扰行为出现即可被纳入公约。

2. 非法干扰行为的主要类型

同扰乱行为一样,虽然非法干扰行为也并不仅限于国际条约和国内法所列举的那七种,但依我国目前的立法,对于非法干扰行为的界定和列举的主要依据还是《公共航空旅客运输飞行中安全保卫工作规则》第四十九条的规定。作为一个开放式的概念,也不应排除其他和所列举的七类行为性质和危害相当的行为被界定为非法干扰行为。

3. 非法干扰行为的特点

(1) 行为具有严重的危害性。国际公约与国内相关法律均将非法干扰行为划定为法律

---

① 该公约迄今尚未生效。

惩治范畴,是民用航空安保相关法律所明令禁止的行为,从国际立法上来看,现有法律主要针对的也是严重的违法犯罪行为,即违反刑法的行为,且从《国际民用航空公约》附件17的规定来看,"犯罪行为"是国际公约对非法干扰行为最基本的概述。而其产生的危害后果既可能是现实也可能是潜在的损害。该行为一旦实施,往往会带来或可能发生巨大危害并造成严重后果,"9·11"恐怖袭击事件即是典型例子,充分说明了其危害性十分严重。

(2) 特殊敏感性。民用航空安全在"时、空"两方面均有特殊要求,由于航空器及有关的设施设备一旦遭受破坏或存有潜在的威胁,都极有可能发生灾难事故,因此需要特别高度保护,某些在普通场合可能并不构成严重违法的行为(如"无人机黑飞"),在涉及飞行中的航空器时便有可能危及航行安全而构成非法干扰。学界普遍认同的"时、空"范围,一般界定为飞行过程中、在航空器内或机场设施内。

(3) 动态变化性。民航业快速发展带动了国际公约对非法干扰行为定义不断更新发展,其外延呈动态变化,附件17第九版和《公共航空旅客运输飞行中安全保卫工作规则》在列举非法干扰7大类主要行为的同时,均表达了"包括但不限于这些行为"的意思,这便表明该类行为很难被逐一列举,也一并印证了学界"具体行为说"的局限。

(二) 非法干扰行为所对应的犯罪及法律责任

1. 非法劫持航空器

劫持航空器的行为第一次出现在国际公约中是在1963年《东京公约》中,后在1970年《海牙公约》和2010年的《北京议定书》中均有修改。

我国的国内法中,对劫持航空器行为的认定和处罚规定在《中华人民共和国刑法》第一百二十一条:"以暴力、胁迫或者其他方法劫持航空器的,处十年以上有期徒刑或者无期徒刑;致人重伤、死亡或者使航空器遭受严重破坏的,处死刑。"

本罪的主体是一般主体,主观方面为直接故意,客观行为则是以暴力或威胁手段控制、劫持使用中的航空器,客体为航空器及机上人员生命财产安全以及公共安全。本罪为行为犯,只要行为人实施了劫持航空器的行为,无论是否达成了犯罪目的或者造成了严重的危害结果,都属于犯罪既遂。符合以上犯罪构成的,即构成劫持航空器罪。

2. 毁坏使用中的航空器

毁坏使用中的航空器也可称为破坏航空器。依据1971年《蒙特利尔公约》第一条第一款第二项的规定:"破坏航空器是指破坏使用中的航空器或对该航空器造成损坏,使其不能飞行或将会危及其飞行安全"。从这个定义中,可以看出《蒙特利尔公约》的定义重点在行为危及了航空运输安全。

我国国内法对破坏航空器行为的认定和处罚依据为《中华人民共和国刑法》第一百一十六条:"破坏火车、汽车、电车、船只、航空器,足以使火车、汽车、电车、船只、航空器发生倾覆、毁坏危险,尚未造成严重后果的,处三年以上十年以下有期徒刑。"以及第一百一十九条:"破坏交通工具、交通设施、电力设备、燃气设备、易燃易爆设备,造成严重后果的,处十年以上有期徒刑、无期徒刑或者死刑。过失犯前款罪的,处三年以上七年以下有期徒刑;情节较轻的,处三年以下有期徒刑或者拘役。"

本罪为破坏交通工具罪,主体为一般主体,主观方面为故意,客体为运输安全和公共安全,客观行为主要为利用爆炸、纵火等方法破坏使用中的航空器。本罪的犯罪对象主要是火车、电车、航空器、船只等大型交通工具,且大多为公共交通工具,一旦发生倾覆毁坏的危险,会危及不特定多数人员财产安全。在认定此罪时,主要判断的标准是行为人的行为是否危及公共安全。并且,行为人的破坏行为要足以达到使航空器产生倾覆、毁坏的危险的程度,才可能构成本罪。

破坏航空器的危害性要远远大于劫持航空器,劫持航空器的犯罪人由于有一定的目的,为了个人利益或者政治利益,或者想要利用航空器作为到达目的地的方式,所以破坏航空器并不是劫机犯罪人的主要目的。但是破坏航空器的犯罪人,尤其是爆炸航空器的犯罪人,破坏航空器造成机毁人亡的结果是其主要目的,炸弹爆炸的冲击力足以使航空器解体坠毁,机上人员难以幸免于难。最终的人员伤亡和财产损失都是难以估量的,也会严重破坏航空运输秩序。

3. 在航空器上或机场扣留人质

大多数情况下,扣留人质并不是行为人的最终目的,扣留人质通常是为了达成其他目的的手段。例如,有些犯罪人在航空器或机场扣留人质是为了勒索钱财,还有些是为了进一步劫持航空器、破坏航空器或者破坏航空设施、设备。如果是为了实施其他非法干扰行为涉及的犯罪,如劫持航空器、破坏航空器犯罪,则可以直接作为其他犯罪行为的一部分处理。如果是为了其他目的而劫持、扣留人质,则可视情况进行定罪。

《中华人民共和国刑法》二百三十九条规定:"以勒索财物为目的或者绑架他人作为人质的,处十年以上有期徒刑或无期徒刑,并处罚金或者没收财产;情节较轻的,处五年以上十年以下有期徒刑,并处罚金。"

本罪的罪名为绑架罪,主体是一般主体,主观方面是故意,客体是他人的人身自由权利以及财产权利。

4. 强行闯入航空器、机场或航空设施场所

强行闯入航空器、机场的行为很多时候是为了实现其他的犯罪目的,所以如何认定行为性质应根据实际情况来进行判断。

如果仅仅只是强行闯入,没有其他违法犯罪的目的,也没有造成严重的后果的,一般仅认定为扰乱行为,按照《中华人民共和国治安管理处罚法》第二十三条处置。

如果此行为造成了比较严重的后果,且具有聚众的要素,则可以按照《中华人民共和国刑法》第二百九十一条聚众扰乱交通秩序罪进行处罚:"聚众扰乱车站、码头、民用航空站、商场、公园、影剧院、展览会、运动场或者其他公共场所秩序,聚众堵塞交通或者破坏交通秩序,抗拒、阻碍国家治安管理工作人员依法执行职务,情节严重的,对首要分子,处五年以下有期徒刑、拘役或者管制。"以及《中华人民共和国刑法》第二百九十三条寻衅滋事罪:"有下列寻衅滋事行为之一,破坏社会秩序的,处五年以下有期徒刑、拘役或者管制:……(四)在公共场所起哄闹事,造成公共场所秩序严重混乱的。纠集他人多次实施前款行为,严重破坏社会秩序的,处五年以上十年以下有期徒刑,可以并处罚金。"

如果非法闯入航空器或机场的行为有其他的犯罪目的,如为实施劫持航空器或者破坏航空器的犯罪行为,以及为实施恐怖袭击而闯入的,则应视为进行其他犯罪行为的手段或前置的程序,应概括地视为同一犯罪行为,则不需要将闯入行为单独定罪。

5. 为犯罪目的而将武器或危险装置、材料带入航空器或机场

针对此类行为的性质认定,需要判断行为人的犯罪目的,如果行为人将武器或危险装

置、材料带入机场、航空器,但并没有实施后续的犯罪行为,可能会构成犯罪中止。

行为人将危险品、武器带入公共场所的行为已经危及航空器和机场内的设施设备及公共安全的,则可能构成《中华人民共和国刑法》第一百三十条的非法携带枪支、弹药、管制刀具、危险物品危及公共安全罪:"非法携带枪支、弹药、管制刀具或者爆炸性、易燃性、放射性、毒害性、腐蚀性物品,进入公共场所或者公共交通工具,危及公共安全,情节严重的,处三年以下有期徒刑、拘役或者管制。"

如果行为人携带的危险品、武器等造成了航空器、机场内的设施设备被破坏的结果,则可能构成破坏交通工具罪和破坏交通设施罪。同时,还可能构成非法持有、私藏枪支、弹药罪或者以危险方法危害公共安全罪等。

6. 利用使用中的航空器造成死亡、严重人身伤害,或对财产或环境的严重破坏

此类行为模式一般是指利用各种手段控制或利用使用中的航空器攻击地面或空中的目标,以此造成死亡、严重人身伤害,或者对财产或环境的严重破坏的行为。由于航空器作为武器进行攻击的行为本身具有巨大的破坏性,并且造成的国际影响极大,故恐怖分子倾向于选择民用航空器作为袭击手段。

根据我国法律,此类行为可能构成《中华人民共和国刑法》第一百一十四条和一百一十五条的以危险方法危害公共安全罪。

第一百一十四条规定:"放火、决水、爆炸以及投放毒害性、放射性、传染病病原体等物质或者以其他危险方法危害公共安全,尚未造成严重后果的,处三年以上十年以下有期徒刑。"

第一百一十五条:"放火、决水、爆炸以及投放毒害性、放射性、传染病病原体等物质或者以其他危险方法致人重伤、死亡或者使公私财产遭受重大损失的,处十年以上有期徒刑、无期徒刑或者死刑。过失犯前款罪的,处三年以上七年以下有期徒刑;情节较轻的,处三年以下有期徒刑或者拘役。"

本罪的主要认定标准为是否危及公共安全,达到和放火、决水、爆炸、投放危险物质类同的法律后果,而利用使用中的航空器进行破坏的行为确实会对公共安全造成严重破坏,因此,对于该类行为可以适用上述罪名。

7. 散播危害飞行中或地面上的航空器、机场或民航设施场所内的旅客、机组、地面人员或大众安全的虚假信息

此类行为可能构成《中华人民共和国刑法》第二百九十一条之一的编造、故意传播虚假恐怖信息罪:"投放虚假的爆炸性、毒害性、放射性、传染病病原体等物质,或者编造爆炸威胁、生化威胁、放射威胁等恐怖信息,或者明知是编造的恐怖信息而故意传播,严重扰乱社会秩序的,处五年以下有期徒刑、拘役或者管制;造成严重后果的,处五年以上有期徒刑。"

本罪的主体是一般主体,主观方面是故意,且如果行为人并不了解此信息是虚假的情况下进行传播的,并不能构成本罪。客体为航空运输秩序和航空安全。

(三)非法干扰行为的处置概要

对于以上非法干扰行为,安保人员除应依据《公共航空旅客运输飞行中安全保卫工作规则》所规定的工作原则和报告程序进行处置外,机上安保人员还应当按照公共航空运输企业制定的处置程序立即采取措施予以制止。例如,遇有炸弹威胁,需要对航空器客舱进行安保搜查时,航空安全员及其他机组成员应当按照航空器客舱安保搜查单实施搜查。发现爆炸

第六章 客舱安保工作中的违法行为及其法律责任

物或可疑物时,航空安全员应当按照发现爆炸物或可疑物时的处置程序进行处置。

在对航空器上出现的扰乱行为或者非法干扰行为等严重危害飞行安全行为处置结束后,机长应当责成航空安全员填写机上事件移交单。经机长签字确认后,航空安全员应当将行为人与有关证据一并移交有管辖权的机场公安机关调查处理。对于航空器起飞后发生的事件,移交最先降落地机场公安机关;航空器未起飞时发生的事件,移交起飞地机场公安机关。国际民用航空运输中发生的扰乱行为或者非法干扰行为等严重危害飞行安全行为的移交程序按照有关国际条约或协定办理。

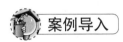

本案中,该男性乘客携带爆炸装置,并进行了爆炸前的准备工作,在受到询问时企图引爆炸弹,构成《中华人民共和国刑法》第一百一十六条破坏航空器罪,"破坏火车、汽车、电车、船只、航空器,足以使火车、汽车、电车、船只、航空器发生倾覆、毁坏危险,尚未造成严重后果的,处三年以上十年以下有期徒刑。"该男子的行为属于利用爆炸方式毁坏使用中的航空器未遂的行为,属于非法干扰行为。

第三节 公共航空运输企业的违法行为及其法律责任

案例导入

某航空公司派遣航空安全员王某执行某次飞行任务时,同时要求其履行航空安全员和乘务员的岗位职责,王某接受任务在该航班上同时担任航空安全员以及乘务员。

请问:航空公司是否可以进行此项派遣?应当承担怎样的法律后果?

公共航空运输企业在航空安保工作中违法行为的法律责任,主要规定在《公共航空旅客运输飞行中安全保卫工作规则》《公共航空运输企业航空安全保卫规则》《中华人民共和国民用航空安全保卫条例》《中华人民共和国安全生产法》和《中华人民共和国反恐怖主义法》等法律法规和部门规章的相关条文中。其法律责任的形式以行政责任为主,若造成重大安全事故等严重后果的,主要负责人和直接责任人可能涉及相应的刑事责任,如果造成损失的,要承担赔偿损失的民事责任。

一、部门规章中的法律责任

在民航部门规章中,公共航空运输企业的责任主要规定在《公共航空运输企业航空安全保卫规则》与《公共航空旅客运输飞行中安全保卫工作规则》中。

(一)《公共航空运输企业航空安全保卫规则》

《公共航空运输企业航空安全保卫规则》中对公共航空运输企业法律责任承担方式的规定主要为由民航地区管理局责令限期改正,逾期未改正的,处以警告或一万元以上三万元以下罚款,情节严重的,也可以在警告的同时并处一万元以上三万元以下罚款。

公共航空运输企业有以下违规行为,由民航地区管理局责令限期改正;逾期未改正的,予以警告,情节严重的,处以一万元以上三万元以下罚款。

(1) 未将所有进出口关闭,将舱口梯或者旅客登机桥撤走的。

(2) 未告知旅客相关安全保卫规定的。

(3) 未采取相应航空安保措施,造成非法泄露旅客订座和离港信息的。

(4) 未按规定设置航空安保机构、配备安保人员、培训安保管理人员或指定安保协调员的。

(5) 未按规定制定并实施质量控制方案的。

(6) 对装入航空器配餐未按规定采取航空安保措施的。

公共航空运输企业有以下违规行为的,由民航地区管理局责令改正,逾期未改正的,可以依照《中华人民共和国民用航空安全保卫条例》并处五万元以下罚款。

(1) 不核对旅客登机凭证、旅客人数和行李的。

(2) 违反监护和守护规定,造成航空器失控的。

(3) 对装入航空器的机上供应品未按规定采取航空安保措施的。对于此类违规行为,情节严重的,还可以要求停业整顿。

民航局、民航地区管理局工作人员工作过程中,有滥用职权、玩忽职守行为的,由有关部门依法予以处分。构成犯罪的,依法追究刑事责任。

(二)《公共航空旅客运输飞行中安全保卫工作规则》

规章规定的公共航空运输企业法律责任主要包括:责令限期改正、责令停止违法行为、警告和罚款。罚款数额为一万元至三万元不等。

1. 违反兼职禁令

公共航空运输企业违反本规则第七条第二款,在航空安全员飞行值勤期间,安排其从事其他岗位工作的;由地区管理局责令其停止违法行为,并处以警告或者一万元以下罚款。

2. 违规派遣

公共航空运输企业有下列行为之一的,由地区管理局责令其停止违法行为,处以一万元以上三万元以下罚款。

(1) 派遣不符合规定的航空安全员在航空器上履行飞行中安全保卫职责的。

(2) 未按规定执行航空安全员飞行值勤期限制、累计飞行时间、值勤时间限制和休息时间的。

3. 违反安保培训和演练的规定

公共航空运输企业有下列情形之一的,由民航行政机关依据《中华人民共和国安全生产法》第九十四条责令公共航空运输企业限期改正,可以处五万元以下罚款;逾期未改正的,责令停产停业整顿,并处五万元以上十万元以下罚款,对其直接负责的主管人员和其他直接责任人员处一万元以上二万元以下罚款。

(1) 未进行航空安保培训的。

(2) 未按规定组织飞行中安全保卫实战演练的。

(3) 未如实记录航空安保培训情况的。

第六章　客舱安保工作中的违法行为及其法律责任

二、法律法规中的法律责任

(一)《中华人民共和国民用航空法》

1. 行政责任

《中华人民共和国民用航空法》中规定,公共航空运输企业运输危险品,应当遵守国家有关规定。禁止以非危险品品名托运危险品。如有类似情况,由国务院民用航空主管部门没收违法所得,可以并处违法所得一倍以下的罚款。

2. 刑事责任

公共航空运输企业违规运输危险品导致发生重大事故的,没收违法所得,判处罚金;并对直接负责的主管人员和其他直接责任人员依照刑法有关规定追究刑事责任。

3. 民事责任

因发生在民用航空器上或者在旅客上、下民用航空器过程中的事件,造成旅客随身携带物品毁灭、遗失或者损坏的,承运人应当承担责任。因发生在航空运输期间的事件,造成旅客的托运行李毁灭、遗失或者损坏的,承运人应当承担民事赔偿责任。但行李、物品的毁灭、损坏完全是由于货物本身的自然属性、质量或者缺陷,承运人或者其受雇人、代理人以外的人包装货物的,货物包装不良;战争或者武装冲突;政府有关部门实施的与货物入境、出境或者过境有关的行为所导致的情况下,承运人不承担责任。

因发生在民用航空器上或者在旅客上、下民用航空器过程中的事件,造成旅客人身伤亡的,承运人应当承担民事责任;但是,旅客的人身伤亡完全是由于旅客本人的健康状况造成的,承运人不承担责任。

因飞行中的民用航空器或者从飞行中的民用航空器上落下的人或者物,造成地面(包括水面,下同)上的人身伤亡或者财产损害的,受害人有权获得赔偿;此赔偿由航空器经营人承担。但是,所受损害并非造成损害的事故的直接后果,或者所受损害仅是民用航空器依照国家有关的空中交通规则在空中通过造成的,受害人无权要求赔偿。

(二)《中华人民共和国安全生产法》

《中华人民共和国安全生产法》中对于公共航空运输企业的违法行为,要求其立即或限期消除事故隐患、限期改正违法行为、罚款和责令停产停业整顿,罚款数额可以高至五十万元。对违法行为直接负责的主管人员和其他直接责任人员可以处一万元至五万元不等的罚款。《中华人民共和国安全生产法》中的条文对于违法行为的打击力度明显加大,也保持了上位法的统一性和协调性。

1. 刑事责任

在安全生产领域,因违反生产作业规章制度,导致重大生产安全事故或造成重大损失的情况,除了违反行政法规外,还可能构成犯罪。

生产经营单位因不具备合格的安全生产条件,造成重大安全事故并产生严重后果的,根据《中华人民共和国刑法》第一百三十五条的规定:"安全生产设施或者安全生产条件不符合国家规定,因而发生重大伤亡事故或者造成其他严重后果的,对直接负责的主管人员和其他直接责任人员,处三年以下有期徒刑或者拘役;情节特别恶劣的,处三年以上七年以下有期徒刑。"

生产经营单位对危险品管理不当,违反了危险品管理规定,造成重大安全生产事故的,根据《中华人民共和国刑法》第一百三十六条:"违反爆炸性、易燃性、放射性、毒害性、腐蚀性物品的管理规定,在生产、储存、运输、使用中发生重大事故,造成严重后果的,处三年以下有期徒刑或者拘役;后果特别严重的,处三年以上七年以下有期徒刑。"

在安全事故发生后,如果负有报告职责的人员不报或者谎报事故,导致严重后果的,应负刑事责任,根据《中华人民共和国刑法》第一百三十九条之一:"在安全事故发生后,负有报告职责的人员不报或者谎报事故情况,贻误事故抢救,情节严重的,处三年以下有期徒刑或者拘役;情节特别严重的,处三年以上七年以下有期徒刑。"

2. 行政责任

生产经营单位的决策机构、主要负责人或者个人经营的投资人不依照本法规定保证安全生产所必需的资金投入,致使生产经营单位不具备安全生产条件的,责令限期改正,提供必需的资金;逾期未改正的,责令生产经营单位停产停业整顿;导致发生生产安全事故的,对生产经营单位的主要负责人给予撤职处分,对个人经营的投资人处二万元以上二十万元以下的罚款;构成犯罪的,依照刑法有关规定追究刑事责任。

生产经营单位的主要负责人未履行本法规定的安全生产管理职责的,责令限期改正,处二万元以上五万元以下的罚款;逾期未改正的,处五万元以上十万元以下的罚款,责令生产经营单位停产停业整顿。生产经营单位的主要负责人有此类违法行为,导致发生生产安全事故的,给予撤职处分;构成犯罪的,依照刑法有关规定追究刑事责任。生产经营单位的主要负责人依照前款规定受刑事处罚或者撤职处分的,自刑罚执行完毕或者受处分之日起,五年内不得担任任何生产经营单位的主要负责人;对重大、特别重大生产安全事故负有责任的,终身不得担任本行业生产经营单位的主要负责人。

生产经营单位的主要负责人未履行本法规定的安全生产管理职责,导致发生生产安全事故的,由应急管理部门依照下列规定处以罚款:发生一般事故的,处上一年年收入百分之四十的罚款;发生较大事故的,处上一年年收入百分之六十的罚款;发生重大事故的,处上一年年收入百分之八十的罚款;发生特别重大事故的,处上一年年收入百分之一百的罚款。

生产经营单位的其他负责人和安全生产管理人员未履行本法规定的安全生产管理职责的,责令限期改正,处一万元以上三万元以下的罚款;导致发生生产安全事故的,暂停或者吊销其与安全生产有关的资格,并处上一年年收入百分之二十以上百分之五十以下的罚款;构成犯罪的,依照刑法有关规定追究刑事责任。

生产经营单位有下列行为之一的,责令限期改正,处十万元以下的罚款;逾期未改正的,责令停产停业整顿,并处十万元以上二十万元以下的罚款,对其直接负责的主管人员和其他直接责任人员处二万元以上五万元以下的罚款:未按照规定设置安全生产管理机构或者配备安全生产管理人员、注册安全工程师的;危险物品的生产、经营、储存、装卸单位以及矿山、金属冶炼、建筑施工、运输单位的主要负责人和安全生产管理人员未按照规定经考核合格的;未按照规定对从业人员、被派遣劳动者、实习学生进行安全生产教育和培训,或者未按照规定如实告知有关的安全生产事项的;未如实记录安全生产教育和培训情况的;未将事故隐患排查治理情况如实记录或者未向从业人员通报的;未按照规定制定生产安全事故应急救援预案或者未定期组织演练的;特种作业人员未按照规定经专门的安全作业培训并取得相应资格,上岗作业的。

第六章　客舱安保工作中的违法行为及其法律责任

公共航空运输企业未按规定派遣航空安全员,且造成事故隐患的,由民航行政机关依据《中华人民共和国安全生产法》第九十九条责令公共航空运输企业立即消除或者限期消除;公共航空运输企业拒不执行的,责令停产停业整顿,并处十万元以上五十万元以下的罚款,对其直接负责的主管人员和其他直接责任人员处二万元以上五万元以下的罚款。

(三)《中华人民共和国反恐怖主义法》

根据《中华人民共和国反恐怖主义法》的规定,公共航空运输企业安保经费保障未达到反恐怖主义工作专项经费保障制度相关要求的,或未按规定配备安保人员和相应设备设施,由具有管辖权公安机关,按照《中华人民共和国反恐怖主义法》第八十八条给予警告,并责令改正;拒不改正的,处十万元以下罚款,并对其直接负责的主管人员和其他直接责任人员处一万元以下罚款。

对于公共航空运输企业等单位因未按照法律规定进行相应安全查验,导致存在安全隐患的,根据《中华人民共和国反恐怖主义法》的规定:"铁路、公路、水上、航空的货运和邮政、快递等物流运营单位有下列情形之一的,由主管部门处十万元以上五十万元以下罚款,并对其直接负责的主管人员和其他直接责任人员处十万元以下罚款。"

(1) 未实行安全查验制度,对客户身份进行查验,或者未依照规定对运输、寄递物品进行安全检查或者开封验视的。

(2) 对禁止运输、寄递,存在重大安全隐患,或者客户拒绝安全查验的物品予以运输、寄递的;未实行运输、寄递客户身份、物品信息登记制度的。"

对于公共航空运输企业未按照规定制定反恐预案、未配备专项反恐设备等情况,根据《中华人民共和国反恐怖主义法》的规定:防范恐怖袭击重点目标的管理、营运单位违反本法规定,有下列情形之一的,由公安机关给予警告,并责令改正;拒不改正的,处十万元以下罚款,并对其直接负责的主管人员和其他直接责任人员处一万元以下罚款。未制定防范和应对处置恐怖活动的预案、措施的。未建立反恐怖主义工作专项经费保障制度,或者未配备防范和处置设备、设施的;未落实工作机构或者责任人员的。未对重要岗位人员进行安全背景审查,或者未将有不适合情形的人员调整工作岗位的。对公共交通运输工具未依照规定配备安保人员和相应设备、设施的;未建立公共安全视频图像信息系统值班监看、信息保存使用、运行维护等管理制度的。

对于公共航空运输企业不配合反恐相关工作的行为,根据《中华人民共和国反恐怖主义法》的规定:"拒不配合有关部门开展反恐怖主义安全防范、情报信息、调查、应对处置工作的,由主管部门处二千元以下罚款;造成严重后果的,处五日以上十五日以下拘留,可以并处一万元以下罚款。单位有前款规定行为的,由主管部门处五万元以下罚款;造成严重后果的,处十万元以下罚款;并对其直接负责的主管人员和其他直接责任人员依照前款规定处罚。"以及第九十二条:"阻碍有关部门开展反恐怖主义工作的,由公安机关处五日以上十五日以下拘留,可以并处五万元以下罚款。单位有前款规定行为的,由公安机关处二十万元以下罚款,并对其直接负责的主管人员和其他直接责任人员依照前款规定处罚。阻碍人民警察、人民解放军、人民武装警察依法执行职务的,从重处罚。单位违反本法规定,情节严重的,由主管部门责令停止从事相关业务、提供相关服务或者责令停产停业;造成严重后果的,吊销有关证照或者撤销登记。"

143

（四）《中华人民共和国民用航空安全保卫条例》

《中华人民共和国民用航空安全保卫条例》中对公共航空运输企业的安保要求主要有以下几种：承运人及其代理人出售客票，必须符合国务院民用航空主管部门的有关规定；对不符合规定的，不得售予客票。承运人办理承运手续时，必须核对乘机人和行李。旅客登机时，承运人必须核对旅客人数。对已经办理登机手续而未登机的旅客的行李，不得装入或者留在航空器内。旅客在航空器飞行中途中止旅行时，必须将其行李卸下。承运人对承运的行李、货物，在地面存储和运输期间，必须有专人监管。配制、装载供应品的单位对装入航空器的供应品，必须保证其安全性。违反本条例的规定，没有按照要求完成以上安保工作的，民用航空主管部门可以对有关单位处以警告、停业整顿或者五万元以下的罚款；民航公安机关可以对直接责任人员处以警告或者五百元以下的罚款。并且，如果违反本条例的有关规定，构成犯罪的，应当依法追究刑事责任。除按照《中华人民共和国民用航空安全保卫条例》规定予以处罚外，给单位或者个人造成财产损失的，应当依法承担赔偿责任。

导入案例评析

依据《公共航空旅客运输飞行中安全保卫工作规则》第三十八条的规定，公共航空运输企业违反本规则第七条第二款，在航空安全员飞行值勤期间，安排其从事其他岗位工作的；由地区管理局责令其停止违法行为，并处以警告或者一万元以下罚款。

第四节　航空安全员和其他机组成员的违法行为及其法律责任

案例导入

某航空公司的航班上，一名乘客吸食毒品，后产生幻觉，开始大吼大叫，声称机上有炸弹。面对这种情况，航空安全员是否可以堵住该乘客的嘴阻止其吼叫的行为？为什么？

航空安全员及其他机组成员作为维护机上秩序和空防安全的航空安保工作主体，若在执勤过程中存在违法违规的情况，也要承担相应的法律责任。

一、法律法规中的责任

（一）违反工作管理规定

《中华人民共和国民用航空法》中规定，民用航空器的机长或者机组其他人员有下列行为之一的，由国务院民用航空主管部门给予警告或者吊扣执照一个月至六个月的处罚；有第2项或者第3项所列行为的，可以给予吊销执照的处罚。

（1）在执行飞行任务时，不按照本法第四十一条的规定携带执照和体格检查合格证书的；

（2）民用航空器遇险时，违反本法第四十八条的规定[①]离开民用航空器的；

[①] 依该条规定，在必须撤离遇险民用航空器的紧急情况下，机长必须采取措施，首先组织旅客安全离开民用航空器；未经机长允许，机组人员不得擅自离开民用航空器；机长应当最后离开民用航空器。

(3) 民用航空器机组人员受到酒类饮料、麻醉剂或者其他药物的影响,损及工作能力的,仍然执行飞行任务的。

(二) 玩忽职守

航空人员玩忽职守,或者违反规章制度,导致发生重大飞行事故,造成严重后果的,依照刑法有关规定追究刑事责任。

《中华人民共和国刑法》第一百三十一条规定:"航空人员违反规章制度,致使发生重大飞行事故,造成严重后果的,处三年以下有期徒刑或者拘役;造成飞机坠毁或者人员死亡的,处三年以上七年以下有期徒刑。"

从业人员因在生产、作业过程中违反安全管理的规定造成重大安全事故导致人员伤亡等严重后果的,根据《中华人民共和国刑法》第一百三十四条的规定:"在生产、作业中违反有关安全管理的规定,因而发生重大伤亡事故或者造成其他严重后果的,处三年以下有期徒刑或者拘役;情节特别恶劣的,处三年以上七年以下有期徒刑。"

根据《中华人民共和国刑法》第一百三十四条之一:"在生产、作业中违反有关安全管理的规定,有下列情形之一,具有发生重大伤亡事故或者其他严重后果的现实危险的,处一年以下有期徒刑、拘役或者管制:

(1) 关闭、破坏直接关系生产安全的监控、报警、防护、救生设备、设施,或者篡改、隐瞒、销毁其相关数据、信息的;

(2) 因存在重大事故隐患被依法责令停产停业、停止施工、停止使用有关设备、设施、场所或者立即采取排除危险的整改措施,而拒不执行的;

(3) 涉及安全生产的事项未经依法批准或者许可,擅自从事矿山开采、金属冶炼、建筑施工,以及危险物品生产、经营、储存等高度危险的生产作业活动的。"

(三) 无证、照上岗

未取得航空人员执照、体格检查合格证书而从事相应的民用航空活动的,由国务院民用航空主管部门责令停止民用航空活动,在国务院民用航空主管部门规定的限期内不得申领有关执照和证书,对其所在单位处以二十万元以下的罚款。

(四) 违规执勤

在执勤过程中,如果航空安全员对违法行为人处置过程中存在违规的情况,造成了被处置人合法权益遭受侵害的,应承担相应的法律责任。如果造成人身权益的严重损害,可能构成故意伤害罪或过失致人重伤、死亡罪。如果侵犯了被处置人的人格权,则可能被追究相应的民事责任。

二、部门规章中的责任

(一)《公共航空旅客运输飞行中安全保卫工作规则》

根据规章的规定,航空安全员有下列行为之一的,由地区管理局处以一千元以下罚款。

(1) 未按规定携带齐全、妥善保管执勤装备和安保资料的。

(2) 接受超出规定范围的执勤派遣。

(二)《航空安全员合格审定规则》

《航空安全员合格审定规则》中规定,航空安全员在航空器上执行任务过程中,因未履行岗位职责造成严重后果、事故征候或者事故的,地区管理局可以对其处以警告或者二百元以上一千元以下的罚款。

导入案例评析

航空安全员在执勤过程中要严格按照法律法规的规定执行任务,尤其是在实施制止、制服、管束等行为时,要严格按照处置程序进行。对该乘客的大吼大叫的行为,航空安全员不能采取毛巾堵嘴的措施,因为国家尊重和保障人权,根据《中华人民共和国宪法》第三十三条第三款明文规定的公民权利,该乘客虽然实施了违法行为,但并不影响其作为中华人民共和国公民所享有的基本权利。另外,根据《中华人民共和国治安管理处罚法》第五条的规定:"实施治安管理处罚,应当公开、公正,尊重和保障人权,保护公民的人格尊严。"所以,即便该乘客实施了违法行为,也不能采取堵嘴等有辱人格尊严的方式进行处罚。根据《公共航空旅客运输飞行中安全保卫规则》第十一条第二款的规定,航空安全员享有的法定职权包括的管束权力中,不包括封堵行为人口鼻等侵犯人权的内容。如果航空安全员实施了此种行为,可能会面临被管束人民事侵权起诉。

练习与思考

一、名词解释
1. 民事责任
2. 非法劫持航空器
3. 违规派遣
4. 无证、照上岗

二、简答题
1. 民事责任的承担方式有哪些?
2. 非法干扰行为的类型有哪些?
3. 公共航空运输企业违反兼职禁令应当承担哪些法律责任?
4. 航空工作人员玩忽职守应当承担哪些法律责任?

三、案例思考

【案例1】

某航班飞行过程中,两名旅客在机舱内发生斗殴行为,在斗殴过程中,导致其座位前方的小桌板破损。航空安全员制止了双方的斗殴行为。二人的斗殴行为导致一名乘客受伤。

请问:斗殴行为人应当承担哪些法律责任?

【案例2】

某航空公司的航班,原定起飞时间为13:00,但由于天气原因,航班延误至15:30起飞。飞机平飞一个小时后,旅客张某掏出打火机和香烟开始吸烟。航空安全员发现后立即进行了口头制止,而张某声称其吸烟行为是由于航班长时间延误导致情绪焦虑,其同行人员也在旁声援,并与航空安全员发生了争执。双方争执愈发激烈,张某指着航空安全员吼道:"你信不信我把这架飞机炸掉!"说完后,旅客发现自己说错了话,便解释:"我只是随口说说。"

请问:张某的行为属于什么性质?应当承担怎样的法律责任?

第七章 证据基础知识

本章学习目标：了解证据的概念和特征；了解举证责任制度；掌握证据的种类；理解证据的证明力；了解我国诉讼法中对证据的基本规定；掌握客舱安保执勤证据材料收集和保存的特点、要求和注意事项。

第一节 证据概述

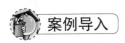

某航空公司的国际航班上，在登机过程中，航空安全员注意到，有两名男性乘客神情紧张，其中一人手提行李，并且登机后并未将其放在行李架上，而是放在脚下。登机后，安全员对这两名乘客持续关注，观察到二人频繁有眼神交流，刻意避讳制服航空安全员的眼神，且身上散发有异味。飞机进入平飞阶段后，二人突然从行李中取出一罐汽油，声称劫机，要求机长将飞机飞往其他国家，到达后可保证人机安全，否则将纵火破坏飞机与大家同归于尽。航空安全员立即采取措施，制服了劫机分子。机长按照地面指示，决定继续前往原本目的地。

请问：在后续飞行过程中，航空安全员针对本次案件应当收集的证据有哪些？分别属于什么类型？

通过本节的学习，能够了解到证据的基础知识，包括证据的概念、特征，证明责任，以及证据的理论分类和法定形式，理解不同的证据的性质、区分，以及发生案件时应当收集哪些证据，不同类型的证据在收集时的注意事项。

一、证据的概念和特征

（一）证据的概念

证据是指可以用来证明特定案件事实的载体。按照证据形成的基本原理，案件事实一旦发生，一般会给自然界和人类社会带来一系列变化，形成一些痕迹、物品、书面文件或者其他形式的实物。案件事实也有可能为人所知，从而形成一些主观方面的印象，通过办案人员专门的讯问或者询问活动,可成为一定形式的证据。

(二) 证据的特征

任何一个证据要转化为法院据以定案的事实依据,必须具备双重证据资格:一是证明力,即在经验上和逻辑上发挥证明作用的能力;二是证据能力,即在法律上能够为法院所接纳的资格和条件,也可以称为合法性。综合来看,证据的基本特征主要表现为以下几个。

(1) 真实性。又可称为可靠性或可信性。首先,证据必须是真实存在的,不能是伪造、变造的;第二,证据所记录或者反映的证据信息必须是可靠可信的,不能是虚假的。任何证据如果不具备真实性或者在真实性上存在疑问,则不能成为法院定罪的证据。

(2) 相关性。一个证据要转化为定案的依据,不仅要具备真实性,还需要具备相关性。相关性又可称为关联性,是指证据所揭示的证据事实与所要证明的案件事实之间具有逻辑联系。具体而言,一项证据的存在使得某一证据事实或者证据信息得到证明,而这些证据事实和信息成立又可以导致某一作为证明对象的案件事实成立的可能性变得更大一些或者更小一些。证据所具有的这种证明作用,一般称为相关性。

(3) 合法性,是指证据能够转化为定案依据的法律资格,也就是要求证据必须是按照法律规定的要求和程序而取得的。一个证据是否具有合法性,一是看取证主体是否合法;二是证据的表现形式是否符合法律的要求;三是看证据的取证手段是否合法;四是证据是否经过合法的法庭调查程序。

二、证明责任

作为司法证明的基本构成要素,证明责任是指提出诉讼主张的一方提出证据证明本方所主张的待证事实的义务。罗马法有句名言:"谁主张,谁举证。"一般理解是,在诉讼活动中哪一方提出了积极的诉讼主张,或者提出肯定某一事实存在的诉讼请求,该方就负有提出证据对该项主张加以证明的义务,否则,该方所提出的诉讼主张就不被法院所接受。

证明责任之所以被界定为一种"义务",就是因为提出诉讼主张的一方必须提出证据,也必须运用这些证据论证本方所主张的待证事实,否则该方就要承担败诉的法律后果。诉讼主张的一方一旦不能提出证据或者无法论证待证事实的真实性,那么,待证事实就只能被视为不真实或不存在,该方所提出的诉讼主张也就不能成立,因此只能承担所主张的诉讼请求不能成立的后果。所以,证明责任不仅仅包括举证责任,还包括论证待证事实的义务,并且证明责任与败诉风险是联系在一起的。

三、证据的种类

(一) 理论上的证据分类

证据理论上的分类,是指从理论上对证据所做的类型化分析。与证据的法定形式不同,根据不同的标准进行分类,证据在理论上有不同的分类方式,例如,根据证据载体的表现形式,证据可以分为实物证据和言词证据;根据证据载体的不同来源,证据可以分为原始证据和传来证据;根据证据与主要事实的证明关系,证据可以分为直接证据和间接证据。

1. 实物证据与言词证据

凡以实物、文件等方式记载证据事实的证据,都是实物证据。例如,物证、书证、视听资料、电子数据都属于实物证据。实物证据是在侦查阶段之前就已经客观存在的证据,是随着案件事实的发生而形成的一种证据形式,它记录的是案件事实的某一环节或者片段。例如,机上案件中收集到的证物、书信、监控录像、录音等,都属于实物证据。

与实物证据不同,言词证据又称为口头证据,是以自然人的言辞陈述为载体的证据形式。言词证据主要有两类,一种是办案人员通过询问、讯问等方式获得的言词陈述笔录,例如,勘验笔录、鉴定意见等,还有了解案件事实情况的自然人就案件情况提供的陈述资料,证人证言、被告人供述以及被害人的陈述都属于言词证据。例如,在机上非法干扰行为和扰乱行为案件中,对知情旅客进行证言收集所做成的证人证言笔录就属于言词证据。

2. 原始证据与传来证据

根据证据载体的不同来源,可以把证据分为原始证据和传来证据。证据来源,主要是指证据与案件原始事实之间的距离。凡是直接来自于案件原始事实的证据,或者距离案件原始事实最近的证据,都属于原始证据。如案件发生后在犯罪现场形成的物品、痕迹、书面材料、录音录像等,或者某一证人就其耳闻目睹的事实所做的证言等都属于原始证据。例如,机上非法干扰案件中,机组人员收集到的现场的痕迹和物品就属于原始证据。

不来源于案件原始事实,而是经过对原始证据进行传播、复制所形成的第二手或者第二手以上的证据,都属于传来证据。例如,某一物品的照片、某一书面文件的复印件、某一录音资料的复制品、某一手机短信的打印件,以及侦查人员通过询问证人所做的证言笔录等就不是原始证据,而是经过对原始证据进行复制、拍摄、摘录、加工等中间环节所形成的传来证据。例如,案发现场的照片,或者在现场提取的证物的复印件、复制件就属于传来证据。

经过传播、复制、录制、摘抄这些环节的传来证据,相比原始证据会有更大的失真风险。所以在司法过程中,尽可能使用原始证据,只有在原始证据不复存在,或者原始证据已经明显失去真实性的情况下,才可以适用传来证据。对传来证据的使用应当控制在适当的范围内,不可以滥用。

3. 直接证据与间接证据

根据证据与案件主要事实的证明关系,可以提出直接证据与间接证据的分类。直接证据,是指那种所包含的事实信息足以证明案件主要事实成立或者不成立的证据。就直接证据所证明的证据事实来说,要么与案件的主要事实形成了完全的重合,要么能够否定案件主要事实的成立。只要直接证据的载体和信息是真实可靠的,那么办案人员单凭这类证据就可以完成对被告人是否构成犯罪的证明过程。

与直接证据不同,间接证据没有包含同直接证据一样丰富的事实信息,单靠某一个间接证据只能证明案件主要事实的环节或片段,而不能直接证明案件事实是否成立。想要证明案件事实,办案人员需要获得足够多的间接证据,还必须根据各个间接证明所提供的事实信息来进行逻辑推理,使得各个间接证据所提供的事实信息能够环环相扣,形成一个较为完整的证据事实的链条或者证据体系。

(二)证据的法定形式

根据《中华人民共和国民事诉讼法》第六十三条规定的证据种类,证据包括:当事人的陈述;书证;物证;视听资料;电子数据;证人证言;鉴定意见;勘验笔录。证据必须查证属实,才能作为认定事实的根据。

《中华人民共和国行政诉讼法》第三十三条中规定,证据包括:书证;物证;视听资料;电子数据;证人证言;当事人的陈述;鉴定意见;勘验笔录、现场笔录。以上证据经法庭审查属实,才能作为认定案件事实的根据。

《中华人民共和国刑事诉讼法》第五十条中规定,可以用于证明案件事实的材料,都是证据。证据包括:物证;书证;证人证言;被害人陈述;犯罪嫌疑人、被告人供述和辩解;鉴定意见;勘验、检查、辨认、侦查实验等笔录;视听资料、电子数据。证据必须经过查证属实,才能作为定案的根据。

综合民事诉讼法、行政诉讼法和刑事诉讼法中的规定,可以将证据的法定种类分为:物证、书证、视听资料、电子数据、证人证言、当事人陈述(被害人陈述、犯罪嫌疑人、被告人供述和辩解)、鉴定意见、笔录证据(勘验、检查、辨认、侦查实验等)。

1. 物证与书证

物证是以其外部特征、物理属性发挥证明作用的物品或痕迹。从证据载体上看,前者是指客观存在的物体实物如刀、枪、石块、砖头、笔、毛发等,后者则是指在其他物体上留下的印记,如血迹、汗迹、指纹、脚印等。而从发挥证明作用的方式来看,物证之所以能发挥证明作用,是因为该证据的颜色、尺寸、大小、外形等物理属性,使得它能够发挥证明案件事实的作用,从而与案件事实发生了相关性。例如,根据某人在犯罪现场留下指纹的事实,办案人员可以推断出该人到过犯罪现场;根据某一锐器上留有与被害人脱氧核糖核酸(DNA)分子结构相同的血迹的信息,可以判定该锐器可能是犯罪人作案所用的工具;根据被告人衣服留有射击所带来的微量元素的事实,可以推论出被告人使用过枪支。

物证的客观性较强,比较容易查实,在证明活动中不仅应用广泛,而且有其他证据不能替代的作用。收集物证主要通过勘验、检查搜查等方法来进行。收集和调取的物证应当是原物,只有在原物不便搬运、不宜保存或者依法应当返还被害人时,才可以拍摄足以反映原物外形或者内容的照片、录像。物证的照片、录像,只有经与原物核实无误或者经鉴定证明真实的,才具有与原物同等的证明力。拍摄物证的照片、录像,制作人不得少于2人,并应当附有制作过程的文字说明及原物存放何处的说明,并由制作人签名或者盖章。所有已经收集到的物证都必须妥善保管,任何人都不得使用,更不允许毁坏。例如,打架斗殴所使用的工具、吸烟使用的打火机等。

书证是以其所表述的内容和思想来发挥证明作用的文件或者其他物品。从证据载体方面来看,书证通常表现为书面文件,如信件、文件、裁判文书、票据等书面材料。但书证也并不限于书面文件,有时一些实物也可以称为书证,如某些写有符号、文字、图形的纺织物、金属物、石块、墙体等。但是,无论书证具有怎样的证据载体,它们都有一个共同的特点,那就是以其所记载的内容或者所表达的思想来发挥证明作用。也就是说,各种书证所记载的图形、符号、文字等表达了某种证据事实,而这类证据事实与本案的犯罪事实、量刑事实或者程序事实发生了关联性。例如,信件的内容涉及被告人是否构成犯罪的问题,墙体上的文字牵扯到犯罪是否发生的问题,纺织物上的图形说明了被告人的犯罪意图,等等。

在司法实践中,物证与书证经常存在着交叉关系。有些书面文件,如信件、医疗诊断记录等,如果以其笔迹特征来证明书写者的身份,那么,这些书面文件就有可能属于物证。而有些外形巨大或外形特殊的物品,如上述所说的墙体金属物、纺织物等,假如是以其所记载的内容或者思想来证明案件事实的,那么,这些物品仍然属于书证。可见,对物证和书证加以区分的关键点,并不在于证据的载体或者表现形式,而在于该证据发挥证明作用的方式。

有些物品和文件有可能既通过其内容来证明案件事实,而同时其物理属性又与案件的待证事实发生了逻辑上的联系。在此情况下,这些物品和文件就会同时具有物证和书证的性质。例如,对于一封信件,办案人员对其进行了笔迹鉴定,同时又根据其内容证明了被告人的犯罪行为。在此类案件中,该信件就可能被法庭同时采纳为物证和书证。

由于书证都有明确的意思表示,而且大多在诉讼开始前就已形成,所以一经收集并查证属实,就可以比较直观地证明案件中的一定事实,在诉讼证明中具有重要意义,特别是有些书证可以直接证明案件的性质。被告人等的作案动机和目的;可以揭穿犯罪分子的狡诈和虚假的供述;可以鉴别其他证据的真伪。例如,发生在1984年3月21日香港—北京03号航班劫持案中,劫机犯罪分子梁伟强给机长的信函,可以视为书证。

书证应当是原件。只有在取得原件确有困难时,才可以是副本或者复制件。书证的副本、复制件,只有经与原件核实无误或者经鉴定证明是真实的,才具有与原件同等的证明力。制作书证的副本、复印件,制作人不得少于2人,并应当附有制作过程的文字说明及原件存放何处的说明,由制作人签名或者盖章。扣押文件要按照法律规定的程序进行,对被扣押的文件要妥善保管,任何人都不得使用或毁坏。

2. 视听资料与电子数据

视听资料又称为"音像资料",是指以录音带、录像带、电子软盘、电子磁盘等相关设备记载的声音、图像、活动画面。作为一种证据载体,视听资料通常表现为录音带、录像带、电影胶片等高科技材料,所要记录的主要是与案件事实有关的声音、图像、活动画面。

视听资料所能证明的案件事实是多种多样的,既可以是直接证据,如被告人实施犯罪行为的全部过程;也可以是间接证据,如被告人与被害人发生争执的过程。甚至就连侦查人员讯问嫌疑人的过程,也可以通过录音或录像的方式加以记录,从而被用来证明侦查程序的合法性,以便了解控辩双方就侦查行为合法性所发生的诉讼争议。

某一证据是否属于视听资料,并不能仅仅根据该证据的载体来加以鉴别。同样是录像带,假如仅仅对某一物体、痕迹、书面文件做了记录,那么,这充其量属于物证、书证的复制品,而不具有视听资料的属性。又假如某一DVD光盘对嫌疑人口供、被害人陈述、证人证言做了记录,那么,这一证据就与讯问笔录、被害人陈述笔录、证言笔录没有实质性的区别,而不具有视听资料的性质。不仅如此,那些通过照相设备拍摄的各种照片,尽管也从形式上记录了特定的图像,但它们通常都属于对特定物证、书证或者言词证据的复制物,而不被列为"视听资料"的范畴。当然,假如某一照片仅仅以其尺寸、颜色、形状等物理属性来发挥证明作用,那么,它还可以被作为物证使用。

电子数据是一种存于互联网络、通信网络等之中的数据信息。最初,证据法学理论将电子计算机所记录的资料都纳入视听资料的范畴。但随着对电子数据认识的逐步深入,也由于我国的两个证据规定率先将电子证据定为证据种类,此类证据才逐渐被认为具有独立于视听资料的地位。对于这类证据,2012年《中华人民共和国刑事诉讼法》正式将其命名为"电子数据",它是指电子计算机、互联网络、移动电话等电子设备所记载的与案件事实有关的数据资料。根据2012年最高人民法院《关于适用刑事诉讼法若干问题的解释》,电子数据主要包括电子邮件电子数据交换、网上聊天记录、网络博客、微博、短信、电子签名或域名等多种证据形式。

视听资料与电子数据属于两种相对独立的证据形式。一般说来,视听资料的载体通常为录音磁带、录像带 VCD、DVD、电影胶片等高科技设备,这些设备所储存的则大多是与案件事实有关的声音、图像或者同时兼有声音、图像和连续画面的音像资料。

视听资料有可能是侦查人员为调查某一案件所专门录的音像资料,例如,通过技术侦查手段对某一犯罪过程的秘密录音或者录像,也有可能是侦查人员从某一证人、被害人甚至嫌疑人那里收集来的音像资料,如在被害人移动电话里截取的一段录像。相比之下,电子数据则主要是存储于互联网络、通信网络中的一些信息资料,它有其特有的信息存储介质或者存储间。从形式上看,电子数据的存储载体一般是存储磁盘、存储光盘等可移动存储介质,也有可能是从这些存储介质中复制出来的书面材料或者照片,但是,这类证据所记载的并不是一般的声音、图像或者带有立体化、连续性的画面,而是那些曾经存在于网络世界里的电子邮件、电子数据交换、网络聊天记录、网络博客、微博、手机短信、电子签名或域名等。换言之,电子数据属于一种形成于互联网络和通信网络中的交换信息。而这些信息恰恰与案件事实具有了一定形式的相关性。

视听资料与电子数据也是具有密切联系的两种证据形式。广义的视听资料也包括那些存储于互联网络、通信网络中的数据资料。电子数据是从视听资料中分离出来的一种证据形式。迄今为止,对电子数据的存储仍然是通过一些视听资料的载体来完成的,如将录音盘、录像磁盘、VCD、DVD 等设备作为电子数据的存储介质。与此同时,电子数据所存储的内容也可以表现为一些声音、文字、图像,这与视听资料也是相似的。正因为如此,电子数据与视听资料在证明力和证据能力方面并没有实质性的区别,它们可以适用极为相似的证据规则。

视听资料与电子数据具有以下的特点。

(1) 形式多样,直观性强,客观实在,内容丰富。

(2) 易于保存,占用空间少,传送和运输方便。

(3) 可以反复重现,作为证据易于使用,审查核实时便于操作。

(4) 存在被伪造、变造的可能性;对技术要求高,伴随科技发展的进程而不断更新、变化。

基于上述特点,视听资料和电子数据在证据运用中的作用主要有:第一,收集证据及时迅速;第二,再现案件情况立体直观;第三,核实其他证据方便有效。

应当指出,视听资料的出现,使刑事诉讼中的证据种类增加了,表明人们驾驭和运用证据的能力也提高了。但是,尽管有其他证据所难比拟的特性和证明优势,但其仍然也只是数种证据种类之一,它也不可能是"万能"的,而且,视听资料一旦被篡改、变造,可能更难于被识别,难以恢复,所以,运用时更应当加强审查判断。

3. 证人证言与被害人陈述

证人证言是指证人就其所了解的案件事实向司法机关所做的口头陈述。被害人陈述是指犯罪行为的受害人就案件事实及其所受犯罪侵害的情况,向司法机关所做的口头陈述。

在刑事诉讼程序中,证人是因为了解案件情况而负有作证义务的诉讼参与人,而被害人则是与案件有直接利害关系的当事人,享有一系列当事人的诉讼权利,影响着诉讼的进程和结局。但在证据法上,被害人提供陈述与证人作证并没有实质性的区别,两种证据在形成机制上是相似的,并适用同样的证据规则。因此,本书在没有特别指明的情况下,所说的"证人证言"也包含了"被害人陈述"。

证人证言的形成经历了感知、记忆和表达三个不可分割的过程。证人之所以能够了解案件事实,是因为其运用自己的感觉器官,对案件情况进行了感知,从而在头脑中形成了直观的印象。例如,证人通过耳闻目睹,目击了犯罪事实的全部过程;证人运用其嗅觉感官,闻到了特定的气味;证人运用其触觉感官,感知到了某一物品、人体的特征;证人通过运用味觉感官,获知了特定食物、饮料的味道等。在对案件事实进行感知的基础上,一个有理性的证人会对这些事实形成直观的印象,并对所感知的情况保持一定时间的记忆,或者对所感知的事实信息加以储存。证人作证距离感知案件事实的时间越短,他的记忆就越完整。相反,对于一个时过境迁的案件,证人长时间地没有提供证言,就可能对所感知的案件事实有不同程度的遗忘。在感知和记忆的基础上,证人还要有一个表达证言的过程。通常情况下,通过司法官员的询问,证人就其所了解的案件事实作出口头的陈述,这种通过证人口头陈述所提供的证言,在其证据载体上属于一种陈述所提供的证据信息,就是与案件有关的各种事实信息,至此,证人证言的形成即告完成。

证人证言是通过证人的口头表述来证明案件事实的证据形式。口头表述,既包括证人在法庭上就案件事实所做的陈述,也包括以书面方式记录的证言。证人以书面方式所做的证言,通常包括两种形式:一是证人亲笔书写的书面证言,二是侦查人员对询问证人的谈话过程所做的书面记录。前者一般称为书面证词;后者一般称为证言笔录或者询问证人笔录。

对证人的书面证词或者证言笔录,通常称其为"传闻证言"。在英美证据法中证人所做的传闻证言,原则上不具有可采性。但在法定例外情形下,法官也可以有条件地采纳传闻证言,这被称为"传闻证据规则"。但在中国刑事证据法中无论是证人当庭所做的证言还是传闻证言,都具有证据能力,也都被允许出现在法庭上,并被采纳为定案的根据。对证人证言的审查判断,法官所关注的不是证人是否出庭作证,而是证人证言的真实性是否得到了其他证据的印证。

侦查人员有时也会向法庭提供证言,甚至出庭作证。根据我国法律的规定,侦查人员对其在执行职务过程中所目击的犯罪事实,可以作为目击证人提供证言。对于侦查人员出具的"情况说明""抓捕经过""破案经过"等说明材料,被告方提出异议的,法庭可以传召侦查人员出庭作证,或者提供进一步的说明材料。不仅如此,被告方对于侦查行为的合法性提出异议,要求法庭排除非法证据的,法庭可以启动专门的程序性裁判程序。在此程序中,法庭可以通知侦查人员出庭,就侦查行为的合法性问题提供证言。因此,根据所要证明的案件事实的不同,侦查人员可以分别就犯罪事实,量刑事实和程序事实提供证言。

《中华人民共和国刑事诉讼法》第四十八条规定:"凡是知道案件情况的人,都有作证的义务。生理上、精神上有缺陷或者年幼、不能辨别是非、不能正确表达的人,不能作证。"鉴于其对案件情况的感知在客观上与案件之间形成了相应的证明关系,因此具有不可替代性,不能由办案人员随意指定更换;证人本人也不可以仅以个人意见作证或拒绝作证;证人必须亲口陈述或亲笔书写证言。这种证明方式在航空安保的实践中经常被采用,即要求旅客书写亲笔证言,以证明发生在航空器内的事实。

4. 鉴定意见

根据所要鉴定的对象和检材的不同,鉴定主要分为"法医类鉴定""物证类鉴定"和"声像资料鉴定"三大类。从鉴定技术的角度来看,"法医类鉴定"又可以细分为"法医病理鉴定"

"法医临床鉴定""法医精神病鉴定""法医物证鉴定"和"法医毒物鉴定";"物证类鉴定"可分为"文书鉴定""痕迹鉴定"和"微量鉴定";"声像资料鉴定"则包括对录音带、录像带、光盘、图片等载体上记录的声音、图像信息的真实性、完整性及其所反映的情况过程所进行的鉴别,或者对记录的声音、图像中的语言、人体、物体所作出的种类或同一认定。

鉴定意见是指鉴定人运用科学技术或者专门知识,对诉讼中所涉及的专门性问题通过分析、判断所形成的一种鉴别意见。无论进行何种鉴定,鉴定人都要运用自己的专业知识、设备和技能,对刑事案件所涉及的专业问题作出鉴定和判断。而这些专业上的鉴别和判断,一旦为司法人员所获悉,就有可能弥补后者专业知识的局限性,在不同程度上拓展其对案件事实的认知能力。尤其是对那些种类繁多的物证、书证、视听资料和电子数据,司法人员可以借助专业人员的鉴定意见,对刑事案件发生的时间、地点、行为方式、作案手段,被告人是否在场、行为过程中的言行等问题,有较为全面的了解,对涉及言行人体、物体等方面的同一性问题,也可以有真切的判断。

现行法律中的"鉴定意见",曾经被冠以"鉴定结论"的名称。从"鉴定结论"到"鉴定意见",这不仅仅代表该种证据种类在概念名称上发生的变化,而且有着较为深刻的法律意义。鉴定人所提交的鉴定意见仅仅属于一种"证据材料",而不是作为定案根据的"结论"。要使鉴定意见转化为定罪的根据,必须经过合法的法庭审理过程,经历完整的举证、质证、辩论和法庭评议过程,与其他任何证据一样,鉴定意见未经法庭举证、质证和辩论,不得被转化为定案的依据。对于司法裁判者而言,鉴定意见并不具有预定的法律效力。

鉴定意见是鉴定人对专门性问题从科学技术的角度提出的分析判断意见,而不是对直接感知或传闻的案情事实的客观陈述,所以,它不同于证人证言,证人也不能同时兼作鉴定人。如果被指派或聘请的人在诉讼之前已经了解案件的情况,则只能做证人,不能做鉴定人。

5. 当事人的陈述

当事人陈述是指当事人在诉讼中就本案的事实向法院所做的陈述。作为证据的当事人陈述是指那些能够证明案件事实的陈述,如关于争议法律关系形成事实的陈述。基于趋利避害的特性,当事人的陈述与其他证据比较,易夹带虚假的成分,为了追求胜诉,当事人可能向法院作一些不真实的陈述,这是当事人陈述的特点。

鉴于当事人陈述不同于其他证据的特点,因此,一方面,在认定当事人陈述的证据力时往往还需要借助其他证据来证明当事人陈述本身的真实性。另一方面,只有提出主张的一方当事人的陈述时,不能证明其主张。

6. 被告人供述和辩解

在我国刑事诉讼中,被告人供述和辩解是一种独立的法定证据形式,其全称为"犯罪嫌疑人、被告人供述和辩解"。考虑到证据规则主要是为法庭审查判断证据所设定的法律规范,而被追诉者在法庭审理中的身份为"被告人",因此,这一证据形式简称为"被告人供述和辩解"。通常所说的"口供",也就是被告人供述和辩解。

被告人供述和辩解,是指被告人就有关案件事实情况向司法机关所做的陈述。根据被告人所作陈述的内容来看,被告人供述和辩解可以大体分为两类:一是被告人供述或自白,也就是被告人供认自己犯罪事实的陈述,或者被告人说明他人实施犯罪行为的陈述;二是被

第七章 证据基础知识

告人辩解,也就是被告人就自己不构成犯罪所做的辩解意见,或者被告人在承认自己构成犯罪的前提下就自己的从轻、减轻或者免除情节所做的辩解意见。

根据被告人所作供述和辩解的诉讼阶段,可以将这一证据分为被告人庭前供述和辩解与被告人当庭供述和辩解。被告人庭前供述和辩解,是指被告人在法庭审理开始之前,向侦查人员或公诉人所做的供述和辩解。而被告人当庭供述和辩解,则是指被告人当庭就案件事实所做的供述或者就其不构成犯罪或罪行较轻的事实所做的辩解。被告人庭前供述和辩解还可以有两种记录形式:一是被告人亲笔书写的供词或辩解材料,二是侦查人员、公诉人对讯问被告人的过程所做的书面记录,又称为"被告人供述笔录"或者"讯问笔录"。原则上,被告人庭前供述和辩解与当庭供述和辩解,都要适用同样的证据审查规则,也都会经过同样的举证、质证程序。

从形式上看,被告人供述和辩解与证人证言、被害人陈述一样,都属于通过口头陈述方式表达的言词证据,但却有一些区别。首先,诉讼地位不同。证人是对案件事实承担作证义务的诉讼参与人,而被告人是处于被追诉地位的当事人;其次,被告人陈述和证人证言的内容有所不同。证人证言一般是证人就其感知的案件事实所做的陈述。被告人供述和辩解则同时包含双重内容,既包含对案件事实的陈述,也包括被告人对自己是否构成犯罪以及罪轻或罪重的意见。

7. 笔录证据

"笔录证据",是指侦查人员对其勘验、检查、辨认、侦查实验、搜查、扣押以及证据提取过程所做的书面记录。在我国刑事诉讼中,勘验、检查、搜查扣押、辨认、证据提取和侦查实验都属于法定的侦查手段。侦查人员在进行上述侦查活动的同时,将收集证据的过程,以及所获取的证据情况做出准确的记录,从而形成具有证据效力的书面笔录。

根据侦查人员所要记录的侦查过程的不同,笔录证据大体可分为勘验笔录、检查笔录、现场笔录等不同形式。

勘验笔录,是指办案人员对于与犯罪有关的场所、物品、痕迹、尸体等勘查、检验中所做的记载,包括文字记录、绘图、照相、录像、模型等材料。勘验笔录可以分为现场勘验笔录、物证检验笔录、尸体检验笔录、侦查实验笔录等。客观性较强,也比较可靠。

检查笔录,是指办案人员为确定被害人、犯罪嫌疑人、被告人的某些特征、伤害情况或生理状态,而对其人身进行检验和观察后所做的客观记载。检查笔录以文字记载为主,也可采取拍照等其他有利于准确、客观记录的方法。

现场笔录是行政诉讼特有的证据种类,由行政机关在行政程序中当场制作而成。被告行政机关向人民法院提供的现场笔录除法律法规和规章对现场笔录的制作形式有特别规定外,一般应当载明制作现场笔录的时间、地点和事件等内容,并由执法人员和当事人签名。当事人拒绝签名或者不能签名的,应当注明原因。有其他人在现场的,可由其他人签名。

导入案例评析

在本案中,行为人实施劫持航空器的行为,并且企图使用汽油纵火破坏航空器。在案件发生后,首先需要收集案发现场的物品、痕迹等物证,例如本案中,可以收集行为人携带的行李,以及行李中的汽油罐、打火机、现场的照片等,以及提取汽油罐上行为人的指纹。另外,还应当收集客舱中目睹案件发生经过的旅客的证人证言,做好笔录。除此之外,航空安全员执勤记录仪所拍摄的音视频资料和客舱中的监控录像,以及由旅客自行拍摄的视频也可以作为视听资料证明案件的发生经过。

第二节 我国诉讼法有关证据的规定

某航空公司的国内航班上,飞机进入平飞阶段后,乘客 A 在机上盗窃隔壁乘客 B 的手机,后 A 发现举报给航空安全员。航空安全员介入后,收集了周围乘客的证言,但并未要求证人进行签字,并且取证过程没有进行录音录像。

请问:该证据是否可以作为定案依据?

《中华人民共和国民事诉讼法》《中华人民共和国刑事诉讼法》《中华人民共和国行政诉讼法》以及相应的证据规则中,对证据在诉讼中的应用以及证据的证明力、证据资格都有相应的规定,这些规则被称为证据规则。本节内容将分别从民事、行政及刑事证据规则进行介绍。

一、民事诉讼证据规则

《最高人民法院关于民事诉讼证据的若干规定(2019 修正)》(简称《民事诉讼证据规则》)中对我国民事诉讼中的证据规则进行了规定。《民事诉讼证据规则》集中规定了民事审判中证据调查、审核、采信规则,诉讼程序操作规范及相关法律结果。

(一)当事人举证的规则

根据《民事诉讼证据规则》的规定,原告向人民法院起诉或者被告提出反诉,应当提供符合起诉条件的相应的证据。人民法院应当向当事人说明举证的要求及法律后果,促使当事人在合理期限内积极、全面、正确、诚实地完成举证。当事人因客观原因不能自行收集的证据,可申请人民法院调查收集。这决定了起诉方需要承担举证义务,且无法举证的情况下要承担败诉的后果。

(二)自认规则

自认,是指在诉讼过程中,一方当事人陈述的于己不利的事实,或者对于自己不利的事实明确表示承认的,以及在证据交换、询问、调查过程中,或者在起诉状、答辩状、代理词等书面材料中,当事人明确承认于己不利的事实的。如果一方当事人对于另一方当事人主张的于己不利的事实既不承认也不否认,经审判人员说明并询问后,其仍然不明确表示肯定或者否定的,视为对该事实的承认,即对事实的不置可否也可以视为自认。当事人闪烁其词不正面回答问题、含糊其词不明确回答问题都将被法院认定为"自认"。对于当事人自认的事实,另一方当事人无须举证证明。当事人委托诉讼代理人参加诉讼的,除授权委托书明确排除的事项外,诉讼代理人的自认视为当事人的自认。当事人在场对诉讼代理人的自认明确否认的,不视为自认。自认的事实与已经查明的事实不符的,人民法院不予确认。

(三)证据保全规则

根据《中华人民共和国民事诉讼法》第八十四条规定,在证据可能灭失或者以后难以取得的情况下,当事人可以在诉讼过程中向人民法院申请保全证据,人民法院也可以主动采取保全措施。因情况紧急,在证据可能灭失或者以后难以取得的情况下,利害关系人可以在提起诉讼或者申请仲裁前向证据所在地、被申请人住所地或者对案件有管辖权的人民法院申请保全证据。当事人或者利害关系人申请证据保全的,申请书应当载明需要保全的证据的基本情况、申请保全的理由以及采取何种保全措施等内容。当事人申请证据保全的,应当在举证期限届满前向人民法院提出。当事人或者利害关系人申请采取查封、扣押等限制保全标的物使用、流通等保全措施,或者保全可能对证据持有人造成损失的,人民法院应当责令申请人提供相应的担保。担保方式或者数额由人民法院根据保全措施对证据持有人的影响、保全标的物的价值、当事人或者利害关系人争议的诉讼标的金额等因素综合确定。人民法院进行证据保全,可以要求当事人或者诉讼代理人到场。根据当事人的申请和具体情况,人民法院可以采取查封、扣押、录音、录像、复制、鉴定、勘验等方法进行证据保全,并制作笔录。在符合证据保全目的的情况下,人民法院应当选择对证据持有人利益影响最小的保全措施。申请证据保全错误造成财产损失,当事人请求申请人承担赔偿责任的,人民法院应予支持。人民法院采取诉前证据保全措施后,当事人向其他有管辖权的人民法院提起诉讼的,采取保全措施的人民法院应当根据当事人的申请,将保全的证据及时移交受理案件的人民法院。

二、行政诉讼证据规则

行政诉讼证据适用,是指在法庭上对当事人提交的或者法院调取的证据进行调查、审核和认定。根据这一界定,行政诉讼证据适用规则分为证据调查规则、证据审核规则、证据认定规则。另外,还应包括证据能否进入证据调查程序的资格条件规则(即证据适用准入规则或证据可采性规则)。

(一)证据适用准入规则

证据适用准入规则也可以称为证据可采性规则。如果当事人申请对某个证据进行调查,但是根据某个证据规则应当对该证据予以排除,则该证据就不具有可采性。另外,尽管"具有关联性的证据具有可采性",但实际上证据的可采性"无关乎提交的证据与待证事实之间证明的或者逻辑的关系",因为完全存在如下可能性,即"某项证据显然具有相关性,但是根据某些法律规则而不可采"。如果证据的获取方法或者程序存在违法的情况,则也可能不具有证据资格,没有法庭准入资格。

(二)证据调查规则

证据调查的根本方式是质证,实际上,证据调查规则往往具体化为证据质证规则,指诉讼当事人及其代理人、证人、鉴定人等都应当在法庭上以互相质证的方式围绕证据的证据能力和证明力展开调查的规则。对于实物证据,证据质证使案件审判者的直接感觉能够融入证据里面,成为证据关联性和证明力的组成部分。对于言词证据,如证人证言,如果没有证人的当庭作证和诉讼当事人对证人的交叉询问,如果案件审判者没有机会在现场察言观色,即使审判者审阅了最为详细的书面证言,也无法很直观地获取所有细节信息并以此作出

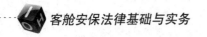

判断。

（三）证据审核规则

证据审核与证据调查不是证据适用的两个阶段，只不过是从不同视角对证据适用的审视，证据调查的过程也是对证据审核的过程。证据调查强调要以质证的形式，证据审核强调在当事人质证时，审判者如何对证据的证据能力和证明力形成内心确信。证据审核的基本要求是：按照法定程序，做到全面、客观。通常的路径是：以证据心证主义为理念指引，构建证据心证主义的科学合理的规则体系，保障心证既是自由的，又是合理的。具体做法有：一方面，建立若干"自由心证的约束机制，如经验法则、伦理法则、法定证明力规则、法定的证明标准、法官的资质和身份保障等"；另一方面，"建立对法官自由心证内容的外部审查和救济机制，主要是判决理由公开制度和上诉制度"。

（四）证据认定规则

证据认定是对证据的证据能力和证明力的认定。证据认定既是证据审核的过程，也是证据审核的结果，同时，证据认定还具有自身独特的程序和规则。一方面，理想的证据认定规则会确立对证据的认定次序。证据认定次序，不是指对各类法定证据划分了认定次序，而是指为提高证据认定效用，按照证据法理论对证据能力和证明力认定次序的划分。证据能力认定在先，对具有证据能力的证据再认定其证明力。另一方面，理想的证据认定规则会对证据能力和证明力的认定，规定不同的标准和规则。对于证据能力的认定，通常采取法定标准，即"采取法定证明为主的模式，规范证据的采纳和采信"。其认定规则往往是由各类排除规则构成的，如非法证据排除规则、不可靠证据排除规则、传闻证据排除规则等。而对于证明力的认定，通常采取个案衡量标准，规则也为证据心证规则。

三、刑事诉讼证据规则

自 2010 年最高人民法院、最高人民检察院、公安部、国家安全部、司法部联合颁布《关于办理死刑案件审查判断证据若干问题的规定》和《关于办理刑事案件排除非法证据若干问题的规定》（以下简称"两个证据规定"），到 2012 年《中华人民共和国刑事诉讼法》及最高人民法院、最高人民检察院司法解释的修订，再到 2018 年"三项规程"的颁布实施，我国的刑事证据制度较以往有了较大发展，确立了更多的证据能力规则，初步确立了证明责任规则，完善了证明标准和庭审质证规则，使刑事证据规则体系初具规模。

（一）非法证据排除规则

非法证据排除规则的基本要求是对于侦查人员用非法手段所获取的证据，司法机关依法排除于法庭之外，不作为定案的依据。根据这一规则，侦查人员通过违反法律程序的方式所获得的证据，被称为"非法证据"；排除，是指司法机关否定非法证据的法庭准入资格，并且不能作为判决的根据。非法证据排除规则在适用中分为"强制性排除"，即法院假如将某一控方证据确认为"非法证据"，则可将其自动排除于法庭之外，以及"裁量性排除"，即法院即便将某一证据认定为"非法证据"，也不一定否定其证据能力，而是考虑其非法取证行为的严重性、损害的法益、采纳该证据对司法公正的影响等若干因素。

1. 强制性排除

在实践中，对于以下几种非法证据适用强制性排除的规制。首先，所适用的都是侦查人员严重违反法定程序所获取的非法证据,如通过刑讯逼供等非法手段所获取的被告人供述,通过暴力、威胁等非法方法获取的证人证言等。其次,在适用强制性排除规则方面,法官不享有排除与不排除的自由裁量权。也就是说,只要认定某一言词证据或实物证据属于可以适用强制性排除规则的法定情形,法官就应无条件地将该证据排除于法庭之外。正因为如此,强制性的排除又被称为"自动的排除"或"绝对的排除"。最后,"强制性的排除"都是"不可补正的排除"。也就是说,法庭对那些严重的非法取证行为所做的都是自动排除的决定,而不会给公诉方作出程序补救的机会。

在中国刑事证据法中,强制性排除规则的适用对象主要有两类:一是侦查人员通过严重违法手段获取的言词证据,二是侦查人员通过其他非法手段所获取的证据。前者主要是指通过刑讯逼供等非法手段所获取的被告人供述,以及通过暴力、威胁等非法手段所获得的证人证言、被害人陈述。后者则是指侦查人员采用各种非法方法所获取的言词证据或实物证据。

2. 裁量性排除

我国刑事证据法对于侦查人员非法取得的物证书证确立了裁量性排除规则。"裁量性排除规则"又称为"自由量的排除规则"是指对于侦查人员采用非法方法获取的物证、书证可能严重影响司法公正,应责令公诉方进行程序补正或者作出合理的解释或说明,对于不能补正或者不能作出合理解释的,法院仍然可以将该证据予以排除。

与强制性排除规则相比,裁量性排除规则具有以下三个方面的特征:首先,这一排除规则所适用的对象是侦查人员非法所得的物证、书证;其次,法官在是否排除某一非法证据方面享有较大的自由裁量权,也就是享有排除与不排除的自由选择权;最后,对于侦查人员非法收集的物证、书证,法官在考虑违法取证的情形以及所造成的法律后果的同时,还要给予公诉方进行程序补正的机会,并将该方能否补正以及补正效果作为是否排除非法证据的重要依据。

法院在发现侦查人员违反法定程序,已达到"可能严重影响司法公正"的程度,可责令公诉方进行补正。补正有两种方法:第一种是对原来的非法证据进行必要的程序补救,如重新制作相关笔录或者清单,或者对相关侦查行为进行一些补充和完善;第二种是对原有的非法取证行为进行说明,以证明原来的非法取证行为并没有构成严重违法,也没有造成严重后果,原有的违法情况已经得到补救等。

(二)瑕疵证据补正规则

瑕疵证据补正规则是与非法证据排除规则相辅相成的证据规则。强制性排除属于不可补正的证据排除规则,而裁量性排除则属于可补正的证据排除规则。瑕疵证据补正规则是指法院对于侦查人员非法所得的物证、书证,或者侦查人员通过轻微违法行为所获得的瑕疵证据,在宣告其系属非法证据或瑕疵证据的前提下,责令公诉方进行必要的程序补救,对于那些成功获得补救的证据不再适用排除规则,而对于那些无法补救的证据,则予以排除。

侦查人员在收集物证、书证、证人证言、被告人供述和辩解等证据过程中,假如存在着一些带有技术性的轻微违法情形的,可以将其称为"瑕疵证据",一般是指侦查人员在制作相关证据笔录时存在技术性缺陷,如笔录记录有错误、笔录遗漏了重要的内容,笔录缺乏相关人员签名等,还有在收集证据过程中存在违规情况的,也属于"瑕疵证据"。

我国刑事证据法确立了法院责令办案人员进行程序补正的制度,并为此规定了两种程序补正的方式:一是进行必要的补正,二是进行合理的解释或说明。

(三)实物证据鉴真规则

刑事诉讼法中对不同类型的证据的来源和提取过程提出了详细的程序性要求,这是旨在鉴别证据的真实性,即为证据的鉴真。在针对实物证据的司法鉴定程序启动前,证据的提供方至少需要证明该证据的来源是可靠的、提取合法和保管完善。

根据相关法律,对于物证、书证、视听资料、电子数据的来源以及收集、提取、保管过程,都需要由提出证据的一方加以证明;对于那些可能存在伪造、变造可能的实物证据,也需要通过专门的证明程序加以验证。由此,为了保证证据的可靠性、真实性,鉴真成为实物证据具备证据能力的前提条件。鉴真有两层含义:一是证明法庭上出示、宣读、播放的某一实物证据,与举证方所称的证据是同一份;二是证明法庭上所出示、宣读、播放的实物证据的内容如实记录了其本来面目,反映了实物证据的真实情况。

实物证据的鉴真一般有两种基本方法:一是"独特性的确认";二是"保管链条的证明"。独特性确认主要适用于对特定物的鉴真,也就是某一物证具有独一无二的特征,或者具有某些特殊的造型或标记,证人当庭陈述当初看到的物证具有哪些特征,并说明法庭上的该项物证与原来的物证的同一性作出确定的证明。而"保管链条的证明"主要适用于物证为种类物的情况,即该物证没有任何明显特征,这种物证无法通过特征来加以鉴别,故需要明确保管链条,证明这一物证自始至终没有发生状态改变,防止其被伪造、变造。

📝 导入案例评析

本案属于刑事案件,在本案中,航空安全员在收集证人证言过程中,没有要求证人对其证言进行签章,并且也没有对取证过程进行录音录像,根据刑事诉讼证据规则,这份证据属于瑕疵证据,如果无法进行补正,则无法作为定案依据。

第三节 客舱安保执勤证据材料的收集和保存

🔍 案例导入

在某航班飞行途中,机组成员在机舱卫生间内的垃圾桶内底部发现一把用胶带固定的匕首。发现此事后,机组成员当即直接用手将匕首从垃圾桶中取出,并在未戴手套的情况下撕下了固定匕首用的胶带。之后,此匕首在机组成员之间进行了传看,并且并未单独保存,飞机降落后,航空安全员将此匕首移交机场公安机关。

请问:本案在证据提取过程中存在哪些问题?

通过对本节内容的学习,了解到机上执勤过程中的证据材料收集的性质,以及证据收集和保存应当注意的事项。

一、客舱安保执勤证据材料收集和保存的概念和特点

《中华人民共和国刑事诉讼法》第一百一十五条规定:"公安机关对已经立案的刑事案

件,应当进行侦查,收集,调取犯罪嫌疑人有罪或者无罪、罪轻或者罪重的证据材料。对现行犯或者重大嫌疑分子可以依法先行拘留,对犯罪嫌疑人,对符合逮捕条件的犯罪嫌疑人,应当依法逮捕。"《中华人民共和国治安管理处罚法》第七十八条规定:"公安机关受理报案、控告、举报、投案后,认为属于违反治安管理行为的应当立即进行调查;认为不属于违反治安管理行为的,应当告知报案人、控告人、举报人、投案人,并说明理由。"

从以上规定可以看出,无论是刑事诉讼程序还是治安违法案件的处理过程中,证据收集工作都分别属于刑事诉讼的侦查阶段和治安管理处罚案件的调查阶段。侦查程序是在刑事案件立案以后进行,调查程序是在治安管理案件受理之后进行。然而,机上证据收集的事件通常都在飞行结束之前,这就意味着机上证据收集工作既不是在刑事诉讼中刑事案件立案后的侦查阶段,也不是在治安案件受理后的调查阶段。所以,机上证据收集工作并不是完全需要依照《中华人民共和国刑事诉讼法》和《中华人民共和国治安管理处罚法》中对证据收集的程序严格进行。但是并不意味着机上证据收集工作可以完全脱离法律的相关规定,以防所收集的证据因存在不能补正的瑕疵而被排除。

机上证据收集主体是空中警察和航空安全员,也包括其他机组成员甚至机长,除空警外,机上证据收集的主体不同于《中华人民共和国刑事诉讼法》《中华人民共和国治安管理处罚法》和《人民检察院刑事诉讼规则》等法律和司法解释中规定的主体——公安人员或检察人员。所以,在机上证据收集过程中,航空安全员和其他机组成员并不是相关法律规制的对象。

机上证据收集不仅限于行政和刑事诉讼证据的收集,还包括民事诉讼证据的收集,而民事诉讼证据收集的主体通常都是当事人及其代理人。

综上可知,机上证据收集工作是在治安管理案件受理前、刑事案件立案前,机组人员通过一定的程序和方法对将来有利于证明案情、有利于调查和侦查阶段证据收集工作的客观事实和材料加以收集、固定和保存的过程,也是机组成员作为机上民事纠纷的当事人——航空公司的代表进行民事诉讼证据的收集过程。因此,机上的证据收集工作并不必要完全遵照《中华人民共和国刑事诉讼法》《中华人民共和国治安管理处罚法》和《人民检察院刑事诉讼规则》等法律和司法解释中的规定,只要没有采取实质性的违法手段和方法,保证所收集证据的证据资格,有利于案件真相的查明,机上的证据收集工作可不必完全按照以上法律和司法解释的一些证据收集工作中的法律形式上的要求,例如检查需要两人以上,询问未成人证人时需要法定代理人到场等。

二、客舱安保执勤证据材料收集和保存的基本要求

(一) 依法收集

尽管机上的证据收集工作可不必完全按照相关法律和司法解释中的一些证据收集工作中的法律形式上的要求,但并不意味着机上证据收集工作可以脱离法律的要求,随意进行。依法收集证据要求航空安保人员在收集过程中应该依照法定程序和方法进行。由于机上证据收集主要是为下一步的调查和侦查做好前期辅助工作,因此,依法收集证据主要要求航空安保人员在收集过程中要注意收集手段必须合法,不能以暴力、威胁、引诱、欺骗及其他非法的方法收集证据。机上证据收集要保证证据收集的客观全面,符合一些法定的有利于保证证据客观全面的规定,保证所收集的证据能够具有证据资格和证明力,能够用于后续的司法

程序,可以作为定案依据即可。

(二) 及时收集

收集证据要求迅速及时,其主要原因如下。首先,一些证据可能具有时效性。这类证据可能会由于自然、环境等原因在短时间内发生变化、灭失或时过境迁之后难以取得。例如,物证、书证等可能即将毁于火焰,气味和颜色等物理性质会由于时间经过发生变化,飞机降落后,非当事人的旅客会离开机场等等。其次,行为人可能会出于逃避惩罚的动机,抓紧时间毁灭证据。最后,在人多嘈杂的狭小的机舱内,现场可能会遭到破坏,如果不及时固定,一旦出现意外情况,证据将不能再现。因此,要求航空安保人员及时收集、固定,保持警惕,善于发现并抓住一切可能收集和固定证据的时机,防止机会的错失,影响事件的处置。

(三) 全面收集

收集证据时,不能因主观偏见而影响证据收集行为,尤其对已经施了犯罪行为的犯罪嫌疑人,不能因为对方是犯罪嫌疑人而带有情感的倾向性,导致航空安保人员仅注意收集那些对嫌疑人不利的证据,更不能因为觉得案件事实清楚,证据确凿,而对证据收集出现疏忽。航空安保人员在证据收集过程中要注意既能证明行为人违法和有罪的证据,也要注意收集能够证实其合法和无罪的证据,以及犯罪情节轻重的各种证据。寻找尽可能多的机上人员收集证据,保证一切与案件有关或者了解案情的公民,有客观地、充分地提供证据的条件。

(四) 依靠群众进行证据收集

当空防安全事件发生时,由于客舱安保人员数量不足,或者行为发生时安保人员处于不利于观察的位置,仅依靠安保人员或机组成员收集证据有时是不够的。在安保人员没有及时采取录音录像设备进行摄录的情况下,善于发动群众、依靠群众,可能会有意外的收获。在手机拍照和录音录像普及的今天,可能会有不止一个的旅客对事件进行了部分或全面的记录。同时,发动群众、依靠群众收集的证据也是证据客观全面的保证。因为,综合多种视角,才能更加全面客观地去还原案件经过。

(五) 具备收集证据与证据固定的基本知识

除对书证、物证等的妥善保管外,对违法犯罪现场加以保护,以利于降落后地面公安机关进行调查等工作也是非常重要的。因此,在机上证据收集工作中,除了要善于发现获得证据,还要善于固定和保存证据,这样才有利于查明案件事实真相,才能做到后续执法和司法过程中能够正确进行定罪量刑。

三、客舱安保执勤证据材料收集和保存的注意事项

发生扰乱行为或非法干扰行为之后,安保人员要注意及时收集和固定证据,在证据收集方面做好后续调查和侦查阶段的准备工作。

在机上证据收集工作中,由于取证人员的主体资格和取证工作性质的限制,证据类型主要包括:书证、物证、证人证言、当事人陈述、视听资料。

机上证据收集的主要工作内容包括:及时向知情旅客发放书写"亲笔证言"的纸张;做好录音录像;收集书证物证等证据。证据收集的方法主要有询问、检查、搜查和录音录像等。对证人和当事人可以采取询问并作笔录由其签字的方式,也可以采取由其亲笔书写的方式。

检查和搜查的对象主要包括旅客的登机牌、证件、行李物品和整个客舱。

在证据收集过程中需要注意以下问题。

第一,当事人是指扰乱行为人和非法干扰行为人及权益受侵害人。证人是指事件知情人,主要包含机场工作人员、航空公司工作人员、乘机旅客。

第二,询问聋、哑人时,如果机上无人通晓聋、哑手势,可采用亲笔书写的方式。询问不通晓当地通用的语言文字的违反治安管理行为人、被侵害人或者其他证人,应当配备翻译人员,如没有翻译人员,也可采用亲笔书写的方式。由于能够用于机上证据收集工作的时间可能很短,因此,对于案件知情人,应尽量由其亲笔书写,形成亲笔证言。

第三,收集证人证言时必须保证一切与案件有关或者了解案情的公民,有客观地、充分地提供证据的条件,以保证证人提供证言的真实性。询问证人并请其书写亲笔证言时,应当首先告知其一定要如实提供证言,如有意作伪证或者隐匿罪证要负法律责任。严禁对证人采用暴力、威胁、利诱、欺骗等非法方法收集证言,也不得利用暗示性的语言或者动作等手段控制证人如何提供证言。询问时,应当全面、如实地对证言内容进行客观记录,不能加入询问人的主观臆想和个人理解;证言中的矛盾,应当由证人自己做出解释。询问时,为了避免相互干扰,尽量做到单独询问,以保证描述的客观性。

第四,制作笔录后,应将讯问笔录交由被询问人核对,对无阅读能力的,应向其宣读,如有遗漏和差错,及时予以补正。被询问人认为没有错误后,应当让被询问人在讯问笔录上写上"记录已阅属实"的字样,并签名、盖章或按手印。如果询问的是知情人或证人,应请其留下身份基本情况、事件经过情况、证人事件过中所处具体位置、联系方法等,如果询问的是当事人,也应该留下当事人身份基本情况、座位号、联系方法、事件经过等。

第五,收集证据应当全面客观,既要收集证明当事人违法犯罪的证据,又必须注意收集当事人没有违法犯罪或者其违法犯罪情节轻的证据,以便后续司法审判过程中使用。

第六,注意保护违法犯罪的现场,防止其他人员进行破坏或者由于机上其他人员流动对现场证据产生污染。

 导入案例评析

在本案中,匕首是重要的物证,在提取过程中应当注意方法,保证物证不被污染。因为匕首和发现匕首的卫生间中,可能会存在行为人留下的痕迹,故航空安全员应当佩戴手套进行证据提取,并且应当在取出匕首前对匕首所在的位置和固定方式进行拍照记录现场状况。而本案中,机组成员没有拍照也没有对证据进行保护,直接徒手取出匕首并且没有单独保存,还在机组成员间进行传看,污染了物证,破坏了现场痕迹。故该证据在后续的诉讼过程中很可能无法作为定案依据使用。

练习与思考

一、名词解释

1. 证据能力
2. 非法证据排除
3. 机上证据收集

二、简答题

1. 证据的特征是什么？
2. 民事证据保全的条件是什么？
3. 机上证据收集的注意事项有哪些？

三、案例思考

【案例1】

2017年1月，某航空公司的国内航班上，商务舱乘客李某一直在使用笔记本电脑工作，飞机在起飞爬升阶段，李某仍然在使用笔记本电脑，坐在经济舱第一排的航空安全员发现后，用口头喝止的方式予以警告。安全员在警告后就离开了，但李某害怕安全员执勤记录仪中的视频被扩散出去影响其形象，故要求安全员删除执勤记录仪的视频，称该视频侵犯了自己的隐私权，航空安全员拒绝后，李某便伸手想要抢夺执勤记录仪，在抢夺过程中与航空安全员发生肢体冲突，被安全员徒手制止。在冲突过程中，其他旅客还被李某碰伤。在冲突过程中，周围旅客有拿出手机录像。

请问：执勤记录仪中的录像是否侵犯李某的隐私权？能否删除？本案中属于证据的有哪些？

【案例2】

某航空公司的国内航班，机上执勤人员有一名空警。在飞机平飞阶段，机上一名旅客钱某携带了一件行李一直放在脚边并频频检查引起了空警的注意。空警在巡舱过程中，发现钱某行李是一个仪器，空警认为该仪器疑似爆炸装置，询问钱某，钱某否认。此时，空警向钱某表明其警察身份，并对钱某进行威胁称，若不承认则会面临更加严重的处罚，钱某由于恐惧受到处罚而承认此仪器为爆炸装置。空警遂要求钱某书写亲笔证词。

请问：钱某的证词能否作为定案依据？

【案例3】

某航空公司的国内航班中，在飞机平飞阶段，乘务员对右后卫生间进行例行清洁时，闻到了明显的烟味，经卫生间附近就座的乘客指认，最后一名离开卫生间的乘客为李某，乘务员遂向航空安全员进行了报告。接到报告后，航空安全员初步判断有旅客在右后卫生间吸烟，为查找排除火灾隐患，收集实施材料，航空安全员决定在右后卫生间进行现场检查。

请问：在这个过程中主要包括哪些工作内容以及注意事项？

第八章 以案为鉴——客舱安保典型案例解析

本章学习目标：本章主要收集了客舱安保工作中的典型案例，通过本章的学习，使学生掌握机上常见非法干扰行为和扰乱行为的常见类型，掌握对客舱安保典型案件的分析和法律适用，增强对本章之前所学内容的认识和应用，提高对实际工作的思考和分析能力，掌握合理处置机上案、事件的基本思路和方法。

在客舱安保法律法规的学习中，对案例的分析和研究起着非常重要的作用。本章依据《公共航空旅客运输飞行中安全保卫工作规则》中非法干扰行为和扰乱行为的定义和行为列举，选取并编写了客舱安保执勤过程中可能面临的典型案例、事件，并进行了法律和处置上的分析。通过案例的解析和部分判决书内容的节选，使读者能够运用法律思维分析和思考问题，理解证据材料的收集重点和方式等，提高航空安全员的执勤能力，同时也以此引导公众以案为鉴，增强主动守法意识，提升社会整体的航空安保意识，更好地维护空防安全。

第一节 非法干扰行为典型案例分析

案例一 非法劫持航空器

案情：这起劫机案件共有三名作案人员，为首的是丁某（26周岁），成员有代某（28周岁）和程某（25周岁）。丁某和代某曾是同事，程某和丁某是小学同学关系。三人原定同时登机作案，后因雷雨航班被取消，三人均改签至次日航班，然而，代某和程某还是因故错过了第二天的航班，丁某遂独自登机作案。

丁某、代某和程某平时本就臭味相投，后在丁某的纠集下，三人就劫持航空器的事情一拍即合，并在丁某的安排下进行了一系列的事前准备工作。

丁某在久等代某、程某未果的情况下，一人独自登上了航班。在航班飞行过程中，丁某意图冲击驾驶舱，以胁迫机长改变航向。为了威胁机组，一开始，丁某在客舱里将某旅客击打成重伤，并一度引发客舱混乱，后在航空安全员等机组成员的努力和客舱旅客的帮助下将其打伤制服。飞机落地后,丁某被移交机场公安,随后代某和程某也相继到案。

分析:从《中华人民共和国刑法》相关条文看,本案中丁某等三人涉嫌构成劫持航空器罪。

劫持航空器罪是指以暴力、胁迫或者其他方法劫持航空器的行为。《中华人民共和国刑法》第一百二十一条规定:"以暴力、胁迫或者其他方法劫持航空器的,处十年以上有期徒刑或无期徒刑;致人重伤、死亡或者使航空器遭受严重破坏的,处死刑。"其犯罪构成如下所述。

本罪的犯罪主体是一般主体,达到刑事责任年龄(年满16周岁),具有刑事责任能力的人均可成为本罪主体,无论种族、民族、性别、宗教信仰和国籍等。

本罪的犯罪客体是复杂客体,主要指航空运输安全和秩序,也包括不特定多数旅客和机组人员的生命、健康、所运载货物、邮件等和航空器本身的安全,以及地面上的人身和财产安全。

本罪主观方面是故意,通常是直接故意。只要行为人对劫持航空器的行为是出于直接故意即可,不问其具体的动机和目的。2010年的《北京议定书》中,已经明确了原则上排除政治犯不引渡的条款:"为引渡或司法互助的目的,第一条中所列的任何罪行均不应当被视为政治罪或与政治罪有关的罪行或政治动机引起的罪行。因此,对于此种罪行提出的引渡或司法互助请求,不得只以其涉及政治罪或与政治罪行有关的罪行或政治动机引起的罪行为由而加以拒绝。"

本罪在客观方面表现为以暴力、胁迫或者其他方法劫持航空器的行为。首先,被劫持的航空器有人认为不含国家航空器,也有人认为应当包括。一般理解,从《海牙公约》看,不包括国家航空器,但从国内角度来看,国家航空器也可以成为本罪中的劫持对象。需要指出的是,航空器并不仅限于飞机,也包括热气球、飞艇等。其次,依据《中华人民共和国刑法》第一百二十一条,劫持航空器的方式分为暴力、胁迫或者其他方法三种。暴力是指对机上人员直接实施武力打击或强制,以达到使其不能反抗的目的;胁迫是指以暴力或个人隐私、违纪、违法或犯罪事实等对机上人员,尤指航空器的驾驶员,实施精神强制,使其不敢反抗而达到控制航空器的目的;其他方法是指除前述暴力、胁迫以外的其他使被害人不能反抗、不敢反抗甚至不知反抗的方法,例如,通过某种技术手段或者麻醉航空器驾驶人员等。此外,劫持是指行为人按照自己的意志强行控制航空器的行为,传统的劫持航空器的行为通常表现为改变航空器的飞行路线或着陆地点等。

一般认为,劫持航空器的既遂标准一般采"控制说",即只要实现了对航空器的非法控制,则构成犯罪既遂,而不问其是否到达其所欲到达的目的地。

从本案看来,丁、代、程三人为实施劫持航空器的行为预谋多时,准备充分,具有直接故意,主体适格,客观方面丁某着手实施了劫持航空器的行为,危害了航空器及其所载人员和财产的安全,严重侵害了航空运输安全与秩序,三人构成劫持航空器的共同犯罪,是事前通谋的共同犯罪。金在实施犯罪的过程中,由于意志以外的原因未能得逞,未获得航空器的实际控制,构成劫持航空器罪未遂,因此全案未遂。丁是本案的主犯,是直接正犯,代和程二人构成本案的帮助犯,是从犯,对于从犯,依法应当从轻、减轻处罚或者免除处罚。对于未遂犯,可以比照既遂犯从轻或者减轻处罚。

第八章 以案为鉴——客舱安保典型案例解析

案例二 机上纵火

案情：某日凌晨1点,某航班即将到达目的地机场降落时,坐在客舱前部的旅客王某突然起身,使用其设法携带上飞机的点火工具和易燃液体在客舱内纵火,企图破坏机舱设施,制造事端,严重危及到了飞行安全。在机组成员处置过程中,王某与机组人员对峙。旅客出现了某种程度的混乱,后在乘务人员的安抚下,旅客情绪逐渐平复,客舱秩序得以恢复。随后,王某被机组人员和其他旅客抓住机会制服。机上旅客及客舱机组人员被紧急疏散,其中有3人轻伤被送医救治。后据调查,事发时王某43周岁,家庭经济条件不好,其生意经营不善,又因违法行为被公安机关处罚,遂产生了自暴自弃并报复社会的念头。

分析：本案中,王某主要涉嫌构成破坏交通工具罪。

依据《中华人民共和国刑法》第一百一十六条和一百一十九条第一款的规定,破坏火车、汽车、电车、船只、航空器,足以使火车、汽车、电车、船只、航空器发生倾覆、毁坏危险,尚未造成严重后果的,处三年以上十年以下有期徒刑。造成严重后果的,处十年以上有期徒刑、无期徒刑或者死刑。

破坏交通工具罪属于危害公共安全类的犯罪,1997年《中华人民共和国刑法》在其中增加了有关航空器的规定,其犯罪构成如下所述。

本罪的犯罪主体是一般主体,只要年满16周岁,具有刑事责任能力的人都可以构成本罪。

本罪在主观方面表现为故意,包括直接故意和间接故意。即行为人明知自己的行为会导致交通工具发生危险而危及交通运输安全,并且仍然希望或者放任这种结果的发生。

本罪的犯罪客体是交通运输安全。该行为在危及交通运输安全的同时,也可能对公众的生命和财产安全造成重大威胁。此处破坏的应为使用中的交通工具,破坏非使用中的交通工具可能构成故意毁坏财物等罪名。

本罪是具体危险犯,在客观方面表现为实施了破坏交通工具的行为,不问破坏对象在交通工具零部件中的重要性或本身的市场价值,只要足以使交通工具发生倾覆、毁坏的危险,就可以构成本罪。因此,对于破坏交通工具上一些非关键设施设备的行为,例如,飞机上的小桌板、座椅等,由于不涉及运行安全,至多只能构成故意毁坏财物等罪名。

本案中,首先,王某有计划地携带点火装置和易燃液体上飞机,并在飞机上实施放火行为,主观心理状态显然为故意;其次,王某具有完全的刑事责任能力;最后,王某在航空器使用中,并且是处于进近降落阶段的航空器的客舱内放火,极易造成航空器损坏或导致人员大面积纵向移动使航空器失衡,足以使航空器发生倾覆、毁坏的危险,威胁到了公众的生命、财产和航空器本身的安全,属于严重危害公共安全的行为。因此,王某的行为完全符合破坏交通工具罪的犯罪构成,应认定为本罪。由于王某的行为已经产生了本罪所要求的风险,尽管未造成严重后果的发生,但其已构成破坏交通工具罪的既遂。

对于"使用中"的航空器的认定,可以参照1971年《蒙特利尔公约》中的定义,即"从地面人员或机组为某一特定飞行而对航空器进行飞行前的准备时起,直到降落后24小时止,该航空器应被认为是在使用中",由于"飞行中"被包含于"使用中",因此破坏飞行中的航空器自然符合破坏交通工具罪对"使用中"的要求。

需要说明的是,此处王某在机上放火的行为不宜被认定为放火罪,原因在于,其放火的行为在本案中只是破坏航空器的手段，因此应当以破坏交通工具罪论处。理论上说，若机上放火的行为完全不会破坏航空器的正常运行，其只是产生大量浓烟，有使机上人员窒息的风险，则也可能只被认定为放火罪，但一般而言，机上放火通常都可能导致航空器发生倾覆、毁坏的风险。

需要提醒的是，在教学中，很多人习惯用"纵火"一词，纵火可以理解成放火的行为，但在进行罪名表述的时候，《中华人民共和国刑法》当中并无"纵火罪"一说。

破坏使用中航空器的行为后果可能极其严重，在各国航空安保领域，都是被严厉打击的对象，因此，1971年《蒙特利尔公约》也将其纳入了公约规定的需要国际社会协同打击的五种罪行之一。

相关案例：某日，某机场公安局接到警情通报：一名醉酒男性旅客在飞机飞行途中将舷窗玻璃破坏，严重影响飞行安全，该航班将备降至该机场。接到指令后，机场警方迅速赶往现场了解情况，并成功将涉事男子控制。经查，该旅客因感情受伤独自喝下两瓶250 mL的白酒后乘坐飞机，飞行途中，该旅客在酒精作用下情绪失控，重拳砸向飞机舷窗，导致舷窗内侧玻璃破裂，幸亏机组人员及时将其控制，未造成更大的损坏，否则后果不堪设想。经检测，李某体内酒精浓度高达160 mg/100 mL，事发时处于醉酒状态。本案中，该旅客是否构成破坏交通工具罪呢？

本案中，该旅客的击坏舷窗玻璃的行为应该不足以构成破坏交通工具罪。民用飞机的客舱舷窗结构一般分为三层，舷窗真正的承力部件是中层和外层的窗户，内层窗户一般称为"防尘罩"或"保护罩"，接近乘客一侧，主要目的是防尘。因此，从本案例看，该旅客击坏的只是内层防尘罩，并不足以导致航空器发生倾覆、毁坏的危险，从罪行法定的角度出发，该旅客的行为并不符合破坏交通工具罪犯罪构成中客观方面的要求，不能构成本罪，只能按照违反治安管理的行为进行相应的处理。此外，该旅客的醉酒状态并不是《中华人民共和国刑法》规定的责任阻却事由，即便在其构成本罪的情况下，醉酒也不能使其免责。《中华人民共和国刑法》第十八条第四款明确规定："醉酒的人犯罪，应当负刑事责任。"

当然，若有证据证明该旅客的行为足以危及中层和外层窗户的安全，其也有可能构成破坏交通工具罪。

案例三　在航空器上扣押人质

案情：某日，某航班上发生了一起劫持人质事件。在航班飞行过程中，经济舱一名男性旅客突然起身向前舱走去。乘务员遂上前询问其是否有事，此时，其突然用手臂勒住乘务员，另一手持机上用餐的塑料餐刀威胁要见机长，声称要机长按其要求联系电视台。随后，机组启动了应急预案并按处置程序备降在了某机场，在地面的协同下，乘务员被解救，该男子被警察抓获，机上旅客及其他机组人员安全。后据了解，涉事男子李某现年35周岁，有精神病史，事发时可能处于精神病突发的状态，其联系电视台的目的可能是试图通过这种方式挽回他的前女友。

分析：本案中，李某涉嫌构成绑架罪。

绑架罪是指通过暴力、胁迫或者其他方法绑架他人，以实现其勒索财物或者扣押人质之目的的行为。

《中华人民共和国刑法》第二百三十九条规定："以勒索财物为目的绑架他人的，或者绑架他人作为人质的,处十年以上有期徒刑或者无期徒刑,并处罚金或者没收财产;情节较轻的,处五年以上十年以下有期徒刑,并处罚金。犯前款罪,杀害被绑架人的,或者故意伤害被绑架人,致人重伤、死亡的,处无期徒刑或者死刑,并处没收财产。"

绑架罪的犯罪构成如下所述。

本罪的犯罪主体是一般主体,达到刑事责任年龄(年满16周岁),具有刑事责任能力的人均可成为本罪主体,无论种族、民族、性别、宗教信仰和国籍等。需要注意的是,年满14不满16周岁的主体仅单纯实施绑架,并未实施故意杀人、故意伤害致人重伤或死亡的行为时,可以免予追究刑事责任。

在绑架的过程中,行为人往往辅之以伤害甚至杀害被害人的手段,因此,本罪侵犯的主要是他人的人身权利。在以勒索财物为目的时,也可能侵犯他人的财产权利。

本罪在主观方面视为直接故意,且常常具有勒索他人财物的目的。以勒索财物为目的,是指行为人绑架被害人且以加害被害人或扣押被害人相威胁,迫使被害人的亲友交给其财物,此处财物不仅包括货币、有价证券、金银财宝等,还包括其他财产性利益等。

本罪在客观方面表现为以暴力、胁迫,或其方法绑架他人的行为。暴力是指行为人直接对被害人实施武力打击或强制,例如:捆绑、殴打、伤害、强拉硬拽、装袋等手段使被害人不能反抗而将人带走或控制;胁迫是指以精神强制的手段,使被害人产生恐惧而不得不服从行为人的要求和指令,使被害人不敢反抗而将其带走或控制;其他方法是指利用麻醉、药物等非暴力和胁迫的手段使被害人不知反抗而将其带走或控制。需要说明的是,虽然绑架多数情况下具有勒索财物的目的,但在行为人将被害人绑为人质的情况下,行为人可能是出于抗拒抓捕等原因或者具有政治等其他目的。

本案中,李某用塑料餐刀以暴力和威胁的手段实施了劫持人质的行为,严重侵犯了当班客舱乘务长的人身权利,虽然没有证据显示其具有勒索财物的目的,但在本案中,无论动机如何,其显然具有劫持人质的行为。因此,从事件经过看,其行为已经符合了《中华人民共和国刑法》中绑架罪的构成要件,构成绑架罪。

新闻报道中提及李某有精神病史,在行为时处于发病状态,若经司法精神病学鉴定,其于行为时确实处于发病状态,完全不能辨认自己行为的性质和后果,则构成法定的责任阻却事由,李某可以免予承担刑事责任。

《中华人民共和国刑法》第十八条中有关精神病人责任阻却的规定:精神病人在不能辨认或者不能控制自己行为的时候造成危害结果,经法定程序鉴定确认的,不负刑事责任,但是应当责令他的家属或者监护人严加看管和医疗;在必要的时候,由政府强制医疗。间歇性的精神病人在精神正常的时候犯罪,应当负刑事责任。尚未完全丧失辨认或者控制自己行为能力的精神病人犯罪,应当负刑事责任,但是可以从轻或者减轻处罚。

案例四 强行打开应急舱门[①]

案情:2015年2月12日12时许,被告人朴某某在延吉市朝阳川国际机场乘坐韩国韩亚航空公司由延吉飞往韩国仁川市的OZ352航班,坐在靠近左侧2号应急舱门的15A座位。

---

① 检察日报.我国首例擅自开启飞机应急舱门案一审宣判 被告人免予刑罚[EB/OL].(2017-01-02)[2023-06-22].http://www.xinhuanet.com/politics/2017-01/02/c_1120231537.htm.

朴某某登机后,乘务员禹某某(韩国籍)根据安全手册,专门向朴某某讲解说明了应急舱门的重要性,告知其非紧急情况不能打开;如遇紧急情况,在得到机组人员的指令后,方可打开协助其他旅客逃生。12时30分许,OZ352航班关闭舱门,于12时34分50秒被牵引车推出滑行。飞机滑行38米时,朴某某擅自将其座位附近的左侧2号应急舱门打开,致使该应急舱门的充气滑梯释放弹出。地勤和机组人员发现后,立即采取紧急措施,于12时35分24秒将飞机迫停,机场随即启动了应急救援预案。该航班延误近4小时,造成经济损失人民币3.4万元。

延吉市法院认为,朴某某明知擅自打开飞机应急舱门会危及飞行安全,在飞机被牵引车推出阶段故意将应急舱门打开,危及飞行安全,其行为已构成以危险方法危害公共安全罪。鉴于朴某某打开应急舱门时飞机尚未使用自主动力滑行,地勤和机组人员发现应急充气滑梯弹出后将飞机迫停,地勤人员已离开滑梯弹出形成的危险区域,尚未造成人员伤亡和重大经济损失,故朴某某的行为系犯罪情节轻微依法可以免予刑事处罚。

分析:本案中,朴某某构成以危险方法危害公共安全罪。

以危险方法危害公共安全罪,是指使用除放火、决水、爆炸、投放危险物质这些传统危害公共安全的方式以外的其他方法,可能造成不特定多数人伤亡和重大财产损失,从而危害公共安全的行为。

《中华人民共和国刑法》第一百一十四条规定:"放火、决水、爆炸以及投放毒害性、放射性、传染病病原体等物质或者以其他危险方法危害公共安全,尚未造成严重后果的,处三年以上十年以下有期徒刑。"

第一百一十五条规定:"放火、决水、爆炸以及投放毒害性、放射性、传染病病原体等物质或者以其他危险方法致人重伤、死亡或者使公私财产遭受重大损失的,处十年以上有期徒刑、无期徒刑或者死刑。"

以危险方法危害公共安全罪的犯罪构成如下所述。

本罪的犯罪主体是一般主体,因为本罪属于危害公共安全类犯罪,具有极大的社会危害性,相对刑事责任年龄人也可以构成,因此凡年满14周岁具有刑事责任能力的人[①],不分国籍、民族、种族、性别等,都可构成本罪。

本罪的犯罪客体是公共安全,即不特定多数人的生命、健康或重大公私财产的安全。

本罪主观方面表现为故意,包括直接故意和间接故意。即行为人明知其实施的危险方法会危及不特定多数人的生命、健康或者公私财产安全的严重后果,其仍旧希望或者放任这种结果发生。实践中,这类案件行为人的主观心理态度以间接故意为主。

本罪的客观方面表现为行为人以传统危害公共安全手段以外的其他危险方法危害公共安全的行为。其中所隐含的意思包括其所实施的其他危险方法与放火、决水、爆炸以及投放危险物质的危害程度相当并且达到了法定的危及公共安全的程度,例如,开车在大街上乱撞

---

① 依据《中华人民共和国刑法》第十七条第二款的规定:"已满十四周岁不满十六周岁的人,犯故意杀人、故意伤害致人重伤或者死亡、强奸、抢劫、贩卖毒品、放火、爆炸、投放危险物质罪的,应当负刑事责任。"虽然以其他危险方法危害公共安全的行为并未被纳入以上八类行为当中,但是依据《中华人民共和国刑法》第一百一十四条的规定,按照同类解释的方法,可以将以危险方法危害公共安全的行为理解为相对刑事责任能力人应当承担刑事责任的行为。

第八章 以案为鉴——客舱安保典型案例解析

和私设电网等。

旅客擅自打开飞机应急舱门的事件发生过多起,据民航公安部门统计,2015年仅1月至5月,昆明、重庆、呼和浩特、南京、延吉、长春、深圳、乌鲁木齐、郑州、腾冲等地已发生机上乘客擅自开舱门事件12起,严重危害航空安全,影响航班正常运行,造成了恶劣的社会影响。

案例五 客舱内强占座位 无故殴打他人[①]

案情:某航空公司太原至重庆航班在飞机滑行过程中,旅客田某、耿某不按登机牌指示经济舱座位,坚持坐到飞机头等舱,不听从机组安排,并殴打空乘人员和见义勇为旅客杨某。机组报警后,太原机场公安局民警迅速赶到现场处置。

据乘客周先生介绍,6月12日,他从太原出发,乘坐该航班飞往重庆,他购买的是头等舱机票。飞机原定于下午1:30起飞,1点左右,乘客准时登机。周先生登机后发现头等舱内已经有两名男性乘客,一位40多岁,另一位是年轻小伙子。

随后,空乘在查票时发现两名在头等舱内的男性乘客购买的是经济舱机票。空乘告知两人,升舱需补齐费用,因为机上没有刷卡机器,只能交现金。但两人以现金不够只能刷卡为由拒绝。"他们说自己身上没那么多现金,两人不交钱也不回经济舱。"周先生说。

在空乘再次提示两人返回经济舱后,两人情绪激动,出言不逊并殴打空乘。一名在经济舱内的年轻男子曾试图制止两人。

随后,空乘向机长求助,一名空警前来处置,不料空警也遭到两人的殴打。周先生说,"他们把空警堵在座位上,空警的鼻子都被打流血了。"

受此影响,原本已滑行的飞机重新回到原点。机组人员报警后,机场警方到场处置。据了解,两名乘客对警方的工作也并不配合。事件造成飞机晚点2小时。周先生称,重新登机后,他注意到两名打人乘客、被打的空乘和空警都没有上飞机。

通报称,航空公司已第一时间安排伤情检查及专人陪护,同时,对此类行为强烈谴责,并将根据中国民航局及中航协《民航旅客不文明行为记录管理办法》规定,申请将两名涉事乘客列入中国民航"旅客黑名单",并将坚决依法追究其法律责任。

本起事件中,两名乘客无合理理由要求免费由经济舱升至头等舱,遭到空乘人员拒绝后,便随意殴打空乘及空警人员,其行为属于无事生非、肆意挑衅、横行霸道的寻衅滋事。两名乘客存在造成两人以上轻微伤的可能,以及符合公共场所随意殴打他人,造成公共场所秩序混乱的情形,涉嫌构成寻衅滋事罪。

一审判决如下。

(1) 田某犯寻衅滋事罪,判处有期徒刑两年(刑期从判决执行之日起计算,判决执行以前先行羁押的,羁押一日折抵刑期一日,即自2016年6月13日至2018年6月12日止)。

(2) 耿某犯寻衅滋事罪,判处有期徒刑两年(刑期从判决执行之日起计算,判决执行以前先行羁押的,羁押一日折抵刑期一日,即自2016年6月13日至2018年6月12日止)。

(3) 田某、耿某连带赔偿附带民事诉讼原告人××航空控股股份有限公司各项经济损失共计13246.75元。于本判决生效后给付。

---

① 中国民航网.两乘客机上殴打海航空乘、空警被判有期徒刑两年[EB/OL].(2017-08-21)[2023-06-22]. http://www.caacnews.com.cn/yqphb/8yuex/201709/t20170905_1227899.html.

分析：本案中，田某、耿某二人构成寻衅滋事罪。

寻衅滋事罪，是指在公共场所无事生非，肆意挑衅，随意殴打、骚扰他人或任意损毁、占用公私财物，或者在公共场所起哄闹事，破坏社会秩序，情节恶劣或情节、后果严重的行为。

《中华人民共和国刑法》第二百九十三条规定："有下列寻衅滋事行为之一，破坏社会秩序的，处五年以下有期徒刑、拘役或者管制：

（一）随意殴打他人，情节恶劣的；

（二）追逐、拦截、辱骂、恐吓他人，情节恶劣的；

（三）强拿硬要或者任意损毁、占用公私财物，情节严重的；

（四）在公共场所起哄闹事，造成公共场所秩序严重混乱的。

纠集他人多次实施前款行为，严重破坏社会秩序的，处五年以上十年以下有期徒刑，可以并处罚金。"

寻衅滋事罪的犯罪构成如下所述。

本罪的主体表现为一般主体，因此凡年满16周岁具有刑事责任能力的人，不分国籍、民族、种族、性别等，都可构成本罪。

本罪侵犯的客体并非是特定主体的法益，而主要是对社会管理和公共道德的藐视和挑战，因此，本罪侵犯的客体主要是社会公共秩序或社会管理秩序。

本罪的主观方面是故意，行为人的动机可能具有多样性，或是逞强争霸、炫耀自我，或是发泄不满、寻求刺激等，动机不影响对其行为的定性和定罪。

本罪的客观要件是行为人实施了寻衅滋事，情节严重或恶劣、后果严重的行为。依据《最高人民法院、最高人民检察院关于办理寻衅滋事刑事案件适用法律若干问题的解释》（法释〔2013〕18号）的第一条的规定，行为人为寻求刺激、发泄情绪、逞强耍横等，无事生非，实施刑法第二百九十三条规定的行为的，应当认定为"寻衅滋事"。行为人因日常生活中的偶发矛盾纠纷，借故生非，实施刑法第二百九十三条规定的行为的，应当认定为"寻衅滋事"，但矛盾系由被害人故意引发或者被害人对矛盾激化负有主要责任的除外。主要包括下列几种行为。

其一，随意殴打他人，破坏社会秩序，具有下列情形之一的，应当认定为《中华人民共和国刑法》第二百九十三条第一款第一项规定的"情节恶劣"：致一人以上轻伤或者二人以上轻微伤的；引起他人精神失常、自杀等严重后果的；多次随意殴打他人的；持凶器随意殴打他人的；随意殴打精神病人、残疾人、流浪乞讨人员、老年人、孕妇、未成年人，造成恶劣社会影响的；在公共场所随意殴打他人，造成公共场所秩序严重混乱的；其他情节恶劣的情形。

其二，追逐、拦截、辱骂、恐吓他人，破坏社会秩序，具有下列情形之一的，应当认定为刑法第二百九十三条第一款第二项规定的"情节恶劣"：多次追逐、拦截、辱骂、恐吓他人，造成恶劣社会影响的；持凶器追逐、拦截、辱骂、恐吓他人的；追逐、拦截、辱骂、恐吓精神病人、残疾人、流浪乞讨人员、老年人、孕妇、未成年人，造成恶劣社会影响的；引起他人精神失常、自杀等严重后果的；严重影响他人的工作、生活、生产、经营的；其他情节恶劣的情形。

其三，强拿硬要或者任意损毁、占用公私财物，破坏社会秩序，具有下列情形之一的，应当认定为《中华人民共和国刑法》第二百九十三条第一款第三项规定的"情节严重"：强拿硬要公私财物价值一千元以上，或者任意损毁、占用公私财物价值二千元以上的；多次强拿硬要或者任意损毁、占用公私财物，造成恶劣社会影响的；强拿硬要或者任意损毁、占用精神病人、残疾人、流浪乞讨人员、老年人、孕妇、未成年人的财物,造成恶劣社会影响的;引起他人精神失常、自杀等严重后果的;严重影响他人的工作、生活、生产、经营的;其他情节严重的情形。

其四,在车站、码头、机场、医院、商场、公园、影剧院、展览会、运动场或者其他公共场所起哄闹事,应当根据公共场所的性质、公共活动的重要程度、公共场所的人数、起哄闹事的时间、公共场所受影响的范围与程度等因素,综合判断是否"造成公共场所秩序严重混乱"。

案例六　散播危害飞行中的航空器内的旅客、机组、地面人员或大众安全的虚假信息①

案情:被告人祁某与怀来县的齐某于2017年5月相识,2017年11月被告人祁某单方面追求齐某未果,并在齐某不知情的情况下,将齐某手机的云服务绑定被告人祁某的手机账号,以便随时知道齐某位置。2018年3月30日凌晨1时许,被告人祁某的手机上收到齐某位置更新信息,得知齐某当日在北京首都国际机场将乘坐飞机离开,为了将齐某留住,被告人祁某在饮酒后,两次拨打北京110报警电话,编造齐某携带炸弹乘坐飞机的虚假恐怖信息。北京市公安局机场分局接到警情通报后,采取紧急措施,在核实齐某及随行人员身份后,紧急联系机组方面与宜春方面,宜春市公安局机场分局接到报警后,立即启动反恐处置预案,采取了一系列措施。此次编造虚假恐怖信息事件造成了当次及后续航班的延误,消耗了大量的人力、物力,给当次航班旅客造成了恐慌。据统计,此次"疑似爆炸物威胁"造成××航空有限责任公司直接经济损失人民币10462.13元。

分析:本案中,祁某构成故意编造、传播虚假恐怖信息罪。

编造、故意传播虚假恐怖信息罪是指编造爆炸威胁、生化威胁、放射威胁等恐怖信息,或者明知是编造的恐怖信息而故意传播,严重扰乱社会秩序的行为,本罪是《刑法修正案(三)》第八条增设的罪名。

《中华人民共和国刑法》第二百九十一条之一规定:"投放虚假的爆炸性、毒害性、放射性、传染病病原体等物质,或者编造爆炸威胁、生化威胁、放射威胁等恐怖信息,或者明知是编造的恐怖信息而故意传播,严重扰乱社会秩序的,处五年以下有期徒刑、拘役或者管制;造成严重后果的,处五年以上有期徒刑。"

编造虚假的险情、疫情、灾情、警情,在信息网络或者其他媒体上传播,或者明知是上述虚假信息,故意在信息网络或者其他媒体上传播,严重扰乱社会秩序的,处三年以下有期徒刑、拘役或者管制;造成严重后果的,处三年以上七年以下有期徒刑。

本罪的犯罪构成如下所述。

本罪的犯罪主体是一般主体,凡年满16周岁具有刑事责任能力的人,不分国籍、民族、种族、性别等,都可构成本罪。

本罪侵犯的客体社会管理秩序。编造、故意传播虚假恐怖信息的行为极易引起大众恐慌,影响各行各业正常的生产和生活,导致社会秩序的混乱。

本罪的主观方面表现为故意,过失不构成本罪。

---

① 中国裁判文书网.祁某编造故意传播虚假恐怖信息一审刑事判决书[EB/OL].[2023-06-22].http://wenshu.court.gov.cn/.

本罪的客观方面表现为行为人实施了编造、故意传播虚假恐怖信息的行为,其中包括两种情况:一是故意编造了虚假恐怖信息;二是明知是虚假的恐怖信息而故意传播。只要行为人实施了以上两种行为之一,达到严重扰乱社会秩序的程度,都可能构成本罪。本罪的罪名是选择性罪名。

依照《最高人民法院关于审理编造、故意传播虚假恐怖信息刑事案件适用法律若干问题的解释》(法释〔2013〕24号),"虚假恐怖信息",是指以发生爆炸威胁、生化威胁、放射威胁、劫持航空器威胁、重大灾情、重大疫情等严重威胁公共安全的事件为内容,可能引起社会恐慌或者公共安全危机的不真实信息。

危害程度的认定和相关处罚规定如下。

其一,编造、故意传播虚假恐怖信息,具有下列情形之一的,应当认定为刑法第二百九十一条之一的"严重扰乱社会秩序":致使机场、车站、码头、商场、影剧院、运动场馆等人员密集场所秩序混乱,或者采取紧急疏散措施的;影响航空器、列车、船舶等大型客运交通工具正常运行的;致使国家机关、学校、医院、厂矿企业等单位的工作、生产、经营、教学、科研等活动中断的;造成行政村或者社区居民生活秩序严重混乱的;致使公安、武警、消防、卫生检疫等职能部门采取紧急应对措施的;其他严重扰乱社会秩序的。

其二,编造、故意传播虚假恐怖信息,严重扰乱社会秩序,具有下列情形之一的,应当依照刑法第二百九十一条之一的规定,在五年以下有期徒刑范围内酌情从重处罚:致使航班备降或返航;或者致使列车、船舶等大型客运交通工具中断运行的;多次编造、故意传播虚假恐怖信息的;造成直接经济损失二十万元以上的;造成乡镇、街道区域范围居民生活秩序严重混乱的;具有其他酌情从重处罚情节的。

其三,编造、故意传播虚假恐怖信息,严重扰乱社会秩序,具有下列情形之一的,应当认定为刑法第二百九十一条之一的"造成严重后果",处五年以上有期徒刑:造成三人以上轻伤或者一人以上重伤的;造成直接经济损失五十万元以上的;造成县级以上区域范围居民生活秩序严重混乱的;妨碍国家重大活动进行的;造成其他严重后果的。

第二节 扰乱行为典型案例分析

案例一 强占座位、行李架

案情:某航班在起飞地登机过程中,一名旅客(李某)行进到7排头等舱后入座,由于航前查询旅客信息显示头等舱只有1名旅客且其座位在6排,头等舱乘务员以为头等旅客坐错座位便上前询问以便帮其寻找座位,乘务员查看其登机牌上显示座位为33J,于是请李某回到自己座位。当时,李某以客舱拥堵为由称其一会儿就会坐回自己座位。登机结束以后,头等舱乘务员看该名旅客还在头等舱就座,便上前再次要求李某回到自己座位就座,李某又声称其愿意支付升舱费用进行升舱,而后乘务员将升舱价格告知李某时,其又声称这些位子都是空的为什么不可以坐,乘务员向其解释,让其按照登机牌座位入座,李某拒不配合,乘务长看事态有升级态势,请安全员出面解决,并告知航空安全员李某似乎表现出酒后特征。航空安全员遂打开执勤记录仪,告知李某其安全员的身份,并让他回到自己座位入座。然而,

第八章 以案为鉴——客舱安保典型案例解析

李某在知道安全员身份后,不但没有回到自己座位,反而情绪越发激动,辱骂安全员,并声称航空公司服务不人性化,反正座位也是空着,为什么他不可以坐在前面。在安全员欲将李某强行带至后舱时,其激烈反抗,安全员出于客舱秩序考虑便停止了带离,随后将事件经过报告机长并与机长协商后决定通知机场公安,后机场公安人员到场将其强制带离,此事导致航班延误一个半小时。

分析:本案中,李某的行为构成强占座位的扰乱行为。

1. 处置分析

依据《公共航空旅客运输飞行中安全保卫工作规则》第十条第(二)项:"对扰乱航空器内秩序,妨碍机组成员履行职责,不听劝阻的,可以要求机组成员对行为人采取必要的管束措施,或在起飞前、降落后要求其离机。"机长决定报警并要求李某回到自己座位的行为具有正当性。

机上发生强占座位、行李架的行为时,若航空安全员出面处理,务必及时释明法律,指出其行为的事实后果和法律后果,控制旅客的过激行为,注意证据的收集和保护,为报警移交做好准备。若发生旅客间因争抢座位、行李架而争吵甚至互殴时,航空安全员应对双方行为及时警告,防止事态升级,同时注意维护客舱秩序。在处置过程中,应及时和机长沟通,按规定程序采取处置措施。

在本次事件当中,航空安全员应第一时间要求乘务员报告机长,并对李某的行为进行评估和判断,确定其处于酒后状态,及时向机长提出建议,没有必要对旅客采取生拉硬拽的方式进行执勤。因为此时飞机尚未关闭舱门,及时报警,由机场公安将行为人带离是最妥善的方式,在这个过程中,应注意及时开启执勤记录仪,必要时及时采集证人证言。即便是在飞行过程中,出于维护客舱秩序和飞行安全的考虑,也没有必要强硬执法,保留好证据,在落地后按规定报警移交即可。

2. 违法和处罚分析

李某的行为属于扰乱公共交通工具上的秩序的治安违法行为。该类违法行为侵犯的客体是公共交通工具上的秩序。此处所指公共交通工具是指正在运营状态中的交通工具,就航空器而言,应是使用中的航空器。李某具有主观上的故意,客观上也实施了扰乱秩序的行为,其已构成了治安违法,理应受到相应的行政处罚。

依据《中华人民共和国治安管理处罚法》第二十三条第二款第(三)项,应当对李某处警告或者二百元以下罚款;情节较重的,处五日以上十日以下拘留,可以并处五百元以下罚款。

若李某还有组织、纠集他人实施前述行为的情形,由于这种聚众的行为可能会造成更严重的扰乱公共秩序的后果,甚至引发群体性事件,李某则有可能面临更严厉的处罚。依据《中华人民共和国治安管理处罚法》第二十三条第二款,聚众实施前款行为的,对首要分子处十日以上十五日以下拘留,可以并处一千元以下罚款。

案例二 打架斗殴

案情:某航班起飞20分钟后,乘务员客舱巡视中,发现35C一名女性旅客将自己椅背放倒后,影响了36C女性旅客的休息,两人遂发生争执。乘务员及时上前了解情况,进行调解,双方情绪有所缓和。乘务员随后调换36C旅客座位到客舱后部,同时将情况告知了安全员。安全员收到信息后一直注意监控客舱动态。在座位调整约10分钟后,36C旅客王某去找35C旅客汪某让其道歉,汪某没说话,却突然给了王某一巴掌,厮打起来。安全员立即冲上去将双方拉开,两名旅客情绪激动,并互相辱骂。安全员于是向两名旅客出示安全员执照亮明身份,告知旅客其行为的违法性。此时,35C旅客对安全员进行了辱骂,情绪激动。安全员让其他乘务员监控客舱,立即将情况汇报给机长,告知其后舱两名旅客情绪激动,严重影响客舱秩序,不听劝阻,并辱骂机组成员,建议机长移交机场公安。经机长同意,安全员向35A和35B两名旅客亮明身份,请他们将看到和听到的事情经过如实写下,并留下了姓名和电话号码。之后安全员调整座位,监控两名旅客直到落地。航班落地后,机组办理了移交机场公安的手续。

分析:本案中,王某和汪某的行为构成打架斗殴的扰乱行为。

1. 处置分析

依据国际公约和国内法的相关规定,机长享有将机上非法行为人移交给降落地当局的权力。

处置机上打架斗殴、寻衅滋事行为时,除遵守一般处置程序外,要注意防止旅客围观,维护客舱秩序,尽可能隔离双方,处置过程中保持中立和客观,尽量以劝解的方式化解双方矛盾,必要时可以在其他机组成员或旅客的协助下采取管束措施。此外,要注意证据材料的收集和保护。

本案中,安全员隔离双方和及时取证的行为都是比较适当的,但在事后监控客舱和防范事件进一步恶化方面还略显不足。在这起案件中,当事人陈述固然重要,但由于当事人陈述的主观性以及当事人趋利避害的本能,对第三方证人证言的采集显得尤为重要。

2. 违法和处罚分析

两人的行为均可能构成殴打他人、故意伤害的治安违法行为。该类行为侵害的客体是他人的身体权和健康权,主观方面为故意,客观方面有殴打他人或故意伤害给他人造成轻微伤的行为,若造成轻伤以上,则可能构成故意伤害罪。轻微伤一般只是引起身体暂时和轻微的反应,基本不影响器官功能,能自行修复,如表皮擦伤等。

依据《中华人民共和国治安管理处罚法》第四十三条第一款,殴打他人的,或者故意伤害他人身体的,处五日以上十日以下拘留,并处二百元以上五百元以下罚款;情节较轻的,处五日以下拘留或者五百元以下罚款。若殴打、伤害的是残疾人、孕妇、不满十四周岁的人或者六十周岁以上的人,则可能面临十日以上十五日以下拘留,并处五百元以上一千元以下罚款。

此外,由于王某在后来找汪某并要求其道歉时,汪某突然动手殴打王某,其行为除可能构成前文所述殴打他人、故意伤害的治安违法外,也可能构成寻衅滋事的治安违法行为。寻衅滋事一般是指在公共场所无事生非、起哄闹事、肆意挑衅、横行霸道和打群架,从而破坏公共秩序,尚未造成严重后果的行为。主观方面表现为故意,客观方面实施了上述行为。

《中华人民共和国治安管理处罚法》第二十六条规定:"有下列行为之一的,处五日以上十日以下的拘留,可以并处五百元以下罚款;情节较重的,处十日以上十五日以下拘留,可以并处一千元以下罚款:

（一）结伙斗殴的；

（二）追逐、拦截他人的；

（三）强拿硬要或者任意损毁、占用公私财物的；

（四）其他寻衅滋事行为。"

案例三　涉外打架斗殴

案情：夏季某天，某航班按照正常流程完成准备程序，旅客开始登机，旅客登机完毕之后，驾驶舱接到通知由于航路天气原因航班延误，时间不确定。机长考虑到塔台随时都有放行可能，故让旅客在飞机上等待。大约过了1个小时，安全员发现客舱里突然闹起来，于是立即往客舱中间去查看情况，发现有3名旅客扭打在一起，其中一名是外国旅客，事发原因是长时间等待，加上天气炎热前排旅客将座位往后调，后面那位外国旅客感觉不舒服于是用了句脏话骂那位前排旅客，前排旅客听到后开始对骂，进而扭打，前排同伴随后也参与进来，所以形成了3个人扭打的局面，严重影响航班秩序与安全。

安全员赶过去后立即对当事人进行劝阻，同时寻求周围男性旅客的帮助，经过几次拉劝后终于使事态得以控制，于是将3人分别拉到客舱前后，机长在得到乘务长的信息后也很快通知机场公安，在这段时间里3人又多次想要前去对对方进行攻击。等3人情绪相对稳定后，专职安全员前往事发座位了解事发原因，并且向周围旅客采集证人证言。落地后，机场公安接报到场，与机组完成案件的移交流程，后将其中两人带走。

分析：本案中，这些旅客的行为构成打架斗殴的扰乱行为。

1. 处置分析

本案中，安全员隔离双方和及时取证的行为都是比较适当的。本案和一般打架斗殴的唯一差别在于有外国旅客的参与。

依据《中华人民共和国治安管理处罚法》第四条："在中华人民共和国领域内发生的违反治安管理行为，除法律有特别规定的以外，适用本法。在中华人民共和国船舶和航空器内发生的违反治安管理行为，除法律有特别规定的以外，适用本法。"该条规定表明，《中华人民共和国治安管理处罚法》的空间适用范围是我国领域，即我国领土内，包括领陆、领水、领空和底土。适用于在我国领域内违反治安管理的所有人，而无论其是否为中国公民、外国公民还是无国籍人。因此，按照属地管辖原则，我国有权对其适用我国相关法规进行管辖。

此处"除法律有特别规定的以外"，主要是指两种情况，一是享有外交特权和豁免权的外国人在我国领域内，不适用《中华人民共和国治安管理处罚法》，其责任应通过外交途径解决。二是香港、澳门两个特别行政区不适用本法。《中华人民共和国刑法》也有类似规定，其中第十一条："享有外交特权和豁免权的外国人的刑事责任，通过外交途径解决。"

然而，即便在机上实施扰乱行为或非法干扰行为的人是享有外交特权或豁免权的外国人，若其行为已经给空防安全带来了现实威胁，机上其他人员依据正当防卫或紧急避险的法理，出于公共安全和秩序的考虑，临时对其采取合理的措施与其特权和豁免权也并不形成冲突。

2. 违法和处罚分析

参与打架斗殴的人员主观上均有殴打和伤害他人的故意,客观上也实施了该行为,因此,依据《中华人民共和国治安管理处罚法》第四十三条第一款,殴打他人的,或者故意伤害他人身体的,处五日以上十日以下拘留,并处二百元以上五百元以下罚款;情节较轻的,处五日以下拘留或者五百元以下罚款。

需要注意的是,对于违反治安管理的外国人,依据《中华人民共和国治安管理处罚法》第十条的规定,可以附加适用限期出境或者驱逐出境。此外,如果对于需要给予行政拘留的处罚的,公安机关应当按规定程序通报和上报。

案例四 妨碍机组成员履行职责 寻衅滋事

案情:某航班在降落的过程中(飞机起落架已放下),8排D座旅客林某(男,40岁左右)从座位上起身打开行李架,乘务员发现后立即通过广播要求林某关上行李架并坐下,林某不予理睬。乘务长见此情景后,在座位上大声劝说:"为了您的安全,请关闭行李架回到您的座位。"此时,林某现出不耐烦的神情,对乘务长大声嚷道:"×××,老子知道"。说完,林某关闭行李架回到了座位。12点整,飞机着陆于跑道上快速滑行时,林某又起身打开行李架拿取行李。乘务员再次广播要求林某关上行李架回到座位,但林某仍然无动于衷。此时,周围乘客纷纷表示了不满,并对林某予以指责。安全员见林某屡次不听劝阻,便赶到8排对林某劝说:"先生,请关行李架坐回座位,这是为了您的安全。"林某态度蛮横,说:"我坐不坐下来关你屁事。"安全员立即向林某表明身份,并要求其配合工作。林某怒道:"什么狗屁安全员",说完一把抓住安全员的右手,并用另一只手猛掐其脖子。一名男乘务员见此情景后,迅速赶至8排,欲将两人拉开,但林某仍然不肯松手,并不停地实施攻击行为。后在两名机组成员的配合下,将林某约束在其座位上。其间,乘务长将情况报告给了机长,机长决定将林某移交给机场公安。乘客在得知需要证人证言时,有3位旅客表示愿意最后下机指证林某。移交后,经过调查,机场公安机关对林某处以了十日拘留,并处500元罚金。

分析:本案中,林某构成妨碍机组成员履行职责,寻衅滋事的扰乱行为。

1. 处置分析

在本案中,不存在打架斗殴的双方,完全是由于林某无事生非、无理取闹的行为导致了本案的发生,机组成员只是在正常履行职责。航空安全员的处置总体较为得当,机组成员之间的配合也较为默契——安全员处置,乘务长报告机长。证人证言在移交时也已确认可以获取。依据《公共航空旅客运输飞行中安全保卫工作规则》第十一条第一款和第二款第(四)项的规定:"机长统一负责飞行中的安全保卫工作。航空安全员在机长领导下,承担飞行中安全保卫的具体工作。机组其他成员应当协助机长、航空安全员共同做好飞行中安全保卫工作。机组成员应当按照相关规定,履行下列职责:……(四)对扰乱航空器内秩序或妨碍机组成员履行职责,且不听劝阻的,采取必要的管束措施,或在起飞前、降落后要求其离机……"因此,两名航空安全员制服林某并对其实施管束的行为于法有据。

需要注意的是,《中华人民共和国治安管理处罚法》和《中华人民共和国刑法》的条文中对寻衅滋事行为的界定并不完全一样,在执勤时需要广大安全员加以注意。区分寻衅滋事行为和寻衅滋事罪的依据主要是看情节是否恶劣,后果是否严重。

依《中华人民共和国治安管理处罚法》第二十六条,寻衅滋事的行为包括:结伙斗殴;追逐、拦截他人;强拿硬要或者任意损毁、占用公私财物;其他寻衅滋事行为。

依《中华人民共和国刑法》第二百九十三条,寻衅滋事的犯罪行为包括:随意殴打他人,情节恶劣的;追逐、拦截、辱骂、恐吓他人,情节恶劣的;强拿硬要或者任意损毁、占用公私财物,情节严重的;在公共场所起哄闹事,造成公共场所秩序严重混乱的。

2. 违法和处罚分析

林某主观上有妨碍机组成员履行职责、寻衅滋事的故意,客观上实施了不服从机组人员指令、寻衅滋事的行为,造成了客舱秩序的严重混乱。

对于林某的行为,可以依据《中华人民共和国治安管理处罚法》第二十六条的规定,处五日以上十日以下的拘留,可以并处五百元以下罚款;情节较重的,处十日以上十五日以下拘留,可以并处一千元以下罚款。

案例五 违规使用手机

案情:某航班滑行即将起飞阶段,31J座旅客张某不听乘务员劝阻一直在使用手机,且态度蛮横。在张某表现出态度恶劣且拒不关机后,安全员开启执勤记录仪介入,同时亮明身份,要求其关机。张某于是很不情愿地关机,待安全员走开后,其又将手机打开。安全员立即再次责令其关机,该旅客不听劝阻,态度仍旧恶劣。由于当时飞机正处于滑行关键阶段,安全员大声警告让其关机,并告知其违反法律规定,张某再次不情愿关机,态度依然不好,嘴里一直在骂骂咧咧。机长得知情况后,指示安全员落地后将其移交机场公安。安全员于是开启执勤记录仪,告知张某在飞行阶段使用手机违反了相关法律规定,要求其配合工作,出示身份证以及登机牌,张某只出示了登机牌,拒绝出示身份证,安全员多次告知其配合工作,但仍被其拒绝,随后安全员告知张某落地后留在座位上,等待机场公安处理。航班落地后,机场公安上机完成案件移交程序。

分析:本案中,张某构成违规使用手机或其他禁止使用的电子设备的扰乱行为。

1. 处置分析

对于机上违规使用电子设备的行为,一般以劝阻和警示为主,劝阻无效的,可以采取必要的强制措施,注意证据材料的收集方式。

本案中,航空安全员的处置基本符合规范。虽然理论上航空安全员可以强制关机,但在实践中势必和旅客发生争抢,可能会进一步影响客舱秩序,因此,在实践中,旅客违规使用电子设备的行为是比较难以处置的,机组成员很难判断旅客是否关机或调至飞行模式,对确可能导致危及飞行安全后果或情节恶劣的违规使用行为必须果断采取强制措施,同时开启执勤记录仪记录并请其他机组成员和旅客留下证人证言,做好证据保留工作,以便航班落地后移交给机场公安。

需要注意的是,我国在 2018 年之前,手机是禁止在飞行中开机使用的,基于 2017 年

10月10日施行的《大型飞机公共航空运输承运人运行合格审定规则》(CCAR-121-R5 交通运输部2017年第29号令)①的相关条文,2018年初,在《机上便携式电子设备(PED)使用评估指南》(AC-121-FS-2018-129)发布后,国内航司很快放开了飞行中的航空器上手机的使用。目前,航空公司均是要求手机在飞行中调至飞行模式。

2. 违法和处罚分析

张某的行为构成了在航空器上非法使用器具、工具的治安违法。该类违法中违规使用器具、工具的行为主观方面表现为故意,客观方面表现为不听劝阻,在使用中的航空器上使用了可能影响导航系统正常功能的器具或工具,从而危及飞行安全,对航空器及其所载人员的生命、财产安全造成重大威胁的行为。

依据《中华人民共和国治安管理处罚法》第三十四条第二款的规定,在使用中的航空器上使用可能影响导航系统正常功能的器具、工具,不听劝阻的,处五日以下拘留或者五百元以下罚款。

拓展阅读

《大型飞机公共航空运输承运人运行合格审定规则》和
《机上便携式电子设备(PED)使用评估指南》内容节选

《大型飞机公共航空运输承运人运行合格审定规则》第121.573条 便携式电子设备的禁用和限制。

a. 除本条b款规定外,任何人不可以使用,合格证持有人或机长也不得允许在按照本规则运行的飞机上使用任何便携式电子设备。

b. 本条a款不包括:

(a) 便携式录音机;

(b) 助听器;

(c) 心脏起搏器;

(d) 电动剃须刀;

(e) 合格证持有人认为使用时不会影响飞机导航和通信系统的便携式电子设备。

c. 本条b款第(5)项由合格证持有人对特定便携式电子设备使用情况验证后决定。

d. 在飞行期间,当机长发现存在电子干扰并怀疑该干扰来自机上乘员使用的便携式电子设备时,机长和机长授权人员应当要求其关闭这些便携式电子设备;情节严重的应当在飞机降落后移交地面公安机关依法处置,并在事后向局方报告。

《机上便携式电子设备(PED)使用评估指南》的部分规定。

1.3 定义

下列定义适用于本咨询通告。

a. 便携式电子设备(portable electronic devices,PED):泛指可随身携带的,以电力为能源并能够手持的电子设备。例如,笔记本电脑、平板电脑、电子书、手机、视频播放器和电子

---

① 目前该规章的版本为CCAR-121-R7(交通运输部2021年第5号令)。

游戏机等。

b. 发射型便携式电子设备(transmitting portable electronic devices,T-PED):指能够主动发射无线电信号的 PED。包括但不限于:开启蜂窝通信技术、无线射频通信网络,或其他无线通信的 PED。

c. 非发射型便携式电子设备(non-transmitting portable electronic devices,N-PED):指不具备无线电发射功能的 PED;或具备无线电发射功能,但发射功能已被关闭的 PED。

2.1.1 PED 使用规范

合格证持有人在其所运营的飞机上开放机上 PED 使用前,应建立相应的使用规范,包括以下内容:

(1) 明确可用的 PED 种类;
(2) 明确可用/禁用的飞行阶段;
(3) 明确 PED 的存放、保管和应急处置要求;
(4) 明确可用/禁用模式;
(5) 明确通知旅客的方式以及内容。

案例六 盗窃、擅自移动和使用救生衣

案情:某航班在下降阶段,就座于 33L 的旅客(儿童)因为对救生衣感到好奇,坐在其邻座的 33K 旅客陆某(该名儿童的父亲)于是将救生衣拿出来并协助其子穿上充气。乘务组发现并询问陆某时,其情绪异常激动,称救生衣是自己购买给孩子学习游泳使用,购买于机场免税店,属于私人物品,乘务人员无权干涉其使用,并在客舱中煽动同乡对乘务组进行人身攻击。当时航班即将降落,为保证安全,征得机长同意后,安全员暂时停止了处置。

航班落地后,安全员将陆某引领至前舱,向其宣传机载应急逃生用品的重要性,希望陆某能够正视错误并能够积极配合赔偿并道歉,并向其确认飞机关舱门后是否注意观看安全须知录像和座位前安全须知卡的内容,陆某明确自己已观看安全须知录像和安全须知卡,但仍然强调救生衣是自己购买并带上飞机使用的,同时继续对安全员进行谩骂,安全员只得让乘务长报告机长当时情况并由机长通知机场公安。机场公安后决定对陆某予以 10 日行政拘留的处罚。

航空公司工作人员介绍说,飞机上的救生衣属于应急设备,带走救生衣就等于带走了其他旅客的逃生希望。在此提醒广大旅客,机上救生衣、氧气瓶、防烟面具等应急设备、工具,在民航法规规定中是严禁乘客私自动用的。根据治安管理处罚法规定,盗窃、损坏、擅自移动使用中的航空设施的,可处十日以上十五日以下拘留。

分析:本案中,陆某的行为属于盗窃、故意损坏或者擅自移动救生物品等航空设施设备的扰乱行为。

1. 处置分析

本案中,安全员需要注意执勤记录仪的及时开启,同时需要注意物证(救生衣)的监管和保护。需要注意的是,盗窃机上救生物品和盗窃机上财物性质并不相同,前者侵害的不仅是财产权,更重要的是该行为可能危及公共安全,而后者仅是侵犯了公私财产权。因此,对两

类行为的处置和处罚也是完全不一样的。前者可以由安全员当场制止,甚至经授权采取管束措施,后者更多的是证据收集和保护的工作。

2. 违法和处罚分析

陆某的行为构成了盗窃、损坏、擅自移动航空设施的治安违法。陆某主观上具有侵占机上救生衣的故意,客观上实施了盗窃、损坏和擅自移动的行为。

依据《中华人民共和国治安管理处罚法》第三十四条第一款的规定,盗窃、损坏、擅自移动使用中的航空设施,或者强行进入航空器驾驶舱的,处十日以上十五日以下拘留。

尽管在执法实践中,机场公安机关对于盗窃或擅自移动机上救生衣的行为是依据《中华人民共和国治安管理处罚法》第三十四条第一款进行处罚,但救生衣是否属于该条中所提及的"使用中的航空设施"是值得商榷的。按照国务院法制办的解释,航空设施包括以下几种:飞行区设施、空中交通管理系统、货运区设施、航空器维修区设施、供油设施和公用设施。[①]这个问题可能需要在《中华人民共和国治安管理处罚法》的修订过程中进一步厘清。

案例七 强行打开应急舱门[②]

案情:某航班由于前段机场大雾,造成飞机晚点,同时由于后续等待旅客的原因,导致航班延误近4小时,在1月9日23:45旅客开始登机。由于航班延误时间较长,一个旅行团的旅客在导游的煽动下拒绝登机,一直持续到10日1:40,所有旅客才登机完毕关闭舱门。在关闭舱门后广播员及时向旅客广播飞机排队等待除冰后方能起飞。在此期间乘务组为旅客提供了餐食饮料服务,也随时将实时情况广播告知旅客并且积极地安抚旅客情绪。但由于排队等待时间较长,旅客情绪激动难以控制。

飞机于10日凌晨3:10排到除冰,且只有一辆除冰车为本架飞机除冰。先除飞机左侧的冰,再除右侧的冰。但在除右侧冰时,机务发现飞机左侧又开始结冰,导致需要再次除左侧部位的结冰。同时在除冰期间向旅客广播为避免除冰液的有毒物质通过空调系统进入客舱,需要关闭空调,给大家带来不便深表歉意,待除冰后立即恢复空调。此时旅客情绪更为激动,也不听乘务员解释,乘务组在客舱内进行安抚,安全员一直在驾驶舱门口监控事态并保护驾驶舱门安全。机组通过监控摄像多次看到客舱内旅客群情激愤地围住乘务员要求下机,无奈之下副驾驶走出驾驶舱向旅客解释除冰情况并告知旅客只需再等十分钟飞机除冰完毕后即可起飞,但旅客仍不听解释,情绪更加激动。为了避免发生冲突,安全员保护副驾驶回到驾驶舱。

随后机长通知飞机除冰完毕,并可以滑行。广播员广播飞机开始滑行,请旅客就座,乘务员在客舱内安排和提醒旅客入座。但情绪激动的旅客仍站在机门处及过道上坚持要求下机。见客舱秩序混乱难以控制,乘务长将此情况报告机长,并且提醒乘务员要对所有出口包括应急出口进行监控(起飞前乘务员已经对出口座位进行了一一确认),正在此时(4:10),驾驶舱显示应急出口有三道门被打开。但此时客舱中挤满旅客,乘务员已被旅客隔离无法靠

---

① 国务院法制办公室.中华人民共和国治安管理处罚法注解与配套[M].北京:中国法制出版社,2011:52.
② 新京报.乘客机场强开应急舱门 治安拘留2人[EB/OL].(2015-01-11)[2023-06-22]. http://epaper.bjnews.com.cn/html/2015-01/11/content_557021.htm? div=-1.

第八章 以案为鉴——客舱安保典型案例解析

近出口,旅客也阻止乘务员前往应急出口。经过不断努力乘务长和安全员艰难地赶到应急出口查看情况,同时询问紧急出口是哪位旅客打开的。但由于此处乘坐的旅客都属于同一个旅行团,互相包庇,隐瞒事实,无人承认。旅行团中一位女性(47K座)团员甚至声称是飞机上所有旅客打开的。

约半小时后飞机被推回停机位,随后机场公安上机对此事进行调查,机场公安人员也向机组人员了解了情况,并由机长写了一份情况说明交由公安人员协助调查。6:10左右机场公安人员允许所有旅客下机进行进一步调查,在下机过程中,乘务员跟在旅客身后,边清舱边往前走,走到47排应急出口时,旅行团导游突然扯下座椅头片擦拭应急出口门把手,其他几名旅客见状也拿衣服擦拭应急门把手。乘务员看到此情况第一时间上去大声喝止,但是由于有一定间隔距离,并且旅客分散在三个应急出口,并没有起到作用。随后,机组与地面机场公安人员进行交接,并且得到允许后才离开飞机。

公安处理结果:经进一步调查核实,该航班被违法打开的三道应急舱门分别位于41L、42A、42L座位旁。该航班延误后,北京某旅行社25人在其导游李某媛(女)的煽动下,情绪尤为激动。团队中旅客周某(男)违法打开41L、42L座位旁两道应急舱门。团队旅客李某辉(男)发布虚假信息。

根据已调查核实的情况,民用机场公安局航站区派出所根据《中华人民共和国治安管理处罚法》第二十三条第二款的规定,对李某媛的违法行为予以治安拘留15日处罚。根据《中华人民共和国治安管理处罚法》第三十四条的规定,对周某的违法行为予以治安拘留15日处罚;对李某辉的行为予以训诫。对违法打开42A座位旁应急舱门的违法人员正在进一步调查核实中。

分析:本案中,李某媛的行为构成聚众扰乱公共交通工具上的秩序的扰乱行为,周某构成强行打开应急舱门的扰乱行为。

1. 处置分析

机上强行打开应急舱门往往事发突然,航空安全员在处置时应保持冷静,争取迅速识别和锁定行为人,了解其行为动机和目的,注意维护客舱秩序,保护好现场并及时收集和保护相关的证据材料。

机上强行打开应急舱门的行为在国内外都发生过多次,例如,2023年5月26日上午,韩亚航空从济州机场起飞的OZ8124航班,机上载有194人,在中午12时45分即将降落大邱机场之前,一名30多岁男性乘客在200米上空打开舱门,引发其他乘客呼吸困难送医。

本案的处置过程中,机组人员总体处置较为恰当,但在预防过激旅客打开应急舱门方面还可以考虑调整处置预案,以防止危害后果发生。此外,本案中,旅客擦拭舱门把手指纹的行为也反映出,在此类案事件发生时,要特别注意违法现场的保护,保证物证不被损毁灭失,确保违法行为人能依法受到追究。

强行打开应急舱门中的"强行"二字并非指行为人在有人阻止的情况下强行开门,而是只要旅客未经授权打开应急舱门,均为法条中所指的"强行"。

2. 违法和处罚分析

李某媛的行为构成了聚众扰乱公共交通工具上的秩序的治安违法。主观上具有聚众扰乱公共交通工具上的秩序的故意,客观上实施了煽动和聚众闹事的行为。依据《中华人民共和国治安管理处罚法》第二十三条第二款的规定,聚众实施扰乱公共交通工具上秩序的行为的,对首要分子处十日以上十五日以下拘留,可以并处一千元以下罚款。

周某的行为构成了盗窃、损坏、擅自移动航空设施的治安违法。其主观上有强行打开应急舱门的故意,客观上实施了上述行为。依据《中华人民共和国治安管理处罚法》第三十四条第一款的规定,盗窃、损坏、擅自移动使用中的航空设施,或者强行进入航空器驾驶舱的,处十日以上十五日以下拘留。

需要指出的是,与救生衣的情况类似,是否可以将应急舱门归为《中华人民共和国治安管理处罚法》第三十四条第一款规定的"使用中的航空设施",也需要进一步明确。

此外,领队导游和其他几名旅客拿座椅头片和衣服擦拭应急出口门把手的行为涉嫌构成伪造、隐匿、毁灭证据的治安违法。依据《中华人民共和国治安管理处罚法》第六十条,伪造、隐匿、毁灭证据或者提供虚假证言、谎报案情,影响行政执法机关依法办案的,处五日以上十日以下拘留,并处二百元以上五百元以下罚款。

拓展阅读

民航局关于2015年人大提案《关于依法处置"机闹"行为　维护民航秩序和飞行安全的建议》(第6228号建议)的答复(摘要)[①]

根据民航局综合司《关于做好2015年度"两会"建议提案办理结果公开工作的通知》的要求,我局现对民航局关于2015年人大提案《关于依法处置"机闹"行为　维护民航秩序和飞行安全的建议》(第6228号建议)的答复内容摘要如下。

一、修订民用航空安全相关的法律法规方面

民航局正在组织开展《中华人民共和国民用航空法》《中华人民共和国民用航空安全保卫条例》修订工作,相关修订稿将于年内报至国务院法制部门。在《中华人民共和国民用航空安全保卫条例》(修订稿)中,专门针对实践中多发的案、事件,以及机场、航空器内禁止的行为及处罚措施、力度进行了进一步的明确,特别是针对当前高发的"机闹"行为:诸如违规进入机坪、跑道和滑行道;强行登(占)、拦截航空器;堵塞、强占、冲击值机柜台、安检通道及登机口(通道);谎报险情,制造混乱;在机场控制区禁烟区域、航空器内吸烟;冲闯航空器驾驶舱;对机组人员实施人身攻击或威胁实施此类攻击;盗窃、故意损坏或者擅自移动救生物品等航空设施设备或强行打开应急舱门;妨碍机组人员履行职责;在使用中的航空器内使用可能影响导航系统正常功能的电子设备;抢占座位、行李舱(架)等。

二、关于尽快依法构建民航旅客信用记录方面

民航局正着手制定民航旅客不文明行为记录实施办法,对扰乱航空秩序,危及航空安全的旅客在购票、乘机等方面进行一定程度的限制,同时,民航局与文化和旅游局等相关部门将建立联动机制,共同提升民航旅客文明出行意识。

[①] 中国民用航空局.民航局关于2015年人大提案《关于依法处置"机闹"行为　维护民航秩序和飞行安全的建议》(第6228号建议)的答复(摘要)[EB/OL].(2016-04-07)[2023-06-22]. http://www.caac.gov.cn/XXGK/XXGK/JYTNDF/201604/t20160408_30279.html.

第八章 以案为鉴——客舱安保典型案例解析

三、关于依法惩治各种"机闹"违法行为方面

民航局已于今年年初开展严厉打击危害民航运输秩序违法犯罪和依法维护机上安全秩序两项专项工作,并在结合近期国家重大活动民航安保工作,提出"安检要严查、公安要严打、空中要严控、监管要严管、货运要严治、内部要严防"的"六严"工作措施,持续推进依法惩治"机闹"工作。今年以来,民航各级公安机关已经处置各类危害民航运输安全秩序案、事件1500余起。

在各专项工作中,民航局要求民航各级公安机关要积极适应当前空防安全工作的新特点、新变化,始终坚持依法严打方针,坚持"敢管、早管、严管",按照"第一时间在场、第一时间处置、第一时间发布"的工作原则,对因航班延误引发旅客殴打工作人员、冲击安检现场,以及在航空器内违法滋事、违规开启应急舱门等行为要依法"从严、从快、从重"处理,按照法律法规上限,顶格惩处。对编造、故意传播虚假恐怖信息威胁民航飞行安全的;非法携带枪支弹药、管制刀具、爆炸品、易燃性、放射性、毒害性、腐蚀性物品进入候机楼,危及公共安全的;伪报品名托运危险物品或者在托运货物中夹带危险物品,危害飞行安全,情节严重的;破坏航空器,足以使其发生倾覆、毁坏航空器的;对飞行中的航空器的人员使用暴力,危及飞行安全的;飞行中强行打开应急舱门等严重威胁飞行安全等六类违法行为,要求机场公安机关要立即按照《公安机关办理刑事安全程序规定》开展工作,必要时可商请检、法部门提前介入,力争快诉快判,有力震慑犯罪。

注:鉴于2015年左右发生了很多扰乱航空运输秩序的行为,也发生了多起强行打开应急舱门的行为,故在当年年初的两会上,有人大代表就提出了要严打"机闹"的提案,以上是民航局对该提案的答复。

案例八 停机坪拦截飞机①

案情:某天,湖北机场公安局航站楼派出所接报警称:停机坪213机位有旅客拦截飞机。接警后,两名执勤民警迅速赶到现场,发现一名中年男子坐在飞机推车上(注:飞机推车用于推动飞机向后滑行),他身旁还有一个年轻人。

此时飞机已脱离廊桥,关闭舱门并发动,处于即将被推车推离机位程序中。但由于中年男子的干扰,导致推车无法工作,该飞机无法正常运行。

民警立即上前劝离,并告知他的行为已严重扰乱机场正常运行秩序,要求两人立即离开飞机推离停机位作业安全范围。同时,航空公司将对两人的机票进行改签。但中年男不肯答应,民警只好把他强行带走。这出闹剧也导致航班延误近15分钟。

经调查,现场的两人为父子关系,拦飞机者为52岁的太原人郭某。当天,他准备乘坐航班飞往太原。这趟航班本来已经晚点2小时,但是郭某抵达机位时,飞机已经关闭舱门。他一时情绪失控,阻止飞机离开机位,试图要求飞机开门。

飞机启动后重开舱门是航空安全规定明令禁止的。警方按照《中华人民共和国治安管理处罚法》规定,对郭某予以行政处罚,治安拘留十日。其违法行为给航空公司造成的损失,航空公司还可依法进行民事诉讼。

---

① 中国经济网. 武汉误机旅客携子拦飞机被拘留10日[EB/OL]. (2014-02-10)[2023-06-22]. http://www.ce.cn/aero/201402/10/t20140210_2266653.shtml.

警方提醒广大旅客,面对航班延误或是一些登机过程中的突发事件,应当以合法手段维护自己的正当权益,不要做过激的行为,防止因维权过激触犯法律。

分析:本案中,郭某构成妨碍交通工具正常行驶的治安违法行为,属于机场扰乱行为。

1. 处置分析

本案处置工作实际上主要归机场安保人员负责,与航空安全员联系并不大,但不完全排除可能会出现需要航空安全员协助处置的情况。这类案件处置的要点在于地面安保人员及时制止、及时报告机场公安,警方需及时出警进行劝离或强制带离,及时严格公正地进行调查和处罚。

现实生活中,该类案件的发生可能如本案所述是旅客没赶上航班所致,但大多数此类案件主要都是由于航班延误等情况导致,旅客情绪激动做出极端行为或者对航空公司延误处置或补偿不满而发生。这类行为看似轻微,但严重扰乱了公共交通秩序,威胁到了民航运行安全。在日常的宣传中,要让人们知道此类行为的社会危害性,也要引导旅客合理处理纠纷,提供充分的纠纷解决途径,防患于未然。

2. 违法和处罚分析

郭某行为构成妨碍交通工具正常行驶的治安违法。该行为侵害客体为正常的交通运输秩序,主观方面表现为故意,客观方面表现为实施了非法拦截或强登、扒乘交通工具的行为。郭某的行为符合该违法的构成要件。

根据《中华人民共和国治安管理处罚法》第二十三条第一款第(四)项,非法拦截或者强登、扒乘机动车、船舶、航空器以及其他交通工具,影响交通工具正常行驶的,处警告或者二百元以下罚款;情节较重的,处五日以上十日以下拘留,可以并处五百元以下罚款。

该案对于航空安全员的启示:对于航班延误较长时间的情况,航空安全员和其他机组成员一定要注意客舱中旅客的表现,注意控制和化解矛盾,避免发生群体性事件,在向旅客进行解释的同时,也要做好法律法规的宣传,防止旅客出现过激行为。

案例九 机上吸烟

案情1:某日,在飞机平飞过程中一位男性旅客沈某在飞机后舱洗手间长时间逗留,引起了乘务员的关注。当沈某走出洗手间时,身上明显有浓重的烟味,安全员询问他是否在飞机上抽烟,起初其予以否认,后来在安全员的一再追问下,沈某承认了其在洗手间吸烟的事实。机组成员于是询问其抽完的烟头丢弃的地方,然后检查了洗手间的垃圾桶是否有着火的隐患,随后将沈某叫至后舱服务间进行了批评教育,当事人意识到自己行为可能造成严重的后果后,进行了检讨。安全员将其香烟和火柴收缴暂管,至旅客下飞机时再归还给他。

案情2:2013年某日,国内某航班,当飞机进入巡航高度,乘务员进行完客舱服务工作之后,在巡航阶段,有一名旅客杨某刚从洗手间出来,安全员就闻到很浓的烟味。当时安全员便意识到杨某可能在洗手间抽烟了,安全员立即起身打开洗手间门,确认烟头的状态和位置。杨某有些心虚,一直在看着安全员,安全员于是判断杨某一定是在洗手间抽烟的旅客,当即过去对其进行询问,杨某一开始不承认,于是安全员将其叫到后舱服务间并进行

第八章 以案为鉴——客舱安保典型案例解析

安全知识的宣讲,告知其在飞机上抽烟的危害。杨某迫于压力,承认了自己在洗手间抽烟的事实。安全员当即询问他火源,代他保管火源和烟,告诉他下飞机再归还给他,并报告了机长。

分析:本案中,沈某和杨某均构成在客舱内吸烟(含电子香烟)、使用火种的扰乱行为。

1. 处置分析

禁止机上吸烟的主要原因有两个方面:一是防止火灾隐患;二是实行公共场所禁烟的需求。对于机上吸烟的行为,应当及时发现和制止,对违法行为人进行教育和处罚,消除火灾隐患,确保航空器的安全,并收集和保留好物证、证人证言等证据材料。

在这两个案例中,安全员的处置均是较为妥当的,遵循了吸烟、使用明火事件处置的一般原则,其中案情1中,乘务员对客舱旅客行为的观察也比较到位,对长时间占用洗手间的旅客及时发现并予以适当的监控。对客舱旅客行为的准确识别与判断是航空安全员在执勤过程中需要不断加强和积累的一项技能,具有敏锐的观察和识别能力是将很多违法行为控制在萌芽阶段甚至着手之前的有效保障。

2. 违法和处罚分析

以上案例中,两人均构成扰乱公共交通工具上的秩序的治安违法。

根据《中华人民共和国治安管理处罚法》第二十三条第一款第(三)项,扰乱公共汽车、电车、火车、船舶、航空器或者其他公共交通工具上的秩序的,处警告或者二百元以下罚款;情节较重的,处五日以上十日以下拘留,可以并处五百元以下罚款。

案例十 客舱猥亵①

案情:在长沙飞往北京的航班上,35岁男子张某见邻座靠窗的女孩面容姣好且独自一人,便借着帮其捡耳机之名,将手放在了女孩大腿上。女孩因为害怕,不敢剧烈反抗,只是往窗户一侧蜷缩,并换了个坐姿。见此情况,张某更加猖狂,在随后行程内,张某多次实施了猥亵行为。女孩因为害怕多次改变坐姿,将身体紧贴机窗抗拒张某的触碰,但是张某并没有收敛。

飞机落地后,女孩向北京机场警方报警。接到报警后,首都机场西航站区派出所民警立刻开展调查取证工作,连夜赶到张某家中对其进行传唤。

经警方彻夜工作,张某对猥亵行为供认不讳。张某表示,自己第一次将手放在女孩大腿上时,见对方没有剧烈反抗就一时鬼迷心窍,产生了非分之想。最终,首都机场公安局对张某处以行政拘留7日的处罚。

机场警方提醒广大女性乘客,在乘坐公共交通工具时,如遇不法侵害,一定要用行动反抗制止,勇敢说"不",必要时第一时间报警求助。

分析:本案中,张某构成猥亵客舱内人员或性骚扰的扰乱行为。

---

① 北京日报.长沙飞北京航班上,一男子猥亵邻座女乘客被拘留[EB/OL].(2020-10-06)[2023-06-22]. https://baijiahao.baidu.com/s?id=1679796183181908062&wfr=spider&for=pc.

1. 处置分析

一般而言,机上猥亵或性骚扰行为主要来自于受害人的举报,航空安全员在处置过程中要注意方法,受害者为女性和儿童时,应由女性乘务员进行安抚和询问,同时应注意保护受害人的隐私。此类案件要注意证据材料的收集和保护,证据种类主要包括物证和证人证言等。

2. 违法和处罚分析

张某的行为构成猥亵他人的治安违法。猥亵他人,是指以强制或非强制的方式,违背对方意志,实施的正常性接触以外的能够满足行为人淫秽下流欲望的行为。该违法行为侵犯的客体是他人的人格尊严,主观方面为故意,客观方面表现为违背他人意志,使用暴力、胁迫或其他手段对他人实施猥亵行为。本案中,张某出于故意,在受害人明显表现出抗拒行为时,仍然违背对方意志实施了猥亵行为。

依据《中华人民共和国治安管理处罚法》第四十四条的规定,猥亵他人的,或者在公共场所故意裸露身体,情节恶劣的,处五日以上十日以下拘留;猥亵智力残疾人、精神病人、不满十四周岁的人或者有其他严重情节的,处十日以上十五日以下拘留。

需要注意的是,依据现行《中华人民共和国刑法》和《中华人民共和国治安管理处罚法》的规定,猥亵的对象不仅可能是妇女、儿童,也有可能是成年男性,因此,执勤人员要注意到法律的现行规定,依法评估、判断事件的性质。猥亵既可以是对同性的猥亵,也可以是对异性的猥亵。性骚扰更多的是言语和行为,一般不具有强制性。

案例十一　非法携带管制器具进入公共场所[①]

案情: 某日,马某搭乘出租车到达某机场,欲转乘坐飞机回公司,在 6 时 50 分的时候,马某在该国际机场 T2 候机楼 T 号安检通道口(头等的安检通道左侧)进行安全检查。

在马某的拉杆箱通过 X 光机的时候,当班安检人员发现拉杆箱中有一枚疑似子弹的物体,于是要求行李开包员对该拉杆箱进行开包检查,并叫马某在旁边看着,开包检查确认后确认该物品为一枚未击发的手枪子弹。子弹是铜质的,约有 2 厘米多,颜色有些旧,子弹底部标注着数字:121、52、4。安检人员随即向机场公安报警。机场公安接到报案后,以马某涉嫌非法携带弹药为由,将其口头传唤至机场公安局接受讯问,在依法告知其权利义务之后,就案件情况对马某进行了讯问,另外,机场公安局还对报案的安检人员进行了询问,并调取了相关证据。据马某交代,该枚子弹是自己在 2006 年上初一的时候从老家房子二楼阁楼的机械零件工具箱里找到的,后来他觉得当兵的很有男子气概,想着把子弹放在身边,比较酷,就把子弹放在了一个双肩包里存放,直到被机场安检人员查获为止。

公安机关认为,马某在随身行李中携带子弹的行为已经构成非法携带弹药,根据《中华人民共和国治安管理处罚法》第三十二条第二款之规定,对其处以行政拘留五日,并处罚款五百元整。

[①] 吕国凡. 马某非法携带弹药进入交通工具案[EB/OL]. (2018-12-10)[2023-06-22]. http://www.caac.gov.cn/ZTZL/RDZT/LYGZYQ/ALHB/201812/t20181210_193373.html.

分析：本案中，马某构成非法携带弹药进入公共场所或者公共交通工具的扰乱行为。

1. 处置分析

安检现场人员应首先控制人员和物品，启动相应预案，及时报警处置。若是客舱内发现管制物品，机组人员首先应该报告机长，同时采取措施控制人员和物品，注意对涉嫌违法人员和客舱的监控，防止其有下一步的行为，防范其有同伙在客舱内，注意机组人员自身的保护，及时开启执勤记录仪，尽可能完整保留视听资料等证据。

本案中，安检人员的处置符合现场处置程序，但基本确定是子弹的情况下开包时，应同时有另一名安检人员对该旅客进行监控，防止发生危险。本案虽非发生在客舱内，但对违法行为的性质分析是相同的。

2. 违法和处罚分析

马某的行为构成非法携带枪支、弹药、管制器具的治安违法。该行为侵害的客体为公共安全，主观方面表现为故意，客观方面实施了非法携带枪支、弹药或弩、匕首等管制器具或携带它们进入公共场所或公共交通工具的行为。此处"非法"是指违反有关枪支、弹药和管制器具管理的法律法规、规章和有关规范性文件的行为。

依据《中华人民共和国治安管理处罚法》第三十二条第二款，非法携带枪支、弹药或者弩、匕首等国家规定的管制器具进入公共场所或者公共交通工具的，处五日以上十日以下拘留，可以并处五百元以下罚款。

案例十二 客舱内传播非法印刷物

案情：某日，某境外飞上海的国际航班，在飞机平飞阶段，当乘务员在送餐时，发现坐在55排B座的旅客（贾某）拿着带有某邪教组织字样的书籍在阅读，并与周围旅客在交谈相关内容，同时将手上其余几本有关该邪教组织的小册子分发给周围的旅客浏览。乘务员及时上前阻止其行为，但贾某不予理睬并继续传阅，随后安全员立即向其亮明身份，并告知其行为的违法性。同时，安全员要求乘务员及时将事件报告机长，并对其非法宣传物予以收缴，并做好相关解释工作，对行为人实施监控，防止其威胁人机安全，并对周围旅客做好提醒。待飞机落地后，安全员将所收缴的非法宣传物和行为人移交给机场公安，并按规定向公司上级领导进行了汇报。

分析：本案中，贾某构成在客舱内传播非法印刷物的扰乱行为。

1. 处置分析

对于机上传播淫秽物品、其他非法印刷物的行为，航空安全员应当及时制止，收回其散发出去的印刷物并作为证据材料妥善登记和保管，同时及时收集其他证据材料。

本案中，机组人员处置较为得当。对于散发非法印刷物或者淫秽物品的，处置的关键在于控制物品的流动，做好对人员的制止，防止客舱出现混乱，注意非法物品的收缴和清点。就目前而言，机上可能涉及的传播的非法物品包括淫秽物品、宣扬恐怖主义或极端主义等思想的物品和资料、宣扬邪教思想观念的物品和资料，以及其他非法印制物品。若仅是其自己观看,不宜归入传播的行为。

此类案件如果是国内航班或是境外飞境内航班,可以按照国内移交程序进行处理,可以依据我国法律对行为予以控制和处理。若如本案中是境内飞向境外的航班,且降落地所在国接受移交的情况下,机组需按照境外移交程序进行移交。

2. 违法和处罚分析

贾某的行为构成扰乱公共交通工具上的秩序的治安违法。

依据《中华人民共和国治安管理处罚法》第二十三条第一款第三项,扰乱公共汽车、电车、火车、船舶、航空器或者其他公共交通工具上的秩序的,处警告或者二百元以下罚款;情节较重的,处五日以上十日以下拘留,可以并处五百元以下罚款。

贾某的行为也可能构成利用邪教、会道门、迷信活动危害社会的治安违法。邪教通常都冒用宗教教义建立,是不受国家法律承认和保护的非法组织,其发展教徒、筹集活动经费、传教方式是反社会和反道德的。贾某出于故意的主观意图,实施了利用邪教扰乱社会秩序的行为。

依据《中华人民共和国治安管理处罚法》第二十七条,利用邪教、会道门、迷信活动,扰乱社会秩序、损害他人身体健康的,处十日以上十五日以下拘留,可以并处一千元以下罚款;情节较轻的,处五日以上十日以下拘留,可以并处五百元以下罚款。

案例十三 机 上 盗 窃

案情:某日,某航班起飞后一切正常,在航班进入下降阶段,即将落地前十几分钟时,一位坐在经济舱靠前排的女性旅客沈某告诉机组突然发现自己在行李架内包中的 2 万元现金不见了,其怀疑是通道另一侧的旅客在上机放行李时拿走的。安全员介入后将其请至后舱,与其一起分析了各种可能性,沈某坚持要求机组帮忙检查每位旅客座椅及随身行李。安全员告诉沈某机组并无权力如此作为后,沈某说要报警通知机场地面公安。航空安全员遂向机长报告了事件的处置情况,于是机长通知了机场公安。航班落地后,安全员要求所有旅客暂时留在座位上不要下机以配合警方调查。机场公安来到登机口后,机组履行了案、事件移交的程序,机场公安与该旅客交谈,但也表示公安亦无法帮助其搜查每位旅客行李。与此同时,机组在客舱内进行了密切的监控,并在洗手间等处进行检查。忽然,客舱中后部有一旅客说在座位底下踢到一小包,经核查正是沈某遗失的 2 万元钱,机场公安于是将该座位周围几名旅客和沈某一道带至机场公安局继续调查处理。

分析:本案中,可能涉及的是机上盗窃的扰乱行为。

1. 处置分析

航空安全员在处置此类案件时,应按是否有明确怀疑对象分别采取不同的处置方式。对于人赃并获的案件需要监控好行为人,必要时采取管束措施,以便航空器降落后移交机场公安,同时注意证据材料的收集和保护。

本案中,机组成员处置较为得当,遵照了机上盗窃案件处置的一般程序,按照失窃旅客的意愿及时进行了报警和移交。

在实际工作当中,机上盗窃是很难被发现的。实施机上盗窃行为的往往是惯偷,盗窃经验丰富,反侦查的经验也丰富,囿于执勤程序和客舱安全要求的限制,安全员很难发现其中的异常行为并及时实施有效的监控。然而,在安全员警惕性较强以及异常行为的发现和识别能力较高的情况下,也有不少盗窃分子在机上被抓现行的案例发生。此外,由于机上盗窃行为人很多都是惯犯,常常在公安系统有备案,因此,在地面公安及时通报的情况下,安全员有可能在飞行中有的放矢,实施有效监控和抓捕。

需要注意的是,机上盗窃行为和机上盗窃救生物品等航空设施设备的行为并非同质行为。两者侵害的客体不同,机上盗窃侵害的主要是公私财物的所有权,而机上盗窃救生物品等航空设施设备的行为危害的是航空器的飞行安全和公共安全。因此,在分析此类案事件时要注意两者的本质区别。

2. 违法和处罚分析

本案可能涉及构成盗窃的治安违法的行为。治安违法中的盗窃行为指的是以非法占有为目的,秘密窃取少量的公私财物,尚不构成刑事处罚的行为。只有盗窃数额较大或者虽未达到数额较大,但多次盗窃的,才可能构成刑法所规定的盗窃罪。

依据《关于办理盗窃刑事案件适用法律若干问题的解释》第一条的规定,盗窃公私财物价值一千元至三千元以上、三万元至十万元以上、三十万元至五十万元以上的,应当分别认定为刑法第二百六十四条规定的"数额较大""数额巨大""数额特别巨大"。各省、自治区、直辖市高级人民法院、人民检察院可以根据本地区经济发展状况,并考虑社会治安状况,在前款规定的数额幅度内,确定本地区执行的具体数额标准,报最高人民法院、最高人民检察院批准。

依据《中华人民共和国治安管理处罚法》第四十九条,盗窃、诈骗、哄抢、抢夺、敲诈勒索或者故意损毁公私财物的,处五日以上十日以下拘留,可以并处五百元以下罚款;情节较重的,处十日以上十五日以下拘留,可以并处一千元以下罚款。

附录

案例思考参考解析

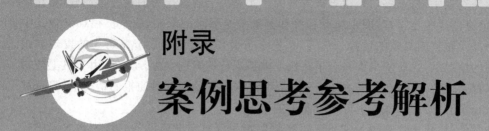

本书中各章案例思考题目参考分析可扫描二维码获取。

参考文献

一、国际条约
[1]《国际民用航空公约》及其附件17(第十二版)
[2]《关于在航空器内的犯罪和犯有某些其他行为的公约》(1963)
[3]《制止非法劫持航空器的公约》(1970)
[4]《制止危害民用航空安全的非法行为的公约》(1971)
[5]《制止在用于国际民用航空的机场发生非法暴力行为以补充1971年9月23日订于蒙特利尔的〈制止危害民用航空安全的非法行为公约〉的议定书》(1988)
[6]《制止与国际民用航空有关的非法行为的公约》(2010)
[7]《制止非法劫持航空器公约的补充议定书》(2010)
[8]《关于修订〈关于在航空器内的犯罪和犯有某些其他行为的公约〉的议定书》(2014)
[9]《维也纳条约法公约》(1969)

二、我国法律、行政法规和规章
[1]《中华人民共和国立法法》
[2]《中华人民共和国民用航空法》
[3]《中华人民共和国反恐怖主义法》
[4]《中华人民共和国刑法》及其修正案
[5]《中华人民共和国治安管理处罚法》
[6]《中华人民共和国行政处罚法》
[7]《中华人民共和国安全生产法》
[8]《中华人民共和国民事诉讼法》
[9]《中华人民共和国刑事诉讼法》
[10]《中华人民共和国行政诉讼法》
[11]《中华人民共和国缔结条约程序法》
[12]《中华人民共和国民用航空安全保卫条例》
[13]《公共航空运输企业航空安全保卫规则》(CCAR-343-R1)
[14]《民用航空运输机场航空安全保卫规则》(CCAR-329)
[15]《航空安全员合格审定规则》(CCAR-69-R1)
[16]《公共航空旅客运输飞行中安全保卫工作规则》(CCAR-332-R1)
[17]《大型飞机公共航空运输承运人运行合格审定规则》(CCAR-121-R7)
[18]《民用航空人员体检合格证管理规则》(CCAR-67FS-R2)

三、著作和论文
[1] 陈柏峰.法理学[M].北京:法律出版社,2021.
[2] 王铁崖.国际法[M].北京:法律出版社,1995.
[3] 周峰.新编刑法罪名精析[M].北京:中国法制出版社,2019.
[4] 中国法制出版社.治安管理处罚法新解读[M].北京:中国法制出版社,2012.
[5] 王怀玉,等.航空保安法导论[M].北京:中国民航出版社,2008.
[6] 赵维田.论三个反劫机公约[M].北京:群众出版社,1985.
[7] 张君周.新形势下国际航空安保公约与政策[M].北京:中国民航出版社,2018.

[8] 邓新元,刘肖岩,屈健.国外现代反恐机制比较研究[M].北京:群众出版社,2014.

[9] 林泉.航空恐怖主义犯罪的防范与控制[M].北京:法律出版社,2015.

[10] 孙茂利.中华人民共和国反恐怖主义法释义[M].北京:中国民主法治出版社,2016.

[11] 陈瑞华.刑事证据法学[M].北京:北京大学出版社,2014.

[12] 克卢瓦·威廉斯,史蒂夫·沃尔特里普.机组安全防范实用指南[M].刘玲莉,王永刚,译.北京:中国民航出版社,2007.

[13] 中国民用航空局政策法规司.恐怖主义行为的国际法律控制——国际航空保安公约体系:现状、问题和前景[M].北京:中国政法大学出版社,2012.

[14] 彼得·贝罗巴巴,阿梅迪奥·奥多尼,辛西娅·巴恩哈特.全球航空业[M].赵维善,译.上海:上海交通大学出版社,2010.

[15] 张君周.《反恐怖主义法》对中国民航安保法的影响[J].北京航空航天大学学报,2017.

[16] 王若源.《安全生产法》修订对民航安保立法的启示[J].北京航空航天大学学报(社会科学版),2017.

[17] 沈瑨.探析新《安全生产法》中的民航安全理念[J].民航管理,2022(03).

[18] 田宏杰.恐怖主义犯罪的界定[J].法律科学(西北政法学院学报),2003(06).